司法考核

法律与政治考量

张剑文　著

知识产权出版社
全国百佳图书出版单位

图书在版编目（CIP）数据

司法考核：法律与政治考量 / 张剑文著. -- 北京：知识产权出版社，2018.12

ISBN 978-7-5130-5943-5

Ⅰ. ①司… Ⅱ. ①张… Ⅲ. ①司法制度—研究 Ⅳ. ① D916

中国版本图书馆 CIP 数据核字 (2018) 第 250180 号

内容提要

在社会正义这一理想层面的价值之下，规则治理、纠纷解决和公众信任是实践层面的司法目标，司法考核的目标在于通过客观评估司法行为以保障司法职能的履行。基于正当性价值判断将政治考量纳入法律规范，以法律规范吸收政策规则所构建的司法考核制度，功能在于以司法官行为的客观评估，为司法官晋升、惩戒等提供符合公平原则的参考。

责任编辑：李　婧　　　　**责任出版**：刘译文

司法考核——法律与政治考量

SIFA KAOHE —— FALÜ YU ZHENGZHI KAOLIANG

张剑文　著

出版发行：	知识产权出版社有限责任公司	网　　址：	http://www.ipph.cn
电　　话：	010-82004826		http://www.laichushu.com
社　　址：	北京市海淀区气象路50号院	邮　　编：	100081
责编电话：	010-82000860转8594	责编邮箱：	lijing@cnipr.com
发行电话：	010-82000860转8101/8029	发行传真：	010-82000893/82003279
印　　刷：	三河市国英印务有限公司	经　　销：	各大网上书店、新华书店及相关书店
开　　本：	720mm × 1000mm　1/16	印　　张：	12.5
版　　次：	2018年12月第1版	印　　次：	2018年12月第1次印刷
字　　数：	200千字	定　　价：	48.00元

ISBN 978-7-5130-5943-5

目 录

导 论 …………………………………………………………………………（1）

第一章 多重考核下的司法困境 ……………………………………………（17）

第一节 多重司法考核现象描述 ……………………………………………（17）

第二节 多重司法考核带来的困境 …………………………………………（34）

第三节 从现象到问题 ………………………………………………………（50）

第四节 小结 …………………………………………………………………（55）

第二章 司法考核的目标：错置与重置 ……………………………………（57）

第一节 司法考核目标的错置：行政包干制的误植 ………………………（57）

第二节 司法考核目标的重置：以司法目标为导向 ………………………（65）

第三节 司法考核目标对司法组织类型的适应 ……………………………（78）

第四节 小结 ……………………………………………………（87）

第三章 司法考核目标之实现机制的效用分析……………………（89）
第一节 司法者行为的影响因素 ……………………………………（89）
第二节 司法行为的动机理论分析 …………………………………（102）
第三节 司法考核方式选择之效用分析 ……………………………（110）
第四节 小结 ……………………………………………………（123）

第四章 法律性而非政策性：司法考核规则之改进 ………………（125）
第一节 宪法视野中的司法考核 ……………………………………（125）
第二节 司法考核的规范分析 ………………………………………（128）
第三节 司法考核的规范化：法律规则之改进 ……………………（140）
第四节 小结 ……………………………………………………（153）

第五章 司法考核关联制度之完善……………………………………（155）
第一节 司法改革中的司法考核关联制度 …………………………（155）
第二节 司法考核关联制度之关联性分析 …………………………（161）
第三节 司法考核关联制度的规范性分析 …………………………（170）
第四节 小结 ……………………………………………………（176）

第六章 结论 ……………………………………………………（179）

参考文献……………………………………………………………（187）

导　论

一、研究背景

（一）经验知识引发的思考

为什么关注司法机关的考核？首先是经验知识引发的思考。

直接的经验知识来自笔者在西北某省会市人民检察院挂职检察长助理的经历。这一职位是临时的，任职不满一年，因而既全面参与了检察院运行的各个场景，列席检察委员会（以下简称“检委会”）参与重大案件讨论，列席党组会、院长办公会参与重要事务决策，亲身参加一些案件的办理，与同级法院协调疑难案件处理意见，指导基层工作等，又以旁观者的身份审视现实司法机关的运作。在与检察院的各类工作人员（包括院领导、业务部门检察官、综合部门检察官及行政人员、法警、司机）展开的交流中，笔者发现，内部考核是被提及频率最高的话题之一，也是遭受批判最多的内部制度，而批判总是以肯定作为结束，即还是需要考核的。考核被高度关注的原因是，在正式工作场合，考核无处不在。检委会讨论重大案件，始终要关注该案是否存在风险，所谓风险即包括对某项考核指标是否有不利影响；业务部门研究案件，也会关注该部门考核加分、扣分的情况，考核指标的状态会影响个案处理的基调；基层检察院与上级机关的各种交流，例如案件请示、一体化办案、业务指导等，也都有考核作为指挥棒。考核在检察院实际运行中的重要程度超乎笔者的预料，因而也激发了展开研究的好奇心。

间接经验知识则来自两个方面，其一是笔者在检察官培训教学中得到的信息，其二是与各种机缘（如学术会议）结识或遇见的其他地方的法官、检察官以考核为主题发起谈话获得的信息。前者包括在教学活动中研讨、演练等互动环节，检察官的反馈，以及笔者作为教师发起的现场调查或问卷调查得到的反馈。后者范围较广，取决于对话者的职位、业务领域、地域等。总体而言，这些信息在以下三个方面表明研究司法考核的价值。

第一，司法行为的种种现象常常引发困惑。例如，为何法院可能作出无罪判决的刑事案件，检察院要撤回起诉令程序倒流；又如为何一个事实清楚可以立刻判决并执行的公司之间合同纠纷案件，法官却一定要努力说服当事人同意和解。这些现象中，似乎隐现司法腐败的征象？而实情则很可能是撤回起诉的检察院并没有受到任何其他机构的不正当压力；努力调解的法官并没有被一方当事人收买。症结在于，无罪判决对于检察院而言，是考核评分表中要扣分的错案；在某个时期，一些基层法院鼓励法官民事案件一律调解结案，唯有调解成功才能获得考核分数。考核，成为隐藏在司法行为背后的秩序。司法机关及司法官的身份、地位、组织与个人行为，司法机关与地方党政的关系、上下级机构的关系，无不与考核相关。

第二，司法官广泛存有待遇不满、身份焦虑、行为疑惑、考核畏惧，更存有理想与现实的强烈观念冲突，其中考核是足以引发全体与谈者大吐苦水的共同话题，也是众人皆曰不合理却均认为不能不采用的机制。其成为指挥棒、风向标，调解率、不起诉率等数据依时序的变化，均受到考核的影响。为公正而工作还是为考核而工作，成为答案几乎确定的不无反讽的选择题。考核作为一种影响甚而主导司法行为的实际规则，理应受到更多关注。

第三，对司法机关及司法官的考核不仅仅是司法内部行政，更是中国共产党领导司法以及司法机关与所在地政府关系的体现。地方党政机构并不会直接干预每个个案，但所有案件的办理均通过考核机制间接与其关联。

上述内容表明，司法考核表面看是管理问题，但由于涉及司法官职权行使和身份保障、个案处理和司法程序的运行、执政党对司法的领导、司法预算制度等，体现着政策规则对法律规范的影响，是一个政治和法律交叠的问题。

（二）司法的现实性与制度变迁比较

比较借鉴域外制度是研究者常用的方法，对司法机关管理制度作主题研究的数篇博士论文，如梁三利的《法院管理模式研究》、王明新的《现代社会中的法官》、陈海光的《中国法官制度研究》、李立新的《中外法官管理制度比较研究》，均大篇幅罗列域外制度。期刊论文如马骏驹、聂宗德的《当前我国司法制度存在的问题与改进对策》，郭道辉的《实行司法独立与遏制司法腐败》，章武生、吴泽勇的《司法独立与法院组织机构的调整（上）》，车传波的《论我国法院体制改革的路径》，以及刘练军17篇司法制度专论组成的《司法要论》，均以英美德日等国的司法理念为借鉴学习对象。

正如马丁·夏皮罗的《法院：比较法上和政治学上的分析》研究表明的，“虽然理想的法院是实现公平正义的最终场所，但公正作为价值判断，并没有一把精确度量的尺子，现实之中并没有理想的法院，法治要义中似乎不言而喻的司法独立，也没有绝对化的样本”。杰罗姆·弗兰克《初审法院：美国司法中的神话与现实》用怀疑的眼光剖析司法过程，展现现实法官在事实判断上的不确定性及其缘由。斯蒂芬·布雷耶的《法官能为民主做什么》对被津津乐道的美国联邦最高法院树立权威之过程的刻画，显示其崇高地位的树立伴随着政治，至今亦不能回避而又挥之不去的政治之影。理查·波斯纳先后于《联邦法院：挑战与改革》和《法官如何思考》中将目光投向现实的司法者，以法官为一种劳动力市场的参与者，阐述影响法官对案件决策的诸多非法律因素，体现了法院和法官的现实性。无独有偶，曾任法国最高司法法院（La Cour de Cassasion）法官的Oliver de Tissot在*Sans Ame Ni Conscience*（Balland 197）一书中将法官作为一种职业描述。笔者曾于2004年9月至2005年2月在法国国家司法官学校研修期间，在艾克斯大审法院（Tribunal de Grande Instance à Aix-en-Provence）实习，出席庭审并参与法庭合议，其法院的真实模样几乎颠覆了笔者基于教科书对西方法院的想象。法国由非职业法官坐堂问案的商事法院和劳动法庭，其制度之独特，非亲历者仅由教科书勾画的司法理念很难理解其存续的缘由。然而，现实的法院，还由于人类认识的局限、技术本身的缺陷，即便勤勉的法官亦多少会由于错误判断而发生冤案错案，乃至于一些司法者深信的准则要被警示为司法迷信。如勒内·弗洛里奥的《错案》以及吉姆·佩特罗和南茜·佩特罗的《冤案何以发生》所揭示的，精密的司法程序设计并不足以防止冤案错案的一再发生。

亦如信春鹰所言：“从全球范围看，不管是实行三权分立制度的国家，还是实行议会至上制度的国家，都在进行司法改革。不同国家司法改革的动因不同，因此改革的目标也不同。”[1] 法治成熟国家和地区的制度之比较意义更多在于，其历史变迁中所蕴含的制度逻辑，以及其现实多样性的历史合理性。例如，关注法治发达国家和地区的情形，司法独立的绝对价值受到挑战，司法预算与司法可问责性关联，基于民主问责对司法者进行考核评价也受到关注。司法独立与可问责性之间关系的新近转变，认为成熟的司法制度的特点是既有司法独立也有司法责任，而司法责任的民主诉求实则与司法耗费相关。但法治发达国家和地区的司法者考核评价机制是对司法独立绝对化的一种修正，与正在努力提高司法公正、建构司法独立的国家和地区的情形不可同日而语。

转型国家和地区的司法改革，在目标追求上有较多相似性，因而其成功经验更具规则层面的比较价值。中国台湾地区 20 年来的“司法改革”是一个显例，其过程既有顶层设计的变革，亦包含对观念之下技术层面问题的关怀，追求司法独立的过程伴随着司法人事制度的完善。“司法”人事制度作为 1999 年以来司法改革的三大议题之一，“司法院”有若干办法规程出台。相关研究如王金寿的《司法独立与民主可问责性：论台湾的“司法”人事权》、刘钟锜的《我国法官政治中立之研究》、陈丽芬的《法官伦理规范法制之研究》，以台湾地区的“司法”人事制度为着眼点，揭示法官考核制度应当适应司法改革的过程，而滞后于改革进程的司法人事制度会影响到改革的成效。

基于域外司法现实性及变动性的比较法启发，司法改革研究也应当给予司法人事制度以足够的重视，正视现实的司法机关及司法官在什么样的内外部环境中工作，在文本规范之下，是什么样的实际秩序在发挥作用，在规则层面，司法人事制度如何适应司法改革的过程。

（三）对司法制度研究的反思

关于司法制度的研究成果较多，其中对司法改革的关切成为司法制度研究的一个重要内容，正如左卫民在《十字路口的中国司法改革：反思与前瞻》一文中所归纳的，法理学、诉讼法学、刑法、民商法、政治学诸学科的学者均加入了讨论建言；但亦如左卫民文章所批判的，这些研究构成的改革理想有所偏失，表现在过于注重域外经验尤其是英美法系的经验，而对民众的改革诉求与真正需要

---

[1] 信春鹰：《中国需要什么样的司法权力》，《环球法律评论》2002 春季号，第 59 页。

却关注不够。虽然亦有主张人民司法传统的观点，如蔡维力、张爱军的《走出移植西法困境　回归人民司法传统——对我国司法改革的实证评析》，但毕竟非学界主流。与学者形成对照，来自司法机关的研究则更多高举“特色”大旗，例如，最高人民法院虞政平的《中国特色社会主义司法制度的“特色”研究》、最高人民检察院朱孝清的《充满生机和活力的中国特色社会主义检察制度》由观念和具体制度阐释了中国司法制度的特色所在。由于法学教育及学术范式均自西方引入，研究者以英美及欧陆为理想蓝本沉迷于应然层面的制度建构，可谓极自然的倾向，亦无可厚非。但毕竟不同社会有不同的问题，即便表面相同的问题也有不同的根源，缺乏真正比较分析而运用的理想蓝本常常扮演不恰当的角色。以理想化的异国异地法院来反衬、反对、挞伐现实，并不能为未来司法改革提供可行路径。然而，仅以特色立论，鲜明的立场决定观点的论说进路，充其量是一种阐释，并不足以解释特色的制度逻辑及其合理性究竟何在，更无法在理性的改革路径探讨中有所建树。

于是，数量并不占优势的立足于本土资源、地方性知识，以实证材料为依据的研究尤为可贵。关注实然，对处于具体政治、经济、社会环境中的法院、检察院，个体差异的司法官，受内外部因素影响的司法程序，以及与司法机关职能运作密切关联的制度（如政法委员会等）进行描述分析，探寻制度的内在逻辑及其与所依存的社会政治生态关系，进而探讨更具实践价值的改革方案，是这一类型研究的特征。较早的并颇具影响力的研究有苏力的《送法下乡——中国基层司法制度研究》、贺卫方的《中国司法管理制度的两个问题》、梁治平的《乡土社会中的法律与秩序》、赵晓力的《通过法律的治理：农村基层法院研究》。近年来的专著如兰荣杰《刑事判决是如何形成的：基于三个基层法院的实证研究》，代志鹏《司法判决是如何产生出来的：基层法官角色的理想图景与现实选择》，高其才、黄宇宁、赵彩凤的《基层司法——社会转型时期的三十二个先进人民法庭实证研究》，高其才、周伟平、姜振业的《乡土司法——社会变迁中的杨村人民法庭实证分析》，左卫民等的《最高法院研究》，钱卫清的《法官决策论：影响司法过程的力量》，翁子明的《司法判决的生产方式：当代中国法官的制度激励与行为逻辑》。博士论文如丁卫的《乡村法治的政法逻辑》、艾佳慧的《社会变迁中的法院人事管理——一种信息和知识的视角》、赖波军的《F高级法院：司法运作与国家治理的嬗变》、刘晓涌的《乡村人民法庭研究》、何永军的《断裂与延续——人民法院建设1978—2005》、刘涛的《当代中国政法委员会研究》，卢荣荣的《法院的多重面孔：中国法院功能研究》。硕士论文如黄志辉的《广东省山区基层法院绩效管理问题研究》、张静的《论绩效考核对检察权行使的影响》。期刊论文如张卫平的《论我国法院体制的非行政化——法院体制改革的一种基本思路》，侯猛的《司法改革背景下的政法治理方式——基层政法委员会制度个案研究》，《"党与政法"关系的展开——以政法委员会为研究中心》，《案件请示制度的合理一面》，贺日开、贺岩《错案追究制实际运行状况探析》，艾佳慧《中国法院绩效考评制度研究——"同构性"和"双轨制"的逻辑及其问题》，万毅、师正清《检察院绩效考核实证研究——以S市检察机关为样本的分析》，苏力《审判管理与社会管理——法院如何有效回应"案多人少"?》，蔡彦敏《中国民事司法案件管理机制透析》等。苏力主编的集刊《法律和社会科学》各卷亦刊发了多篇此类文章，例如第一卷（2006）即刊有贺欣的《运作不良的法院？——来自两个基层法院的经验考察》，方乐的《法槌与法袍：符号改革的实际效果》，丁卫的《秦镇人民法庭的日常运作》等文章。

上述研究运用法理学、社会学、经济学、政治学方法，涵盖法院行政管理、法院人事管理、审判管理、审判委员会、绩效管理、司法制度的历史过程等层面，颇有洞见，但仍然存在局限：其一，作为研究对象之样本的局限导致的视野局限；其二，研究者对司法机关运行秩序的知识局限带来的偏差。由于研究者精力有限，获取可靠分析样本也需要依赖个人资源，样本局限虽在所难免，但样本的局限会导致视野局限；在样本准确反映实际时，固然可以见微知著，但可能使研究者对有限样本过度诠释；而样本若并非典型或不具代表性，则不免有管窥蠡测之失。具体到上述研究，视野局限表现为虽然研究者均认识到中国司法制度的复杂性，但对司法机关的运行秩序仍缺乏体系性的眼光；中国的司法机关并不是一个个孤立的机构，离开对法院与检察院的关系，以及司法机关与党政机关关系的审视，很难勾画出司法机关运行的实际秩序之全貌。至于知识局限，学者的研究囿于其能够"深入"司法机关的程度。苏力在《审判管理与社会管理——法院如何有效回应"案多人少"?》亦坦承对法院审判管理不甚了解，上述大多数文章都表现出研究者在实地调查时所得到的知识有新鲜感。这一局限使得研究者对于眼前的事实，不易发现其背后隐藏的逻辑。仍以苏力的前文为例，作者大篇幅论证提高诉讼费的合理性，却没有看出法院抱怨"案多人少"的动机亦在于增加编制和拨款，而指向这一事实的线索在文中已经提及。而来自司法机关的研究者则囿于“只缘身在此山中”的立场限定，既缺乏批判性，也会因熟视无睹而产生另一种知识局限，这也可以解释为什么有价值的实证研究绝大多数来自司法机关以外的研究者。

这些以法院和检察院、法官和检文察官为对象的研究，均指向一个判断，即什么样的司法机关和司法官是好的，应当怎样评判其是否合格，以及应当如何促进司法机关及司法官实现公平正义等价值。这种评判的指向，一方面是致力于构建或完善司法权力配置、司法程序规范，另一方面则是优化司法机关实际运行秩序。后者由司法机关外部看，可称监督制度，反映在司法机关内部管理上，便是考核机制。而外部的监督最终仍要借助考核机制进入司法机关机体内部，以发生实际的影响。无论司法官个体行为的妥当性及其理由，抑或司法机关整体在社会生活中扮演的角色，均可在考核机制中找到对应专案。考核事项看起来只是司法内部行政，却勾连甚巨，是贯穿司法机关运行秩序的体系性线索。

二、研究评述

实际运行中的司法考核机制所处的困境，对于司法改革措施的消解不容小视。“一考核就乱办案，不考核则不办案”概括了考核困境的一个显著特征。为何考核会处于无效的困境？是技术的原因还是更深层次的制度的原因？为何在基层（省级以下）一片抱怨的考核机制仍被坚持实施？司法机关和司法官需要怎样的激励机制？在现行宪法框架内构建保障公正司法的考核机制是可能的吗？关于司法机关考核的论说虽有一定数量，其主要来自法院、检察院内部，例如《法律适用》《人民司法》《人民检察》《中国检察官》四本期刊中的以考核、考评、内部制约为题的文章，具体包括《第五届国家高级检察官论坛论文集》第四单元“检察业务工作考评机制”的 25 篇文章，《法官职业化建设指导与研究》(2003) 第 2 辑有关法官考评考核的系列文章，《中国检察》第 5 卷（2004）有关检察官业务考核的系列文章等，这类文章多属于工作报告、工作计划或构想、经验总结材料，有明显的部门化倾向；少部分虽号称研究但欠缺问题意识及论证过程，缺乏学术视角的反思，如冯仁强的《检察机关内部制约机制改革探讨》，蔡辉的《法官考评制度改革的若干问题探讨》，王宏、王明华的《法官内部考核机制研究》，张旄的《法官考评制度研究》，覃进鹏的《东莞S法院绩效评估模式构建研究》等。

有价值的司法机关考核机制研究成果为数甚少，依据主题相关性可分为如下几类。

第一类为以考核或考评为主题或主要内容的研究，万毅、师正清的《检察院绩效考核实证研究——以S市检察机关为样本的分析》、艾佳慧的《中国法院绩效考评制度研究》、张静的《论绩效考核对检察权行使的影响》、黄志辉的《广东省山区基层法院绩效管理问题研究》等以特定法院、检察院为观察对象的实证研究，赵丽的《完善我国法官考评制度研究》、袁毅诚的《浅析绩效考核与检法关系——以无罪判决率为视角》以文献研究为主的实证分析，一定程度上揭示了指标式考核的实际状况及其带来的负面影响，但尚未能广泛涉及外部因素对司法机关考核的作用力。朱桐辉《绩效考核与刑事司法环境之辩——G省X县检察院、司法局归来所思》以刑事司法为视角，描述了一个县的公安机关、检察院、法院的考核机制，并论及考核对公检法关系以及司法环境的影响。余国利、金涛的《部门博弈与司法公正——以检察机关绩效考核为中心》以上级检察院对下级检察院刑事司法考核为限，论及部门间利益冲突问题，是同主题研究中较少的具有一定体系性为视角的成果，但其重在现象描述，分析部分提出了问题而未能展开。王雷的《基于司法公正的司法者管理激励》认为司法者管理激励是实现司法公正的关键和保障，但其对司法公正与激励之间的关系基于管理学模型架构，缺乏来自司法场域的经验材料支持。王琦的《民事审判管理研究》虽注意到考核的影响，但缺乏扎实的实证研究和适当的比较研究，其制度完善建议的实践意义也随之减弱。金文彤的《中国检察官制度研究》缺乏对现实问题和制度合理性的反思，仅对现行制度做了细节化阐释。许宁的《检察官绩效考评体系研究》、郑苗的《面向法院系统的全面绩效管理信息系统的设计》侧重于从管理角度如何优化绩效考核体系，而不涉及对考核机制所依据的制度基础之反思。宋英辉教授主持的2011年度国家社科基金重点课题"刑事司法业务考评指标实证研究"（项目编号11AFX014），为与本书主题相关的大型实证研究项目。本书的研究与之相比，实证研究规模自然不及。该项目以刑事司法程序为中心，限定于业务考评指标的研究，本书则以司法机关为中心，全面分析影响司法行为的多重多元考核，进路不同，视角亦不同。

第二类为对司法过程的研究中涉及司法机关考核问题的，如兰荣杰的《刑事判决是如何形成的：基于三个基层法院的实证研究》、翁子明的《司法判决的生产方式：当代中国法官的制度激励与行为逻辑》以法官决策为中心，分析产生判决的内外部环境，认为考核机制是影响法官行为的因素。宋英辉的《酌定不起诉适用中面临的问题与对策——基于未成年人案件的实证研究》《取保候审适用中面临的问题与对策——基于未成年人案件实证研究的分析》，李建玲、杨秀的《检察机关适用酌定不起诉情况实证研究》论及公安部门、检察机关的考评机制对酌定不起诉和取保候审适用率低的直接影响，并提出考评机制应当改革的观点。但这一类研究以诉讼程序为中心，所关注的考核或考评限于司法机关的业务指标考核，且考核问题仅作为一项程序影响因素，占据篇幅亦殊为有限。

第三类为以法院管理为对象的实证研究，如艾佳慧的《社会变迁中的法院人事管理——一种信息和知识的视角》、赖波军的《F 高级法院：司法运作与国家治理的嬗变》、蔡彦敏的《中国民事司法案件管理机制透析》等，有少量篇幅触及量化指标对司法运作的影响，但未能对考核机制的深层次问题展开讨论。

可以说，虽然如刘练军所言“法官考核，兹事体大”[1]，但相关研究仍相当薄弱，尚未能解答司法机关考核机制所牵连的种种问题，包括司法考核的理论基础、一般规律及原则等，这就需要对现有研究构成的传统知识有所突破，这也正是本书的立意所在。

中国台湾地区的研究有《司法“独立”与民主可问责性：论台湾的司法人事权》《台湾法官绩效评估制度之研究》《论台湾法官考绩制度》等，以台湾地区司法改革为背景，探讨司法考核的改进及其背后的原理。这些研究虽然具有借鉴价值，但更多的是个案研究和具体规则及其效果的研究，缺乏司法机关组织类型的视角，也缺乏对一般原则、原理的分析。域外研究如弗朗西斯科·孔蒂尼，理查德·摩尔的《司法系统的独立性和问责制之协调》，斯蒂芬·沃伊特的《经济对司法问责制影响之比较研究》，对欧洲数个国家的司法行为考核评价的分析，比较了考核对于司法独立、司法公正、司法效率的不同影响；安东尼娜·佩里的《司法独立与司法问责制》和阿特什森等的《司法独立与司法问责制：基于有限样本的研究》等研究则以民主问责对司法独立的影响为视角进行论述；数量较多

---

[1] 刘练军：《法官考核，兹事体大》，《东方早报》2013 年 1 月 15 日。

的域外研究集中在美国一些州法院系统的司法绩效考核，如理查德·肖夫勒的《以司法责任制评估美国州法院》，以各州采用的司法绩效考核实施及其对法官选举、司法独立等的影响为主题，更多关注的是美国各州的司法绩效考核实践层面问题。这些研究对本书主题的支持包括：普遍承认司法考核对于司法制度良好运行的价值；即便法治发达国家，司法考核制度作用之发挥亦受诸多因素影响，有持续研究的意义；司法制度存在多种形态，每种形态之中，影响司法官行为的因素并不相同。这些观点为本书论述的展开提供了可资比较的材料，以及视角的启发。

三、研究目标

本书的研究对象是司法考核，相关定义如下。

“司法考核”，在规范意义上，系指由权威主体为司法官晋升、惩戒等身份事项的需要，对司法官的绩效、行为、能力等根据设定的内容、程序、方法进行评估的制度。考核（Performance Evaluation）是现代组织激励制度的组成部分，是基于特定方法对工作绩效的评估，在组织运行机制中处于连接层级关系、内外部关系的机枢地位，影响组织效能的实现。[1]

“政策规则”，系指法律规范之外的，由政治文件、上级命令、领导人意志、内部规定等组成的规则。

“考核规则”，系指司法考核所依据的法律规范及政策规则之总和。

“司法机关”，在无特别说明情形，系指法院和检察院。

“司法官”，在无特别说明情形，系指法官和检察官。

本书探讨主题是司法考核，属于司法运行秩序的组成部分，属于司法组织法问题，涉及司法人事制度、司法预算制度以及政治与司法的关系。本书的研究以司法考核为中心，以司法改革为其背景，研究司法考核的现状与发展变革；以宪政为研究视角，以交叠于司法考核中的政治和法律因素之考量为主线，提出合于宪政原则的司法考核之规范原理和制度改进建议。

作为司法权运行制度的组成规则，司法考核的作用在于以下方面：第一，决

[1] 斯蒂芬·P.罗宾斯、蒂莫西·A.贾奇:《组织行为学》(第14版),孙健敏、李原、黄小勇,译,中国人民大学出版社,2012年,第482页。

定司法预算的参考；第二，对司法权实现民主问责的方式；第三，提升司法官职业操守（公正、独立、清廉、适任）的手段；第四，决定司法官续任、迁调、惩戒的参考。

制度目的的实现和作用的发挥有赖于诸多因素，以司法考核而论，既有规范秩序层面的因素，也有实际秩序层面的因素；前者包括法律规范设计的合理性、完备性和适用性，后者包括法律规范的遵守情况、政策规则的影响方式和程度。将司法考核置于司法改革背景下，影响因素还包括司法考核制度的改进与司法改革的走向是否合拍，亦即是否具有过程适应性。

本书的研究目标和目的是分析司法考核的运行机制及其影响因素，完善适应司法目标的司法考核制度。尽管本书的研究主题涉及政治考量，但研究范围限定于法律层面，仅将政治作为司法权运行秩序中的构成要素，在宪法和法律规范范围之内，分析政策规则对法律规范的影响，不涉及对政治体制的评价。

四、研究方法

为准确描述“是什么”，本书采用包括文献研究法、社会调查法以及包括实地观察法在内的实证方法。司法机关考核机制有一定的地域差异性，问卷、谈话、实地观察等方法均有样本局限，因而需要文献研究作为基础，通过对官方文件、统计年鉴、工作报告、新闻报道、档案案卷等载体的信息数据材料的梳理，获得更为广泛的材料，尽量勾画其全貌，既寻求跨地域的共性，也注意地方特殊性；其中档案案卷材料为非公开材料，笔者将根据文献研究和个人资源等情况选取数个地域进行文献调查。对不同地域、层级的司法官展开问卷调查和谈话，一方面用以印证文献材料的信度，另一方面用以获得关于考核机制的一手材料。为避免环境氛围、立场预设对调查对象的影响，采用集体交流、个人谈话、自填问卷的调查方式。鉴于在司法官群体进行问卷调查常常出现的调查者意图揣摩导致的偏差，笔者以谈话调查为主要形式，辅以问卷方法。实地观察则旨在对典型样本进行深度挖掘，当然所谓样本的典型性始终是相对而言的，调查者与调查对象的互动也影响着获得材料的广度与深度，实地观察所得的一手材料仍需与文献等印证，以确定其可靠性。

分析“何以如此”，则采用组织行为学方法和比较研究方法。一项制度的采用不是无缘无故的，即便其运行中存在各种缺陷。而制度的建立、运行和维护均需付出一定成本，如果一项制度被选择并长期存在，必定有其基于一定价值取向经过效益权衡的背景。司法机关考核机制作为一项制度，亦有其成本效益结构，采用制度经济学之“成本—效用”分析方法，旨在从制度所依赖的环境要素，揭示该制度生成或被选择的原因。而运行一项制度的机构本身，其组织类型的差异、内部结构的不同、成员及其相互关系、对制度能够达成预定目标有重大影响、制度和组织的交互作用是制度变迁的重要因素。司法机关作为一类组织，其组织行为有其固有特征，考核机制作为制度如何契合作为组织的司法机关，需要以组织行为学方法展开分析。司法官，作为考核的对象，是组织中抽象的个体，更是现实中不完全理性的人。司法官虽然可能看上去很理性或者说被期望理性，但毕竟只能是有限理性，伴随着心理、情感、群体等活动，也会有很多偏离理性的选择，分析考核机制中的个体司法官，行为经济学方法是一个恰当的理论工具。在司法机关的组织类型及其与考核机制的关系分析中，采用比较方法，将中国司法机关置于多样化的司法组织结构中，分析其作为司法机关的一般性特征，以及其作为中国国家机关的个别特征。

在论述“应当怎样”时，主要采用法解释学和规范宪法学方法，即“返回到适度接近规范主义，但又不至于完全退到法律实证主义的那种立场”。[1] 把价值命题与事实命题加以相对区别，追求宪法规范向规范宪法的升华。[2] 本书以实存的司法机关考核机制为起点，经由制度效用、组织行为分析，最终要归于更加合理的制度的构建。司法制度是宪法制度的组成部分，司法机关行使国家权力不仅仅外在于其操作司法程序，解决纠纷，创设社会规范，也内在于其受人民代表大会、执政党监督制约的运行秩序。考核机制作为司法机关运行秩序的组成规范，其构建应当基于宪法规范所包含的内在机理。本书围绕宪法规范所构成的司法权相对于其他国家权力独立运行的制度，建构逐步剥离实践中的难题及障碍、走向合于规范宪法的司法机关运行秩序。

---

[1] 林来梵：《从宪法规范到规范宪法：规范宪法学的一种前言》，法律出版社，2001 年，第 6 页。

[2] 林来梵：《从宪法规范到规范宪法：规范宪法学的一种前言》，法律出版社，2001 年，第 8 页。

五、潜在贡献

本书学术意义表现在以下三个方面。

首先，如前所述，虽然司法权实际运行机制已得到相当关注，作为连接司法机关内部层级关系、内外部组织关系的考核机制，也已有一定数量的研究。但以下问题仍待解答：司法考核的目标是什么？作为一项制度，其在司法制度和法律体系中的定位是什么？什么样的司法考核符合司法权的性质或特性？如何处理司法权运行中政治与法律的关系？无论国内关于司法权、司法改革、司法机关的研究，还是域外关于法官、法院的研究，均只是否定了一些不适合于司法机关的考核方式，或者仅援用管理学理论对法官考评机制做一改进，并未涉及司法考核的理论基础，亦未探求与司法权性质及司法组织类型相适应的司法机关的考核机制的一般规律。

就理论基础而言，司法考核既应借鉴一般意义上组织与制度关系之理论、组织机构的绩效考核之理论（包括组织行为学理论、激励理论等），更应顾及司法权及司法机关的特性。本书从实践出发，探寻组织行为对制度变迁的影响，以不同组织类型司法机关之比较为基础，归纳司法考核的一般规律，并以制度经济学、组织行为学、规范宪法学为理论基础，探讨司法考核应当遵循的原则，将司法考核中的政治与法律考量表达为组织行为问题，较之目前这一领域的研究，是一个创新。

其次，现实场景的呈现本身就具有学术意义。要解答为什么以及应当是什么的问题，必须首先说明“是什么”。准确呈现“是什么”的意义在于，基于对同一问题的关注，无需每个研究者都去重新做一遍假设及结论相同的实地调查（或田野调查）。虽然实证研究已经流行了很长时间且至今相当时髦，但真正意义上的实证需要知识、方法、资源的支持。一项扎实的实证调查所得的可靠描述方可提供进一步发掘材料、展开论说的基础，可以避免重复及无效劳动。如此，新的实证知识不断供给，某一个领域的知识方可得到积累。

“基于中国问题提问和论述的目的，不是要为西方主流理论提供又一个中国的例证或例外。已经支配了人们想象力的主流理论无需多一个例证。少数例外的发现，并不能削弱主流理论的效力，却只会强化其话语霸权。”❶ 基于中国问题的提问和论述为数不少，但查阅资料的感受是，无论打着理论旗号充斥各色概念的论说，还是以务实为标签的具体问题分析，断语总是比解说要多，一方面从概念到概念的先验式赞成或反对举目皆是，另一方面来自实践部门的工作报告总结式文章汗牛充栋。因而关于学者“不接地气”的批评不绝于耳。但接地气并不意味着访谈几个法官、发几份问卷、发表几篇装饰有表格公式的文章，而在于放下主流理论熏染的先见，去发现和理解制度的实存，并在此基础上提出问题。当然，这一意义上的提问并不刻意求得中国问题特殊性的标签，相反，中国问题必定特殊的预设也是一种先见。放下任何一种的先见的底气只能是老老实实观察并描述“是什么”。

本书将司法机关作为一个系统，描述其多重多元的考核机制及所牵连的内外部关系，相对于现有的以单个法院/检察院为对象的研究，或者对与司法权力运行有重大影响的单个外部因素（如政法委）的研究，或者以诉讼程序为中心兼及司法机关内部运行秩序的研究，是新知识的供给。

最后，涉及司法机关组织结构及运行的研究似乎不可避免地要用到韦伯的官僚或科层理论，而不同类型的组织毕竟有所区别。大型企业也通常具有明显的科层化特征，但其组织行为不同于政府机构；公益性非政府组织的非盈利性与司法机关类似，但二者的内部管理结构则大相径庭。对司法机关组织特征的概括描述，韦伯理论固然不错，而更精细的分析则需要更实用的框架。鉴于企业管理理念与方法较为成熟且与时俱进，引入管理学研究成果作为理论框架，是一个合理选择。黄瑞华在《我国法官绩效评估制度之研究——以审判行为为核心》一文中将企业组织的“平衡记分卡”模型套用于法官绩效评估制度的构建，王雷在《基于司法公正的司法者管理激励》一文中采用经济学和博弈论方法架构司法者管理激励模型，即为颇具启发的尝试。

中国司法机关无论组织结构还是实际运行秩序都更为复杂，也有相当程度的特殊性，简单套用某一模型并不适宜，因而需要在借鉴管理学成果的基础上有所创新。采用组织行为学方法，构建适用于司法机关的组织行为分析模型，为司法机构的精细化研究提供新的视角和工具，是本书的第三个学术意义。

---

❶ 冯象:《政法笔记》,江苏人民出版社,2004 年,第 248 页。

本书的命题本身即指向实践，从实际问题中勾勒出学术命题，而经由理论分析，最后仍归结于实践性的制度建构，可谓第一重实践意义。但本书实践意义更在于以下两个方面：

其一，基于宪法的内在机理，建构司法机关考核机制，旨在于实践层面上，贯彻规范主义精神，力图依据有效的、具有价值秩序或者价值体系的规范系统，去调控公共权力的运行。中国现行司法制度无论从何处习得，现今早已是国家权力影响公共生活的一大力量。由于其内在的冲突、矛盾及种种不完备，司法改革亦早已启程并一直在路上。而不容忽视的是，司法制度由宪法及其相关法（组织法等）所构建，如果说依照宪法独立行使审判权已近于可望而不可及，抛开宪法文本空谈司法独立恐怕就是乌托邦了。诚然，宪法“没有牙齿”❶，但毕竟是生效的规范。“发掘那些已然凝聚在现行宪法之中的规范精神，善用宪法赋予或加强各项改革事业的正当性”❷，方为“依法治国”的应有之义。本书提出司法机关考核机制改革之建议，作为司法改革议题之下的探讨，由宪法本身的机制来主导面向改革的制度架构，以规范主义精神处理司法权运行中的政治与法律考量，即为宪法规范走向规范宪法的一个实践。

其二，本书借鉴制度关联性理论，提出司法考核制度与相关制度的关联性对司法考核制度本身改进以及司法改革进程的效用，即司法考核制度只有建立在符合制度关联性的基础之上方可避免制度失效或产生负效应。同样，司法改革所涉各项制度亦应在制度关联性考量之下进行方案设计并实施方案，方可避免因许多改革措施无效而产生的制度变迁成本。一项具体规范如果不能契合于其所依赖并作用的制度，则无法发挥其应有的功能，无法实现制度效用。面向实践的司法考核制度，必须适应司法改革的预期过程，才有谈及所谓前瞻性的余地。

六、本书框架

正文之前为导论，说明本书的研究背景、研究目标、学术意义和实践意义、研究方法及结构安排。正文分为五章。最后根据正文部分的论证，得出本书的结论。

---

❶ 林来梵：《宪法的肉身》，清华大学出版社，2013 年，第 14 页。

❷ 林来梵：《正名社会主义宪政：转型期的宪法与宪政》，《财经》（十五年纪念版），2013 年第 10 期。

正文结构安排如下。

第一章描述多重司法考核的现象及其对司法机关、司法职能造成的各个层面的影响，进而提出本书要探讨的问题，即司法考核的合理性何在？其应然目标是什么？司法考核的应然目标应当如何实现？在法律规范意义上如何改进司法考核制度？与司法考核关联的制度应当如何完善？本章运用实证资料，包括笔者调查所得一手数据及资料，笔者亲身参与的检察机关内部行政过程、参与办理的案件资料，来自法院、检察院公布的信息及数据资料，来自其他研究者的实证调查资料，来自官方报告的数据资料。

第二章分析司法考核制度的应然目标。本章司法实际运行秩序的规则构成展开，揭示法律规范与政策规则的交叠，通过制度关联性的分析，探讨在司法权运行秩序之中，政策规则对法律规范的侵入机制，继而以司法目标为切入点，结合对司法组织类型的比较，在司法权运行的意义上分析司法考核的应然目标。

第三章从效用的角度讨论司法考核应然目标应当以什么样的机制实现。本章以司法者行为影响因素和司法者行为动机反馈关系为工具，分析影响司法考核机制效用的变量和要素，在此基础上，从考核主体、内容、程序、结果运用四个方面，通过比较研究，分析司法考核实现机制的效用原理，提出有效的司法考核的约束条件。

第四章从规范分析的角度探讨司法考核的规则改进。本章从司法考核的制度属性和定位分析入手，探讨司法考核应当在何种目标之下进行规范化改进，基于对司法考核相关规范的剖析，以及第二章和第三章所得出的司法考核目标及制度实现机制效用原理，提出过程适应性的司法考核规则改进的规范化路径。

第五章在司法改革背景下，讨论司法考核关联制度的完善。本章以制度关联性和规范性为视角，分析司法改革中司法考核关联制度在方案和实施方面的问题，提出更符合司法规律、更具现实可行性的关联制度完善建议。

第一章　多重考核下的司法困境

第一节　多重司法考核现象描述

一、引言：无处不在的司法考核

2015年1月20日召开的中央政法工作会议[1]，取消了一些司法、执法考核指标，有关会议的新闻报道表述为，“中央政法各单位和各地政法机关今年对各类执法司法考核指标进行全面清理，坚决取消刑事拘留数、批捕率、起诉率、有罪判决率、结案率等不合理的考核项目。建立科学的激励机制，落实办案责任，加强监督制约。”[2] 而司法考核指标是否如一些报道所言将成为历史呢?[3] 这一预言在实证面前显得过于草率。

中国司法机关的员额制改革中，考核即扮演着重要角色。首先，考核是进入员额的必备条件之一。以第一批员额制改革试点的三个地方为例：《S市高级人民法院司法体制改革试点工作实施方案》中，考核既是人员定岗的主要条件，也是法官等级确定及晋升的指标；《Z市法院工作人员分类管理和法官职业化改革方案》将强化法官的业绩考核作为基本原则，规定考核结果作为法官等级和职务升降的重要依据；《H省检察机关司法体制改革试点过渡期检察官选任工作实施方案》，采取考试与考核相结合方式选任检察官，其中考试成绩占40%，考核成

---

[1] 由中央政法委主持召开，2014年以前称“全国政法工作会议”，确定当年政法机关（包括公安、司法行政、司法等机构）工作宏观导向和重点，是“党管政法”原则的体现。

[2] 关庆丰、王姝、邢世伟、贾世煜：《中央政法委：取消有罪判决率结案率等考核指标》，《新京报》2015年1月22日。

[3] 王逸吟、王昊魁：《执法司法指标考核制将成历史》，《光明日报》2015年2月2日。

绩占60%。员额制改革全面铺开之后，各地确定入额条件大体上都是考试加考核，而考核所占比重高于考试。其次，绩效考核是维持员额资格、确定员额奖金的依据。最高人民法院2016年9月制定下发的《法院人员绩效考核奖金分配指导意见（试行）》，关键词为绩效考核和奖金。根据这一文件，各地法院制定了本地的绩效考核实施办法，将绩效考核工作纳入司法体制改革全局，作为完善司法责任制的措施。例如《H省高级人民法院年度绩效考核实施方案（试行）》量化指标既涵盖了各类人员的职责和工作特点，也包括了对全体工作人员均必须履行的诸如廉政、作风等方面的工作要求，为全面做好年度绩效考核工作打下了制度基础。Y省K市中级法院在员额法官选任完毕后，建立法官绩效考评机制，将之作为调动法院工作人员的积极性，体现奖勤罚懒的重要激励途径。《J省检察机关员额检察官退出管理办法（试行）》规定，办案绩效考核达不到考核标准，连续两年被确定为基本称职以下等次的，须退出员额。

在司法机关日常运行中，上级对下级的指导、监督，多围绕考核进行。依据宪法和法院组织法、检察院组织法[1]，上级检察院对下级检察院是领导关系，上级检察院对下级的领导很重要的方式是考核。而法院系统的上级对下级的考核则是行政化的一个体现，例如上级法院基于绩效的需要对下级法院管辖案件的提前介入[2]，上级法院对下级法院的各类评查，上级法院对下级法院的业务考评，以及上级法院首长的某种下级法院不得不遵从的命令，更反映了上下级法院之间真实的关系和法院的真实运行秩序。法院院长、法庭庭长对其“下属”法官的行政权威，法院内部花样翻新的严格考核评查，不过是上下级法院行政化在下级法院的投射。虽然最高人民法院2014年底宣布取消对各高级法院的考核排名[3]，J省高级法院宣布取消60多项考核指标，但约束性指标仍然保留，各种综合评分、民意考核作为绩效考核的变形仍然存在，多数高级法院、中级法院仍然对辖区内的法院实施考核。而最高人民法院取消对高级法院考核排名后，上下级法院的行政管理替代制度，仍然是某种形式的绩效考核。[4]

司法机关在党领导之下，政法委员会（以下简称“政法委”）作为一级党组

---

[1] 本书所述法律文本如无特别说明，均指中华人民共和国法律。

[2] 例如几乎成为制度的案件请示。参见侯猛：《案件请示制度合理的一面》，《法学》2010年第8期，第126页。

[3] 王吟逸：《最高法决定取消对全国各高级法院考核排名》，《光明日报》2014年12月29日。

[4] 王海清：《司法管理新常态下完善审判绩效考核的思考》，《人民法院报》2015年5月13日。

织的职能部门，其与司法机关的关系引发的争议不在少数。[1] 时任中央政法委书记孟建柱 2013 年 1 月 7 日在全国政法工作电视电话会议上的讲话已表示，“要进一步明确党委政法委的职能定位”。[2] 但党领导司法远远不止于此，首先，司法机关的“一把手”法院院长、检察长同时为党组书记，根据党管干部原则[3]，法院院长、检察长要接受同级党组织的考核，法院、检察院重要职务任命首先要通过党的组织部门[4]，为司法体制改革探路的 G 省某新区法院、检察院也不例外。至于司法机关的日常工作，需向当地党的委员会（以下简称“党委”）汇报，受其领导，亦作为地方政法部门纳入地方党委考核之下。

为了应对上级考核和党委考核，司法机关内部以对应方式开展绩效考核，包括公务员平时考核和年度考核、业务考核、各类评优、竞赛等。可以说，司法考核无处不在，且形式多样，是一个多重多元体系，至少可以分解为执政党对司法机关的考核、上级司法机关对下级的考核、司法机关内部的考核等。以下分述司法考核的多重体系和各层次考核之间的关系。

二、司法考核的多重体系

现实层面司法考核的多重体系之构成，第一是地方党委对司法机关的考核，将法院、检察院作为地方党政机关的组成部分，从地方利益的角度考核其整体绩效、机关效能、党风廉政建设等，考核成绩关系到司法机关在地方党政机关中的地位，以及法院、检察院领导班子成员的个人仕途。第二是上级司法机关对下级司法机关的考核。上级法院对下级法院的考核，上级法院通过制定业务指标或以

---

[1] 除涉及外交、国防等特殊领域外，“政法委今后将不会介入个案”。（《详解政法委协调个案：主要有两种方式》，《中国新闻周刊》2013 年 11 月 28 日，综合《21 世纪经济报道》《法制晚报》《南方都市报》《中国新闻周刊》等报道。）学界多位名家如陈光中、马怀德、姜明安等教授均给予积极评价，参见王晓飞、毛占宇：《去行政化 保司法公正》，《法制晚报》2014 年 1 月 1 日。

[2] 孟建柱：《深入学习贯彻党的十八大精神 在新的历史起点上开创政法工作新局面》，《求是》2013 年第 4 期，第 3 页。

[3] 尹业香：《党管干部原则运行机制的历史考察》，《长江大学学报（社会科学版）》2004 年第 4 期，第 33 页。

[4] 在党委组织部门任命之后人民代表大会选举程序之前，称“代院长”“代检察长”，例如 2013 年因法官嫖娼事件被广为关注的上海市高级法院院长崔亚东，其时即处于这个阶段。参见《上海高院代院长崔亚东到金山法院调研工作》，中国法院网 2013 年 9 月 18 日，http://www.chinacourt.org/article/detail/2013/09/id/1085492.shtml，最近访问日期 2017 年 8 月 24 日。

其他考评方式评价辖区内下级法院的绩效，是法院管理的行政化表现；上级检察院对下级检察院的考核，基于检察一体化，上级检察院领导下级检察院的方式之一，通过制定业务指标或以其他考评方式评价辖区内下级检察院的绩效；考核成绩关系到在系统内的荣誉。第三是每一个司法机关内部考核。在每一个法院内部的各类考核中，基于上级的考核标准和地方某一时期的特定要求，将绩效指标细分至审判庭及法官个人；同样，在每一个检察院内部的各类考核中，基于上级的考核标准和地方某一时期的特定要求，将绩效指标细分至内设机构及检察人员个人。上述考核成绩关系到部门及个人发展。第四是地方组织部门对法官、检察官的公务员考核，与司法机关内部考核部分重合，包括季度考核和年度考核，全员打分形式，领导分数权重比例较大，既是地方将法官、检察官作为公务员的人事管理措施，也是法院、检察院领导体现其对法官、检察官个人发展影响的渠道之一。其中，地方党委的考核、上级的考核以及司法机关对所属内设机构及个人的考核是司法考核的主要内容。

（一）地方党委对司法机关的考核

地方党委对司法机关的考核包括两个方面，第一是对司法机关负责人（领导班子）的考核❶，关系到法院院长、副院长及检察院检察长、副检察长等领导班子成员的个人仕途❷，第二是对机关总体的考核，关系到地方资源的分配，具体内容有目标责任制考核、机关效能考核、党风廉政建设考核、各类评比、各类专项考核等。开展考核的方式有派遣考核小组、听取负责人汇报、专项检查、专项调研、评比奖惩等。机关效能考核和党风廉政建设考核作为常设项目，将法院、检察院与党委职能部门、政府职能部门等机构视为一同，考察的是各机关是否认真履职，是否保持良好的作风，是否存在违法违纪现象。各类评比和专项考核因时而异，例如文明单位评比、档案工作绩效考核、政法机关窗口单位评比等。试以几例说明。

实例一：《A省直机关效能建设考核办法》规定的考核目标是“改进机关作

---

❶ 最高人民检察院的职责之一：协同地方党委管理和考核省、自治区、直辖市人民检察院和专门人民检察院的检察长、副检察长。参见最高人民检察院网站，http://www.spp.gov.cn/rmjcyjj/201208/t20120816_858.shtml，最近访问日期2017年8月24日。

❷ 刘忠：《条条块块关系下的法院院长产生》，《环球法律评论》2012年第1期，第107页。

风、创新管理方式、强化制度建设、认真履行职责”，省高级法院、省检察院作为一类综合部门接受考核（该类部门共33个）。效能建设考核分为四大部分，基准分1000分，并实行加减分。履行核心职能情况（300分）、规范权力运行情况（200分）、服务对象测评情况（400分）、效能建设工作情况（100分）。各类单位按照总分从高到低排出名次，根据名次分别确定先进、良好、警示单位。省直效能办将省直单位的考核结果抄送省党委（以下简称“省委”）纪律委员会（以下简称“纪委”）、省委组织部，作为考核单位党风廉政建设以及领导班子的重要内容。其中“履行核心职能情况”，包括完成省委、省政府交付的重点工作任务和执行省委、省政府文件、会议决定事项以及办理省领导批示情况（100分）、完成职能目标情况（200分），后者考核创新项目推进情况，参加创新项目考核的单位年初上报上年度创新项目实施情况报告及有关资料证明，创新成果或工作经验做法受到上级肯定或交流、推广的，予以加分；工作受到上级通报批评的，予以减分。

实例二：Z省Y县《2014年度落实党风廉政建设责任制考核办法》规定考核目标是进一步强化党风廉政建设中各级党委的主体责任和纪委的监督责任，推动反腐倡廉建设各项任务落到实处。县法院、检察院作为县直机关中的B类单位（该类共35个）接受考核。考核内容由主体责任考核、监督责任考核和加减分构成，设基本分（100分）。其中主体责任考核80分，监督责任考核20分，加减分另计。各地各部门领导班子、领导干部每半年度填报《落实党风廉政建设责任制工作进度报告表》。对县直机关、国有企业和重点工程建设指挥部领导班子和领导干部的检查考核，由县领导听取各单位主要负责人情况汇报，年终检查由县廉责办统一安排。根据各检查考核组的检查考核结果，结合动态管理和加减分情况，由县廉责办进行综合评定。考核结果作为对党政领导班子总体评价和领导干部业绩评定、奖励惩处、选拔任用的重要依据。

实例三：法院参加文明单位专项评比。2014年9月E省P市文明办小组至L县法院考核验收省级文明单位创建工作。考核组观看了该院创建省级文明单位专题片，认真查阅了文明创建活动资料，并组织部分干警进行了文明创建工作知识测试，还实地察看了立案大厅、信访接待室、档案室、图书阅览室、荣誉室、法官健身房、文化长廊等创建活动阵地和机关的环境卫生。考核组认为，近年来，L县法院能够持续巩固省级文明单位创建成果，并能够扎实深入推进省级文明单位的再次创建与申报工作。

实例四：法院、检察院参加政法机关窗口单位评比。2014 年 8 月底，N 省政法委出台《关于加强政法机关服务型窗口单位建设的实施意见》，对政法机关窗口单位开展评比，并对最差单位挂牌。参与单位包括各级审判机关的诉讼服务中心或立案大厅、基层法院的派出法庭；各级检察机关的控告申诉接待室、案件管理大厅；各级公安机关的派出所、巡警队、消防队、交警队（车管所）、出入境管理部门、110 指挥中心及驻政务服务中心的办事机构；各级司法行政机关的司法所、人民调解场所、法律援助中心、监狱会见中心、戒毒所会见中心及驻政务服务中心的办事机构；各级政法机关的信访接待场所和各级政法机关面向社会公众或者当事人开放的网站、微博、微信等网络平台。评比方式，是 2015 年 4 月至 6 月，由政法各部门、各市党委政法委分别作为牵头单位，按照政法窗口单位建设的目标要求，结合《N 省 2014 年公众安全感调查分析报告》中反映的问题，根据本系统、本辖区窗口单位的数量、明察暗访、群众反映和社会评议等情况，制定筛查标准，确定最差窗口单位名单。

上述实例一和实例二是将地方法院、检察院作为地方党委直属机关来进行考核，以考核评分的方式将党委、政府的工作重点转换成法院、检察院的核心职能，或者让法院、检察院承担上级要求的绩效指标。实例三将法院、检察院作为同级党委工作部门的考核对象。实例四是将法院、检察院作为同级政法委员会考核对象。这些实例表明了地方党委通过考核这一具体途径，对司法机关实施全面领导的方式、内容和结果。

（二）上级司法机关对下级的考核

上级司法机关对下级的考核首先是业务考核，包括单项业务考核、综合业务考核、案件评查等；其次是检察院的综合绩效考核，包括领导班子建设、业务发展、队伍建设、管理机制、保障水平等，以及法院的审判绩效或工作目标综合考核，包括审判执行工作、调研工作、法院改革、队伍建设和司法政务等；此外还有各类评优活动。考核的方式有预先确定指标评分考核、考核小组实地考评、报送材料评比等方式。

其中预先确定指标评分考核是近 10 年来的主要考核方式，2015 年 2 月 26 日发布的《最高人民法院关于全面深化人民法院改革的意见——人民法院第四个五年改革纲要（2014—2018）》（法发〔2015〕3 号）重申“建立科学合理的案件质量评估体系。废止违反司法规律的考评指标和措施，取消任何形式的排名排序做法”。所要废止的也是这种指标评分并排名的方式。

不少高级人民法院 2015 年初在同级人民代表大会（以下简称“人大”）作的工作报告中[1]，仍以量化指标全国排名作为业绩予以说明，是指标评分排名式考核的体现。以量化方式解读法院工作，无论是否作为考核依据，均具有统计意义，出现在工作报告中无可厚非，虽然经验表明，数据在历年各级法院工作报告中的角色是标榜业绩。而排名则完全体现了数据作为考核依据的作用。如 A 省高级法院工作报告提到，“进京访案访比 882.4∶1，位列全国第二，好于 357.9∶1 的全国平均水平”。Z 省高级法院工作报告中提到，“一线办案法官年人均结案 187 件，居全国第一位；上诉率为 6.1%，二审改判发回率为 7.7%，生效裁判息诉率为 99.2%，主要办案质量、效率、效果指标，继续位居全国法院前列……强化人权司法保障，严格非法证据排除，为 1.6 万名没有钱请律师、可能被判处三年以上有期徒刑的被告人，通知法律援助律师出庭辩护，辩护率上升了 22.3%，可能判三年以上的刑事辩护率达 86.9%，继续领先全国。”D 省高级法院工作报告提到，“进京信访数量同比下降 35.3%，案访比是全国最低的省份之一”。L 省高级法院工作报告提到，“上报最高人民法院复核的死刑案件核准率位居全国高院前列”。Y 省检察院 2017 年有关刑事执行检察工作的宣传表明，全国检察院核心指标考核排名并未停止。该宣传如下表述：在 2016 年全国刑事执行检察四项核心业务考核排名中，Y 省检察机关刑事执行检察部门查办职务犯罪案件数、核查纠正监外执行罪犯脱管漏管数、办理羁押必要性审查案件提出建议被采纳率、书面纠正“减假暂”违法或不当数均进前五名，是唯一全部进入前十的省份。

省高级法院对辖区中级法院、基层法院进行考核排名仍在进行，以“法院考核排名”为关键词搜索，可以看到许多地方法院以考核排名在全省居于前列为宣传亮点。例如中南部某省 Z 市 Y 区人民法院在省人民高级法院 2016 年审判质效考核中，结案率在全省 128 个基层法院第 4 名，被认为是一项佳绩。中部某省 Y 市两级法院在 2017 年第三季度全省法院执行质效考核中排名第一，也被作为工

---

[1] 各高级人民法院历年工作报告见各地方法院年鉴，当年工作报告见各地方法院官网或各地官方媒体网站。

作的重要成绩大篇幅宣传。考核排名在2016年之前更是常态。例如西南某省高级人民法院《关于2014年度中级法院绩效考核结果的通报》对辖区中级法院进行了排名，X中级人民法院发布的消息中称，“X法院在此次绩效考核中以0.129分的微弱差距列全省第三名，这也是该院连续三年在省法院对中级法院的绩效考核中位居全省法院第一方阵。”可见这一考核方式的延续。

法院系统指标式考核的指导依据是最高人民法院制定的审判质量与效率综合评估体系，先后有2008年《关于开展案件质量评估工作的指导意见（试行）》，2011年下发《关于开展案件质量评估工作的指导意见》，推出新的《人民法院案件质量评估指标体系》[1]，延续《关于开展案件质量评估工作的指导意见（试行）》审判公正、审判效率、审判效果3个二级指标的划分，三级指标则由33个调整为31项标（如表1-1所示），对审判业绩予以量化评估，地方各级法院以此为依据制订本地的绩效评估或考核指标体系。员额制改革推行之后，对员额法官的审判执行质效考核也采用量化指标的方式。例如H省法院绩效考核方案将办案质效指标作为考核审判执行业务部门、法官及审判辅助人员工作绩效的主要内容，针对审判执行业务部门考核，“审判质效”“部门年终结案率”“庭长办案数”等工作实绩部分占66%；针对法官考核，办案工作实绩占76分，设置了办案数量、办案质量、办案效率、办案效果、审判流程管理、司法技能6个主要指标对法官办案水平进行综合评价。

检察院系统的情况与之类似，最高人民检察院的指导意见先后有2009年《最高人民检察院考核评价各省、自治区、直辖市检察业务工作实施意见（试行）》和《最高人民检察院考核评价各省、自治区、直辖市检察业务工作项目及计分细则》，2010年《基层人民检察院建设考核办法（试行）》，2011年《关于进一步建立健全检察机关执法办案考评机制的指导意见》，2014年《关于进一步改进检察业务考评工作的意见》等。这些文件确立了检察业务考核指标体系。基于上级检察院对下级的领导关系，《基层人民检察院建设考核办法（试行）》规定，省级检察院或地（市）级检察院每年对所属基层检察院进行一次考核，考核采取量化考核方式，量化考核项目包括基础分项目和加分、减分项目，上级检察院对基层检察院工作进行全面综合考核，单项工作考核纳入

[1] 张军:《人民法院案件质量评估体系理解与适用》,人民法院出版社2011年,第70页。

综合考核之中，考核可以排名。《关于进一步改进检察业务考评工作的意见》重新设置了检察业务核心数据，反贪污贿赂业务、渎职侵权业务等9项业务包括立案数（人）等26项考评项目（如表1－2所示）❶，配合以案件质量评查、落实上级重要业务工作部署情况、社会评价情况等考核指标。❷ 而相当长时间多地采用的是百分制或千分制量化评分考核。❸员额制推行之后，检察官办案绩效也仍然采用量化规则，例如《J省检察机关检察官办案绩效考核量化规则（试行）》，以评价司法办案为主，兼顾评价司法作风、司法技能和职业操守，分别占70%、10%、10%、10%。

表1－1　人民法院案件质量评估指标

二级指标	三级指标
审判公正	立案变更率
	一审案件陪审率
	一审判决案件改判发回重审率
	二审判决案件改判发回重审率
	二审开庭审理率
	对下级法院生效案件提起再审率
	生效案件改判发回重审率
	对下级法院生效案件再审改判发回重审率
	再审审查询问率
	司法赔偿率
	裁判文书评分

❶ 于潇、武海霞：《王晋：完善业务考评制度机制 促进检察业务健康发展》，正义网2015年2月15日，http://news.jcrb.com/jxsw/201502/t20150215_1478665.html，最近访问日期2017年8月24日。

❷ 沈爱民、黄福涛：《检察业务考评体系演进轨迹的梳理与思考》，《北京政法职业学院学报》2014年第3期，第80页。

❸ 《检察日报》对地方检察院业绩的报道之中仍有体现，参见于世平：《让勇争一流成为信念》，《检察日报》2015年1月14日。

续表

二级指标	三级指标
审判效率	法定期限内立案率
	一审简易程序适用率
	当庭裁判率
	法定审限内结案率
	平均审理时间指数
	平均执行时间指数
	延长审限未结比
	结案均衡度
	法院年人均结案数
	法官年人均结案数
审判效果	一审服判息诉率
	调解率
	撤诉率
	实际执行率
	执行标的到位率
	裁判自动履行率
	调解案件申请执行率
	再审审查率
	信访投诉率
	公众满意度

表 1－2 省级检察院业务核心指标

检察业务	序号	内容（项目）	指标类型
反贪污贿赂业务	1	立案数（人）	办案规模和力度指标
	2	立案侦查大案数（件）、要案数（人）	办案力度和效果指标
	3	提起公诉数（人）	办案力度和质量指标
	4	有罪判决数（人）	办案力度和质量指标

续表

检察业务	序号	内容（项目）	指标类型
渎职侵权检察业务	5	立案数（人）	办案规模和力度指标
	6	立案侦查大案数（件）、要案数（人）	办案力度和效果指标
	7	提起公诉数（人）	办案力度和质量指标
	8	有罪判决数（人）	办案力度和质量指标
预防职务犯罪业务	9	开展行贿犯罪档案查询数（次）	工作开展情况指标
侦查监督业务	10	立案监督案件数（××）	工作力度和效果指标
	11	纠正漏捕判处 3 年有期徒刑以上刑罚数（人）	工作质量和效果指标
	12	书面监督纠正侦查活动违法情形数（件）	监督力度指标
公诉业务	13	案件审结率（××）	办案效率指标
	14	纠正遗漏同案犯数（人）	监督力度指标
	15	抗诉及法院采纳抗诉意见数（件）	监督力度和质量指标
监所检察业务	16	书面监督纠正减刑、假释、暂予监外执行不当数（件）	监督力度和效果指标
	17	立案侦查职务犯罪数（人）	工作力度指标
民事行政检察业务	18	抗诉及法院采纳抗诉意见数（件）	监督力度和质量指标
	19	再审检察建议及法院采纳再审检察建议数（件）	监督力度和质量指标
	20	检察建议及法院采纳检察建议数（件）	监督力度和质量指标
控告检察业务	21	高检院交办案件办结数（件）	交办案件办理情况指标
	22	民事检察监督案件受理数（件）	工作力度和效率指标
	23	涉法涉诉进京访数（人）	工作力度和效果指标
刑事申诉检察业务	24	案件办结数（件）	办案力度和效率指标
	25	立案复查后改变检察机关原决定数（件）	办案力度和效率指标
	26	提出抗诉数（件）	监督力度指标

上级司法机关对下级的评优活动包括法院论文评比、检察院调研文章评比、全国法院、检察院先进集体和先进个人评选、全国优秀法院优秀法官办案标兵评选、全国先进检察院评选、全国十杰检察官评选、全国十佳公诉人竞赛等。这些评优活动对于下级机关而言是重要的荣誉，也构成上级考核的加分项。上级司法机关对下级机关司法改革进程的综合或单项考核，也是重要的内容。

法院系统的考核，由最高人民法院制订指导意见，分为最高人民法院对全国高级人民法院定考核、各省级高级人民法院对辖区内中级人民法院的考核、各中级法院对辖区基层法院的考核；检察院系统的考核，亦可分为最高人民检察院对省级人民检察院的考核、省级人民检察院对地市级人民检察院的考核、地市级人民检察院对基层人民检察院的考核。指标体系层层分解，量化到具体项目。通过上述考核，来落实上级法院对下级法院的“监督”、上级检察院对下级检察院的“领导”。

（三）司法机关内部考核

前述地方党委和上级机关的考核层级向下，最终落实到基层法院和检察院，指标细化到个人，再具体化为繁复的司法机关内部考核评估标准。内部考核的对象不包括领导班子成员，仅考核内设机构和工作人员。领导班子的考核是地方党委和上级机关的权限所在。以下以两个基层的实例说明业务绩效考评和综合绩效考评，以Q省的实例说明案件评查的情况。

1. 司法机关内部业务绩效考评。例如J省N市H县2017年9月在全市法院先试先行，制订出台《H县人民法院个人及团体标兵评比方案》。将审判执行工作量指标人均结案数，审判效率指标法定正常审限结案率、结收案比，质量指标发改率、实际执行率和审判效果指标调解率、服判息诉率、执行标的到位率等审判执行工作重要指标，以及相关指标在全市基层法院条线排名作为考核计分依据，将部门创先争优工作等作为加分依据，对干警个人及部门进行季度考核、全年考评。季度评比结果归入业绩档案，作为部门和法官考评的重要内容。每季度为计分靠前的四个部门颁发流动红旗，年终团体标兵与全院先进集体挂钩，个人标兵在业绩考评中进行加分。发挥考核指挥棒作用，调动全院干警的积极性、主动性和创造性，营造争先创优氛围，提升审判执行质效。又如S省C县法院2013年出台的《C县人民法院审判、执行绩效综合考评办法》，该考评办法根据《S省人民法院审判、执行绩效综合评估办法（试行）》制定，考核采用简化方法计算，即单项指标分值固定，以固定分值扣除减分为单项得分，该分项减完为止。对各审判业务部门的考评总分为100分。考核内容为司法质量、司法效率及司法效果。审判、执行绩效考核排名以实际得分排名。部分考核指标另设加分项，加分计算到审判执行考核汇总成绩上，但不做排名依据。依本办法得出的审判、执行绩效综合考评得分占年度岗位目标考核的70%。以“司法公正指标”为例，司法公正指标考核项（45分）。①立案变更率（2分）：立案部门每出现一起当立不立，不当立立了的案件减0.1分。②案件陪审率（2.5分）：刑庭和基层法庭普通程序审理案件陪审率要求达到80%、民一庭30%、民二庭、行政庭（民事案件）40%以上，每差3%减0.5分。③上诉改判率（5分）：上诉案件每改判一件减0.2分。被定为差错案件的再减1分，民事（行政）案件经中级法院调解（协调）结案的，不计入改判案件数。④上诉发回重审率（10分）：上诉发回重审每一件减1分（新证据发回除外），被定为差错案件的再减1分，被定为不合格案件的再减2分，被定为错案的再减3分；所在庭室当年无发回重审案件的加1分。⑤生效案件改判率（5.5分）：生效案件被裁定再审的每一件减1分，再审被实质性改判的减2分，非实质性改判的减1分，调解的减0.5分。⑥生效案件发回重审率（4分）：生效案件每发回重审一起减2分（新证据发回除外）。⑦违法审判执行赔偿率（2分）：每一件减2分。⑧案件评查得分（11分）：没按规定每月自查案件的，每发现一次减0.5分；季度评查排名最后一名的每次减0.5分，季度评查瑕疵率排名最后一名的每次减0.5分；年度评查排名后三名且案均得分低于90分的，依次减2分、1.5分、1分，年度评查瑕疵率排名后三名且案均得分低于90分的，依次减2分、1.5分、1分；对于在当年自查、互查中没有查出的瑕疵，而被本院在次年组织的年度评查和上级法院评查中发现的瑕疵，每发现一处减0.1分，减分以5分为限，对自查、抽查、重点评查中发现的能够弥补的瑕疵未在三日内纠正的，每发现一处减0.1分，减分以5分为限；案件被评定为本院或县级政法部门优秀案件的，每件加0.5分，被上级政法部门评定为优秀案件的，每件加1分，加分以3分为限；年度案件质量评查排名第一名的年度目标考核加2分，第二名的加1.5分，第三名的加1分。⑨裁判文书评比得分（3分）：没按规定每月选送优秀法律文书的，每发现一次减0.2分；法律文书评查得分要求在90分以上，每差2分减1分；裁判文书被评定为本院或县级政法部门优秀文书的，每件加0.5分，被上级政法部门评定为优秀文书的，每件加1分，加分以3分为限。

2. 司法机关内部综合绩效考评。例如J省R县人民检察院2011年《R县人民检察院绩效积分考核办法（试行）》，绩效考评的内容包括工作实绩、作风养成、素质提升、创新能力、综合评价五个方面，实行百分制考评。其中，工作实绩70分、作风养成5分、素质提升5分，创新能力15分，综合评价5分。以工作实绩为例：工作实绩包括业务成绩（含社会管理创新）和信息（不含各部门工作简报）调研、宣传两部分。其中业务成绩60分，信息、调研、宣传10分。均以满分基准法计算。业务成绩得分由业务绩效（55 分）与案件质量、服务满意度（5 分）组成。其中业务绩效（55 分）。依据上级 N 市基层院建设考评办法的记分项目标准，完成者得个人分。案件质量（或综合工作任务指标）出错者扣个人分。负责某项单项工作的人员记分，可将该单项工作的项目基础分作为 100 分记分（具体根据业务考评标准计算）。案件质量及服务满意度评价（5 分）。业务部门案件质量依据上级院及本院的案件质量考评办法进行记分；综合部门则依据服务满意度测评结果进行记分（每季度测评一次）。不认真履行岗位职责、不严格执行办案纪律和办案程序，被通报批评的，每项次扣除当事人 5 分；属部门责任的，扣除部门负责人 5 分（以督查记录或执行部门书面意见为依据），有具体规定的按规定执行。不认真履行岗位职责、不严格执行业务管理规定，因工作疏忽出现错案、无罪判决、赔偿案件或引发涉检赴省集体上访或进京上访案件的（经检委会研究决定、执行上级院决定的除外），扣减当事人年度业务成绩分 30 分。

3. 案件评查。这也是司法机关内部考核的重要内容，有两种主要方式。一种方式是仍然采用业务考评记分方式，兹不详述；另一种方式是引入外部人士组成评委会进行综合评查，以 Q 省高级人民法院的做法为例。2014 年 11 月制定的《Q 省高级人民法院案件质量评查试行办法》规定，案件质量评查的结果是对各审判业务部门以及审判业务部门对审判人员进行岗位目标考核和绩效考核的重要依据。案件质量评查委员会应当从立法机关、研究机构、高校以及律师事务所等部门和人员中聘请相关法律专家和学者担任评委会成员，并参与案件质量评查工作。外聘评委会成员不少于评委会总人数的 2/3。常规评查的案件包括各类一审、二审诉讼案件、再审案件、申诉复查案件、减刑假释案件、执行案件及国家赔偿案件等；重点评查的案件有被最高人民法院发回重审的、被最高人民法院指令再审或本院决定再审的、经国家赔偿程序决定赔偿的、检察机关抗诉的、群体性或引发较为严重信访问题的、本院院领导或上级法院指定要求评查和其他途径发现可能存在审判质量问题的、中央、省领导交办的；专项评查的范围则是最高人民法院、省委要求专项评查的案件、本院院长决定抽查的案件、本院审判委员会根据需要决定抽查的案件。案件质量评查实行内部通报制度，通报结果纳入对审判业务庭的目标考核和相关人员的考核评价，并且是奖惩决定的依据。

（四）地方党委组织部门对法官、检察官个人的公务员考评

2001 年修改实施的法官法和检察官法分别以专章规定了法官和检察官的考

核，但随着2006年1月1日公务员法实施，其第二条明确将法官、检察官纳入公务员体系。[1] 2017年修订法官法和检察官法，考核一章未作调整，实际的考核方式也未调整。虽然公务员法明确对、法官检察官管理法律另有规定的，适用该规定，但事实上法官、检察官均接受同级党委组织部门的公务员考核，考核的标准也参照公务员执行，即德、能、勤、绩、廉五个方面，具体考核标准、考核程序各地有所不同。[2] 公务员考核是地方各级法院、检察院的考核工作之一，分为日常考核和年度考核，由本单位按照组织部门要求的标准和程序实施，并报送考核结果。2014年6月，中央司法体制改革领导小组决定在6省市先行试点司法体制改革，《关于司法体制改革试点若干问题的框架意见》提出，对司法人员实行分类管理，法官、检察官将不再按照公务员序列进行管理。[3] 但即便员额制改革中的考核，第一批试点地方也仍然延续了公务员考核的方式。[4] 员额制推开后，也并无迹象表明不再同时实施类似公务员的考核。对法官、检察官的公务员考核，作为日常管理措施，是个人评优、晋升资格等的依据。

三、各层次考核间的关系

对司法机关及司法官个人的各层次考核之间，有着相互牵连影响的关系。

第一，司法机关内部考核的指标设定、指标考核和激励机制，无论具体的指标项，还是各项分值分配，加减分规则，均根据上级机关和地方党委的考核标准设定。当上级机关和地方党委的绩效目标发生调整或评估方法改变时，司法机关内部考核的规则也随之改变。在业务考核方面，呈现上下级“同构性”

---

[1] 公务员法立法之时，学者呼吁不可将法官、检察官纳入。葛洪义、刘治斌、李燕：《法官、检察官不可纳入“国家公务员”——对《公务员法》起草中一个问题的几点意见》，《法学》2003年第6期，第24页。

[2] 贺莉：《公务员考核体系的创新路径与特征》，《行政论坛》2014年第4期，第48页。

[3] 《广东上海等六省市试点司法改革　法官检察官不再按公务员管理》，《北京晚报》2014年6月16日。

[4] 周立权、吴昊：《长春法院启动首批司法改革员额考试》，新华网2015年6月16日，http://news.xinhuanet.com/2015-06/16/c_1115631835.htm，最近访问日期2017年8月24日；《湖北：组织首次确定计入员额检察官考试考核》，正义网2015年6月22日，http://legal.people.com.cn/n/2015/0622/c188502-27190184.html，最近访问日期2017年8月24日；王玉洁、金昌波、林玥：《806名检察官如何产生?》，《海南日报》2015年6月18日。

特点。[1] 例如前引《C县人民法院审判、执行绩效综合考评办法》是根据《S省人民法院审判、执行绩效综合评估办法（试行）》重新制订，而指标项目与最高人民法院的《人民法院案件质量评估指标体系》大体一致；《R县人民检察院绩效积分考核办法（试行）》第一条即说明是“依据上级检察机关考核工作的有关规定，结合本院工作实际，特制定本办法”。B市P区人民法院2013年根据市高院全新的审判质量考核体系，在调研实际的基础上，重新调整设立了23项考核指标。A省Q市人民法院2015年5月29日召开院务会议，根据Q市中级人民法院公布的一至五月份各项审判绩效考核指标分析审判绩效考核指标，总结出一审简易程序适用率下降明显、案件平均审理期限过长、调撤率指数下滑、案件调解工作质量下降等五大问题。又如J省K市人民检察院2013年发布的《K市检察院绩效考评指标体系》之中，根据当年党委“创先争优”活动的要求，设定了创先争优考评指标，主要考核各部门及所属人员创先争优意识及积极参与本院先进基层检察院、创建文明单位和五好基层党组织等活动情况，规定部门积极投入争创先进基层检察院活动，成绩显著，综合工作受到市、省、国家级及上级市院、省院、高检院表彰或授予各种荣誉称号，将获得考核加分。

第二，司法机关内部考核指标的实施，受同级机关竞争的影响。司法机关所接受的各项考核均具有竞争色彩，因而考核排名成为一种自然的选择，尽管取消排名的舆论早已有之，但排名作为实际的考核机制长期存在。[2] 这种绩效竞争，受上级机关及地方党委政策的调控，也受同级机关业绩的激励。如前述A省Q市人民法院分析审判绩效考核指标，其参照系之一便是其他区县法院同期指标，提出的对策如案件质效考核工作必须与日常审判工作同部署、同落实，加快案件审理进度，加大调解工作力度，提高执行到位率等，均出于在同级竞争中重新获得优势的考虑。《K市检察院绩效考评指标体系》“检察业务”部分是依据各部门在上级检察院组织的对基层院考核测评中获得名次，考核各部门业务工作目标、工作任务完成情况；该部分基本分为60分，最高分为70分；各部门在上级

[1] 艾佳慧：《中国法院绩效考评制度研究——“同构性”和“双轨制”的逻辑及其问题》，《法制与社会发展》2008年第5期，第70页。

[2] 据笔者2014—2015年间对一些基层检察长的访谈，普遍认为考核排名很难真正取消，因为只要有量化，自动就会产生排名，除非彻底改革量化的工作评估方式。

检察院组织的基层院考核测评中处于前三位的，在基本分的基础上分别加10、8、5分；处在后三位的，分别减5、8、10分。

第三，上级司法机关的绩效受下级机关考核的影响，上级机关之间也存在绩效竞争关系，因而上级机关对下级的考核，会存在超额督促的动因，也就是层层加码。这一问题在早先的研究中已有涉及，如朱桐辉对刑事诉讼中的量化考核的研究，“诸多被调研者提到，每一层领导为保障自己完成任务，在同级竞争中取胜，都会提高指标。”[1] 何能高的研究也揭示，在民事检察监督最初发展的数年中，一些地方检察院制定了民事检察监督的年度考核指标，并层层加码，将完成抗诉案件的具体数量和指标作为任务要求“必须完成”，如未完成，扣发有关人员的奖金。[2] 在这样的督促之下，下级机关的某些指标出现年年创新高的现象，也就不足为奇了。例如一些法院强调调解结案，将调解率作为主要考核指标，致使多地出现“零判决”。[3]

第四，多重考核体系间有时因为目标设定、考评方式的差异，会出现局部冲突。如前述N省政法委出台《关于加强政法机关服务型窗口单位建设的实施意见》，对政法机关窗口单位开展评比，并对最差单位挂牌，由于每个市的每个系统都要自推一个最差单位，因而S市某县检察院控申接待窗口被列为最差单位，但该县检察院控申接待窗口在上一年度荣获全国检察机关“文明接待示范窗口”。全国检察机关“文明接待示范窗口”是按照一定的指标评选，而S市或许每个检察院的接待窗口都在较高水准，却必须推出一个最差，于是产生尴尬的结果。全国示范窗口却在本地获评最差，即为考核体系冲突的体现。又如C市法院系统2011年度采用的工作目标年度考核系统与最高人民法院的案件质量评估系统同时适用，后者所评估的审判执行工作得分作为前者的组成部分，各个基层法院在审判质效评估调控系统的排序与在工作目标年度考核系统的排序，有十几个院排序差额较大，反映了两套系统考核指标的冲突。

---

[1] 朱桐辉：《刑事诉讼中的计件考核》，《法律和社会科学》2009年第4期，第264页。

[2] 何能高：《对民事检察监督的检讨与反思》，《西南政法大学学报》2001年第4期，第65页。

[3] 张剑文、李清伟：《对调解书的检察监督：角色、范围及实现》，《时代法学》2013年第2期，第49页。

第二节　多重司法考核带来的困境

一、由手段到目的：考核的中心化

虽然所有层次的司法考核文件开宗明义均言道，考核、考评的目的是提高决策水平，推动工作发展，考核只是手段。最高人民法院《关于开展案件质量评估工作的指导意见》更特别强调："案件质量评估应当坚持正确导向，降低诉讼成本，避免片面追求高指标、妨碍审判独立、损害当事人诉讼权利和其他合法权益。"但在考核制度执行过程中，考核总是有由手段上升为目的的倾向❶，其重要性不断强化，最高人民法院严戈的文章指出，"案件质量评估体系已经成为全国法院强化审判管理的重要'指挥棒'和评价案件审判和执行公正、效率、效果的'体检表'。"❷ 作为2008年最高人民法院案件质量评估体系试点单位之一的M省法院，把案件质量评估作为审判管理体系中"牵一发而动全身"的中心环节予以重视，按照管理和考核并重的思路，M省法院以质量评估为核心，采取了上级法院对下级法院、法院内部对部门、对法官的层级考核方式，借助指标式评估和多层次排名考核，各项审判指标取得了"五升五降"的良好成绩。❸ 2015年7月22日T市高级人民法院召开2015年度绩效考评工作讨论部署会，"要扎扎实实构建从上到下、由总到分的重视氛围，全力以赴做好绩效考评；要尽早将自身工作与市委制定的指标进行一一对表，查漏补缺，做好必修课。"Q省高级人民法院制定的《2015年全省法院工作要点》34项内容中，绩效考核本身以及与考核有关的事项有12项（如表1－3所示），几乎所有关于业务的要点均包含考核内容，而各项工作要点落实分配到部门，其落实情况本身也是绩效考核的

❶ 关于司法机关业务考核的诸多研究均提到，存在唯指标论的倾向。如郑肖肖：《案件质量评估的实证检视与功能回归——以发回重审率、改判率等指标为切入点探讨》，《法律适用》2014年第1期，第18页；史乃兴：《司法公正评价机制的审视与健全——以人民法院案件质量评估指标体系为视角》，《人民司法》2014年第5期，第51页；陈忠、吴美来：《案件质量评估与审判绩效考核衔接机制研究——以重庆法院实践为样本》，《法律适用》2014年第3期，第95页；杨飞、张俊文：《案件质量评估语境下的审判管理改革——基于上诉发改率指标的实证研究》，《河南大学学报（社会科学版）》2012年第2期，第43页。

❷ 严戈：《开展案件质量评估如何讲科学》，《人民法院报》2012年12月18日。

❸ 胡毅峰：《人民法院案件质量评估关键在应用——以内蒙古法院三年"试点"情况为视角》，《人民法院报》2011年10月20日。

对象。

表 1-3 Q 省人民法院 2015 年工作要点中的考核事项

序号	要点序号	工作要点内容	相关考核事项
1	5	修订现有考核指标、方式，取消不必要、不合理考核指标	案件质量评估指标
2	16	建立客观公正、科学合理、符合司法规律的各类人员业绩评价体系	绩效考核指标
3	10	提高代表、委员建议、提案的办理质量，认真办理代表、委员关注案件，做到 100% 反馈	机关效能考核
4	6	加强并改进审判指导方式，建立类型化案件指导、二审发回、改判案件质量分析通报、定期发布典型案例等制度	二审判决案件改判发回重审率、生效案件改判发回重审率
5	7	强化办案流程监控和案件质效评估，提高当庭宣判率、二审开庭率和审限内结案率	当庭裁判率、二审开庭审理率、法定审限内结案率
6	9	细化法官办案质量终身负责制和错案责任倒查问责制	生效案件改判发回重审率
7	17	实施案件繁简分流，着力提高简易程序案件审判效率和普通程序案件审判质量。对具备条件的相关案件实行当日立案、当庭裁判、及时执行	一审简易程序适用率、当庭裁判率、平均执行时间指数、执行标的到位率
8	8	推进执行指挥中心建设，建立执行案件“三公开一沟通”制度，即做到办案流程公开、被执行人财产查询信息公开、惩戒失信被执行人情况公开，案件关键节点主动与当事人沟通	执行标的到位率
9	21	深入推进涉诉信访制度改革，建立健全符合司法规律的诉访分离、纠错、终结等工作机制	信访投诉率
10	2	加强外部协调沟通	公众满意度
11	11	探索更具时代性、针对性、操作性的司法便民利民措施	公众满意度
12	13	完善全省三级法院公众开放日、新闻发布会等宣传沟通机制，增强法院工作透明度	公众满意度

对考核的重视甚而催生了主要职能是为考核服务的内设机构，法院系统设立审判管理办公室[1]，检察系统设立案件管理办公室[2]，作为加强监督管理、规范司法行为、提高业务绩效的重要措施。审判管理办公室的具体职责包括审判流程管理、案件质量评查、案件质量监督、审判绩效评估、审判态势分析。案件管理办公室的职责包括案件受理分流、办案流程监控、案件质量跟踪监督、案件质量评查等。除以考核为主要职能的审判管理、案件管理办公室外，其他综合部门的职能之中，也多含有各类考核的内容，例如政工部门（名称为政治部、政治处或政工科）的主要职责之一是对干部进行考核、任免、调配、奖励，监察局（处）负责党的纪律检查、行政监察、业务督查，研究室负责执法检查、调研工作考核评比等。

从法律规范来看，法院组织法和检察院组织法均未规定除审判职能、法律监督职能以外的机构和人员，但实际的法院和检察院之中，却有相当多的机构和人员并不直接与司法机关职能关联，这些机构称为“综合部门”。表1－4为最高人民法院和最高人民检察院的内设机构，表1－5为基层法院和检察院的内设机构，可以看出综合部门所占比重。[3] 主要由综合部门承担的考核职能本身也有绩效要求，可称“考核之考核”。《基层人民检察院建设考核办法（试行）》即规定，省级检察院应当把对基层检察院建设考核情况作为考核评价地（市）级检察院工作的重要内容。法院系统上级也对下级的内部考核工作进行督促检查，作为对下级考核的一项内容。

表1－4　最高人民法院和最高人民检察院内设机构

	最高人民法院	最高人民检察院
综合部门	政治部（内设组织人事部、法官管理部、宣传教育部、法警局）	政治部（内设干部部（警务部）、宣传部、干部教育培训部、办公室）
	办公厅、研究室、监察局、国际合作局、司法行政装备管理局、机关党委、离退休干部局、新闻局、审判管理办公室	办公厅、法律政策研究室、监察局、国际合作局、计划财务装备局、机关党委、离退休干部局、司法体制改革领导小组办公室、新闻办公室、案件管理办公室

[1] 最高人民法院于2010年11月设立审判管理办公室，地方各级法院于2012年完成设置。

[2] 最高人民检察院于2011年11月设立案件管理办公室，地方各级检察院于2012年完成设置。

[3] 表中所列检察院内设机构为职务犯罪防控部门转隶至监察委员会之前的情形。

续表

	最高人民法院	最高人民检察院
业务部门	立案庭、刑事审判第一庭、刑事审判第二庭、刑事审判第三庭、刑事审判第四庭、刑事审判第五庭、民事审判第一庭、民事审判第二庭、民事审判第三庭（知识产权审判庭）、民事审判第四庭、环境资源审判庭、行政审判庭（赔偿委员会办公室）、审判监督庭、执行局、各巡回法庭	侦查监督厅、公诉厅、刑事执行检察厅、民事行政检察厅、控告检察厅（最高人民检察院举报中心）、刑事申诉检察厅、铁路运输检察厅、未成年人检察工作办公室

表1－5　基层人民法院和人民检察院的内设机构举例

	B市X区人民法院	B市X区人民检察院
综合部门	政治处（内设干部科、组宣科、教育培训科、离退休干部管理科） 办公室、审判管理办公室、诉讼服务办公室、信访工作办公室、诉调对接办公室、研究室、司法警察大队、监察室、对外联络协调办公室、裁判文书校核室、机关党委办公室、新闻宣传办公室、信息技术办公室、机关后勤服务中心（事业单位）	办公室、政治处、监察室、检察技术部、法警大队、行政事务管理局
业务部门	立案一庭、立案二庭、刑事审判第一庭、刑事审判第二庭、未成年人案件审判庭、民事审判第一庭、民事审判第二庭、民事审判第三庭、民事审判第四庭、民事审判第五庭、民事审判第六庭、民事审判第七庭、民事审判第八庭、金融街人民法庭、行政审判庭、审判监督庭、执行局	审查逮捕部、公诉部、金融犯罪检察部、未成年人案件检察部、职务犯罪检察部、侦查监督部、刑事审判监督部、刑事执行检察部、民事检察部、行政检察部、检察管理监督部

由于司法机关的各项工作的运作情况，无论业务绩效还是综合绩效，均需要通过考核方可转化为指标、数据、评查报告向上级或地方党委呈现，考核原本只是手段，以重要程度而论却占据了中心地位，导致对司法资源的消耗，以及对司法职能的负面影响。

二、多重考核对司法资源的消耗

考核对司法资源的消耗，表现在对人员编制的消耗和对法官、检察官时间精力的消耗两个方面。

首先，考核对司法人员的消耗。20 世纪 80 年代以来，法院和检察院的内设机构不断扩张。法院机构的扩张表现为承担监督管理职能的审判事务管理和行政事务管理部门，亦即综合部门的增设，而且法院级别越高，该类机构、人员增设越多，虽然绝大多数第一审案件由基层和中级法院受理，但最高人民法院、高级法院的人员编制数量远远超过前者。[1] 检察院机构的扩张一方面表现为随着检察机关扩权而增设业务部门，另一方面同样表现为承担监督管理职能的综合部门的增设，人员编制数量同样是随级别提高而增加。[2] 这些增设的综合部门和相应的人员编制，很大程度上从事各类考核工作，由于上级机关拥有更大的考核权、负责更多的考核事项，因而需要更多的人员。而由于这些人员既占用政法编制，又并不实际办理案件，在编制确定的情形下，无疑挤占了在一线工作的法官、检察官的名额。考核对司法人员的消耗还体现在，各类业务考核需要熟悉业务的法官、检察官配置到综合部门负责，而非业务性事务的评比、考核，也需要业务部门的法官、检察官参加，考核作为管理职能和重要事项，领导班子成员和部门负责人也要更多投入到此项工作中去。[3] 很多法院、检察院于是出现从事各项管理考核的人员充足，而办理案件的业务部门则配不齐应有的辅助人员的现象。员额制改革之后，综合部门数量经过合并有所减少，但是相应工作事务并未弱化。

其次，考核消耗法官、检察官的精力。由于考核的中心地位，法官、检察官所做的许多工作，主要目的是完成考核指标、绩效目标。例如办理各类案件数量的增长被视为业绩[4]，主动寻找案源遂成为法院、检察院的一项开拓局面的措

[1] 刘忠：《规模与内部治理——中国法院编制变迁三十年(1978—2008)》，《法制与社会发展》2012 年第 5 期，第 47 页。

[2] 甄贞：《检察机关内部机构设置改革研究》，《河南社会科学》2013 年第 1 期，第 17 页。需要说明的是，检察院从事诉讼监督业务的部门(如民事检察部门)，由于法律规定提级监督，上级院办案人员比下级为多。

[3] 邹碧华：《"案多人少"的管理学解读》，《中国审判》2014 年第 2 期，第 24 页。

[4] 各级法院、检察院每年工作报告中均以办理案件量的增长作为工作发展的体现。

施，时常见诸工作成绩宣传。[1] 而主动拓展案源需要制作发放宣传材料，与相关机构联络协调等，无疑会占用不少时间。一些非业务考核项目（例如党风廉政建设考核）要求全员参加，将参加活动、做笔记作为加减分考核项，也会分去大量时间。[2] 出于数据统计分析、过程监督、案件评查的规范管理需要，各级检察院推广使用了统一业务软件系统，所有办案流程只有及时、准确、规范、完整录入系统方可计入考核，且按照谁办理谁录入的原则，无法由他人替代工作量，也消耗了检察官的时间和精力。[3] 法院系统采用的审判业务管理系统情形相似，法官审判工作量已经超负荷，再加上录入系统的额外工作，其精力消耗增加了新的负担。这样的时间精力消耗使得约束性指标（如法定审限内结案率）[4]，也会对法官造成不适当压力，挫伤办案积极性，同样使得员额制改革带来了新的困扰。笔者调研 W 省 G 市司法机关试点员额制改革了解到[5]，该市法院刑庭案件量未变的情况下，法官开庭负担增加了 1/3，撰写判决书等负担加倍，原因是配置的辅助人员同时承担原来的综合职能，例如写各类上报材料、准备各类专项活动等，这些职能均与某项考核关联，因而无法被减掉。

在上述司法资源消耗背景下，“案多人少”却引发热烈讨论，究竟是否存在真正意义上的案多人少，所谓案多人少是真问题还是伪问题，持论不一而足。[6] 但大多研究均承认，司法机关承担的非司法功能负担，导致法官数量很多，但实

---

[1] 检察院开拓案源的宣传例如陈颖琦:《江西丰城市检察院多措并举拓宽反渎案源效果好》,正义网 2015 年 3 月 16 日,http://www.jcrb.com/procuratorate/jckx/201503/t20150316_1487965.html,最近访问 2017 年 8 月 24 日;高传伟、汪宇堂、乔建周:《从环境监管失职案源入手》,《检察日报》2014 年 9 月 7 日。法院虽然存在“案多人少”问题,但像环保法庭这样新设立的机构则仍有案源不足的情况,如为了寻找案源,2007 年 12 月 7 日贵阳市中级法院、清镇市法院联合举办了有省、市环保局及两级检察机关等部门参加的环境保护联席座谈会,提出要在开拓思路和开辟案源上找准切入点,要从已有环保污染案例中找典型。参见《开好头起好步开创环保审判工作的新纪元———贵阳中院召开第一次环保审判“两庭”工作会》,贵阳市中级人民法院《法院工作简报》,2007 年 12 月 6 日编。

[2] 例如《天津市第二中级人民法院关于落实党风廉政建设责任制的检查考核办法(试行)》规定,积极参加院里集体组织的廉政教育活动,5 分;每无故缺勤或迟到早退 1 人次减 1 分。人民网天津视窗 2012 年 9 月 21 日,http://www.022net.com/2012/9-21/47494331304106.html,最近访问日期 2017 年 8 月 24 日。

[3] 《全国检察机关统一业务应用系统使用管理办法(试行)》(高检发案管字〔2013〕5 号)。

[4] 此处不讨论审限制度本身的正当性,事实上严格的审限规定值得商榷,参见李浩:《宁可慢些,但要好些:中国民事司法改革的宏观思考》,《中外法学》2010 年第 6 期,第 928 页。

[5] 据笔者 2015 年 6 月的访谈。

[6] 姜峰:《法院“案多人少”与国家治道变革》,《政法论坛》2015 年第 3 期,第 26 页。

际办案的很少，是造成案多人少现象的原因之一。[1] 而考核相关的大多工作量即为非司法功能负担的反映，同时也构成非司法功能负担。

三、多重考核对司法职能的影响

司法考核带来的更为严重的困境是对司法职能的负面影响。中央政法委2015年1月21日要求清理取消的刑事拘留数、批捕率、起诉率、有罪判决率、结案率等不合理考核项目，或为刑事错案的成因[2]，或导致司法资源浪费及公信力减损，[3] 或有损司法公正。[4] 然而司法考核的影响不止于此。第一，宏观层面，多重考核使司法机关工作中心偏移，日常业务许多时候让位于对个别考核指标的强调、专项活动、评比检查等事务。第二，具体职能层面，一些司法考核指标的设定使司法程序丧失应有功能；考核关乎部门和个人利益，诱使司法官违反职业操守。第三，法检关系层面，法院、检察院的考核时而发生冲突，影响了一些职能的正常行使，致使一些司法程序变形。第四，司法权威层面，一些考核指标导致的行为异化，消解了本就薄弱的司法权威。

（一）多重考核对司法职能的宏观影响

地方党委对司法机关的综合绩效、机关效能等方面的考核成绩，关系到司法机关在本地党政系统的地位，这一管理权内化到司法机关工作之中，表现为司法机关服务地方“经济社会发展大局”的各种举措。上级机关对下级的综合绩效考核、业务考核、专项检查内化到工作之中，表现为某些业务指标的强调以及专项活动。以下以S市高级人民法院和人民检察院2011—2017年的工作报告为样本作一分析。[5]

S市高级人民法院和人民检察院历年工作报告中，在起首段落共同出现的关键词为“在市委领导下”“各项工作取得了新的进步（进展）”。2011年工作报

---

[1] 姜峰：《法院“案多人少”与国家治道变革》，《政法论坛》2015年第3期，第26页，第33页。

[2] 李建明：《刑事错案的深层次原因——以检察环节为中心的分析》，《中国法学》2007年第3期，第38页；陈永生：《我国刑事误判问题透视——以20起震惊全国的刑事冤案为样本的分析》，《中国法学》2007年第3期，第45页。

[3] 陈学权：《对以“撤回公诉代替无罪判决”的忧与思》，《刑事法杂志》2010年第1期，第81页。

[4] 李艶：《法院结案率制度的评析与改革》，《法律适用》2007年第10期，第81页。

[5] 见各年度《解放日报》及《上海年鉴》。

告中共同提到“三项重点工作”[1]。2012 年继续强调“三项重点工作”，2014 年共同提及“十八大精神”，2014 至 2017 年强调“服务自贸区建设”，2015 年开始强调“保障金融中心和科技创新中心建设”“法治城市”和“平安城市”也成为新的关键词。其他使用频率较高的词语还有“群众路线教育实践活动”“深化机制改革”“加强队伍建设”“服务保障全市工作大局或经济社会发展”“维护社会稳定”等。与这些关键词相应的举措则构成工作报告中的亮点（见表 1－6）。

表 1－6　S 市高级人民法院和高级人民检察院工作报告关键词

时间	高级人民法院		高级人民检察院	
	关键词	相应举措	关键词	相应举措
2011 年	三项重点工作	1. 加强司法建议工作 2. 加大民事纠纷调解化解力度 3. 率先成立少年法庭指导处 4. 人民法庭建设和司法救助	三项重点工作	1. 运用检察建议扩大办案效果 2. 运用情况反映推进社会管理工作 3. 探索未成年人司法保护途径 4. 开展派出检察室试点工作
2012 年	三项重点工作	1. 完善诉调对接工作机制 2. 大力推进司法建议工作 3. 切实加强未成年人司法保护 4. 积极促进涉诉矛盾化解	三项重点工作	1. 加大打击各类犯罪力度，维护社会和谐稳定 2. 运用检察建议和重要情况反映，扩大执法办案社会效果 3. 加强涉罪未成年人司法保护
2013 年	服务经济社会发展大局	1. 在高、中院以及金融集聚区法院设立全国首批金融审判庭 2. 增设海事法院洋口法庭	服务保障国际金融、航运中心建设	1. 制定了《服务国际金融中心和国际航运中心建设的意见》 2. 成立金融从业人员违纪违法案件防控联席会议 3. 成立全国金融检察专业委员会
2014 年	司法为民、公正司法	开展“立案难”“执行难”专项治理	党的群众路线教育实践活动	1. 确定了 49 项整改事项，制定了 13 项制度 2. 规定将执行“八项规定”各项制度列入每年督查事项
	服务自贸区建设	1. 制定《法院服务保障自由贸易试验区建设的意见》 2 成立自由贸易区法庭	服务自贸区建设	成立市检察院派驻自由贸易试验区检察室

[1] 社会矛盾化解、社会管理创新、公正廉洁执法三项重点工作，2009 年 12 月 18 日全国政法工作会议提出。

续表

时间	高级人民法院		高级人民检察院	
	关键词	相应举措	关键词	相应举措
2015 年	服务自贸区建设	制定和完善了涉自贸区案件审判指引、仲裁案件司法审查和执行等 16 项制度规定	服务自贸区建设	1. 建立了自贸区刑事司法与行政执法的衔接机制 2. 制定《涉自贸区刑事案件法律适用指导意见》
	司法为民	1. 持续开展专项治理，解决“立案难”“执行难”问题 2. 加强窗口建设 3. 推进“社区法官工作室”建设	深化保障金融中心建设	1. 加大金融犯罪打击力度 2. 建立金融案件信息库 3. 协同市金融纪工委建设加强金融从业人员廉政教育网上平台
2016 年	服务保障自贸试验区建设	1. 深化自贸试验区建设司法保障机制，及时调整受案范围 2. 成立自贸区知识产权法庭和海事法院自贸区法庭	积极主动服务科技创新中心建设	1. 加大打击侵犯知识产权犯罪力度 2. 推动建立统一的司法、行政、企业知识产权保护信息共享平台 3. 发布知识产权刑事典型案例
	服务保障科技创新中心建设	1. 制定指导意见，加强知识产权司法保护 2. 加强金融、海事海商案件审判 3. 制定服务保障“一带一路”、海洋强国战略实施的指导意见 4. 发布金融审判、海事审判白皮书和典型案例	服务保障自贸区建设	1. 制定《全力服务保障自贸区扩区新战略的工作意见》 2. 自贸区检察专家智库 3. 惩治利用离岸公司、离岸账户实施的骗取出口退税、信用证诈骗等犯罪 4. 发布《自贸区刑事检察白皮书》
	服务保障平安城市建设	1. 判决全国首例网络“流量劫持”刑事案 2. 积极参与社区矫正 3. 强化未成年人司法保护，在儿童基金会设立涉诉困境未成年人救助基金 4. 依法处理涉诉信访，涉诉信访总量同比下降 11.3%	深化服务保障国际金融中心建设	1. 与本市金融监管部门建立信息共享、办案协作等工作机制 2. 加大各类金融犯罪的打击力度 3. 发布《金融检察白皮书》，加大检察建议力度

续表

时间	高级人民法院		高级人民检察院	
	关键词	相应举措	关键词	相应举措
2017年	积极服务保障重大战略实施	紧紧围绕自贸区、科技创新中心、“四个中心”、供给侧结构性改革等重大战略，充分发挥审判职能，提供有力的司法保障	服务保障自贸区建设	1. 高度关注违法犯罪新动向 2. 深化民事行政检察工作 3. 与自贸区5个区域管理局签署法治建设备忘录 4. 发布《涉自贸刑事案件白皮书》
	积极推进法治城市建设	1. 加强法治宣传，与媒体合作开展以案释法，《法院院长在线》《庭审纪实》等成为法治精品栏目 2. 推进互联网法治建设，淘宝差评案、大众点评诉百度不正当竞争案入选“2014—2016年中国互联网法治十大影响性案例” 3. 推动将涉诉信访纳入法治轨道，加大涉诉信访矛盾化解力度	服务保障科创中心建设	1. 制定《检察机关服务保障科创中心建设的意见》 2. 深化科技创新领域“两法”衔接机制 3. 加强知识产权检察专业化建设，建立知识产权刑事、民事、行政“三合一”办案机制 4. 签署四省市检察机关关于保障促进科技创新协作的意见
	积极推进平安城市建设	1. 积极参与交通综合整治、区域环境综合整治 2. 对社会治理方面的问题，发送审判白皮书、司法建议、情况反映 3. 审结了国内首例因代孕引发的监护权纠纷案，开通了全国法院首家“少年司法保护网站”	切实维护金融秩序安全	1. 突出惩治利用互联网平台进行的金融犯罪，加大对新类型金融犯罪的打击力度 2. 制定《关于办理涉众型金融犯罪案件风险防控的意见》等业务规范 3. 发布《金融检察白皮书》

表1－6中法院2014年和2015年两年工作报告中提到的持续开展的“立案难”“执行难”专项治理，是S市高级人民法院开展党的群众路线教育实践活动开门查摆时人民群众反映集中的问题，被列入市委常委会党的群众路线教育实践活动整改事项。“立案难”专项治理措施包括，制定《关于进一步加强和改进审判质量效率评估工作的意见》《关于进一步加强和改进立案工作的意见》等规范性文件，纠正一些法院年底不收案或限制立案的专项治理；“执行难”专项治理措施为“查思想认识、查工作作风、查制度落实、查执行款（物）管理和查执

行不力”的“五查”。

但S市高级人民法院2013年工作报告作为5年工作总结明确提到，S市法院在年人均办案数为全国法院人均办案数两倍的情况下，司法公正指数连续五年位列全国法院第一，立案、执行皆为司法公正指数的考核指标。五年来，共受理一审民事、商事案件123.17万件，审结123.12万件，同比分别上升43.7%和45.2%；共受理执行案件50.75万件，执结50.96万件，同比分别上升34.7%和35.3%；平均实际执行率、执行标的清偿率分别为78.8%和76.9%。2012年工作报告中实际执行率、执行标的清偿率分别为83.8%和84.6%，同比分别上升4.4个和8.6个百分点，2012年最高人民法院工作报告显示，同期全国各级法院执行标的清偿率为76.3%，最高人民法院发布的2012年全国法院案件质量报告中的实际执行率为81.53%、执行标的清偿率为71.53%。[1] 数据表明，这一阶段S市人民法院系统无论立案还是执行，均好于全国平均水平，而仍然开展了专项整改活动。2014年S市高级人民法院工作报告中执行标的清偿率数据上升为95.3%，已经没有多少上升空间，而专项活动仍然继续。合理的解释似乎只能是，虽然立案、执行两项工作并没有实质问题，但作为群众路线教育实践活动的合理内容，仍将其作为需要改进的重点项目制定并实施了专项措施。

（二）多重考核影响司法职能的运行

多重考核使得司法程序丧失应有功能的情形，以诉讼调解和判决案件改判发回重审率（发改率）为例。

诉讼调解的设计功能是迅速解决纠纷，在便利当事人的同时节约司法资源，适用条件为案件性质适于调解、事实清楚、争议不大、当事人自愿接受调解。调解的优势通常认为包括对法官而言风险小、有利于执行、更为省时省力等。[2] 法院民事案件的调解率随着民事司法政策的调整而变化，调解率总体上升始于2002年，至2008年、2009年出现峰值。[3] 由于调解优先原则的实施，最高人民法院工作报告的

---

[1] 严戈、袁春湘：《2012年全国法院案件质量评估分析报告》，《人民司法（应用）》2013年第13期，第50页。

[2] 孙海龙、高伟：《调解的价值是如何实现的》，《法律适用》2009年第10期，第59页。

[3] 张嘉军：《民事诉讼调解结案率实证研究》，《法学研究》2012年第1期，第31页。而在2002年之前，相当数量法院不再将调解率作为法官业绩的考核标准，由此引发调解率大幅下降。参见范愉：《调解的重构》，《法制与社会发展》2004年第2期，第117页。

数据表明全国法院在这一时期一审民事案件调解结案率平均值在50%以上，2012年一审民商事案件调解与撤诉结案率达到64.6%。此后，调解不再被强调，服判息诉指标转而成为重点，最高人民法院工作报告中也没有出现调解率字样，但以调解撤诉结案数和年度总审结案件数相除，可知调解率总体上有所下降。[1] 调解率的变化与考核密切相关，调解率总体上升的年份，都是强调对调解的考核，使调解结案成了一种民事司法的目的，而不是解决纠纷的手段。[2] 对调解率的强调通常与和谐社会构建、司法为民等联系在一起。而事实上，案件是否能够成功调解受许多因素影响，例如纠纷类型、当事人的情况、地方文化等[3]，本应是顺其自然的过程。调解率也与和谐社会没有直接关系。[4] 一旦调解率成为考核指标，无论强调调解优先还是相反，均会使诉讼调解丧失应有功能。第一，虽然调解通常被认为是高效的纠纷解决方式，但是实践中与高调解率相伴随的调解高反悔率、高强制执行率则颠覆了调解的比较优势。[5] 第二，通过调解结案已成为虚假诉讼的一个显著特征[6]，相当比例的问题调解案件有恶意调解的因素。[7] 第三，由于追求调解率，法官强行调解，采用拖延等方式，反而比判决更多耗费了时间。[8] 可以说，对调解率的考核正是导致诉讼调解制度难以实现应有作用的主要原因。

考核使正常司法救济程序难以运转，突出体现在"发改率"指标。《人民法院案件质量评估指标》中审判公正指标为11项，其中"一审判决案件改判发回重审率""二审判决案件改判发回重审率""对下级法院生效案件提起再审率""生效案件改判发回重审率""对下级法院生效案件再审改判发回重审率"通常

---

[1] 2015最高人民法院工作报告，地方各级人民法院受理案件1565.1万件，审结、执结1379.7万件，各级法院以调解和当事人撤诉方式处理案件461.9万件。

[2] 张卫平：《诉讼调解：时下态势的分析与思考》，《法学》2007年第5期，第22页。

[3] 张嘉军：《民事诉讼调解结案率实证研究》，《法学研究》2012年第1期，第38页。

[4] 张卫平：《诉讼调解：时下态势的分析与思考》，《法学》2007年第5期，第24页。

[5] 李浩：《当下法院调解中一个值得警惕的现象》，《法学》2012年第1期，第141页。

[6] 判决方式结案的虚假诉讼如涉及驰名商标认定的案件，由于2009年之前驰名商标司法认定被认为是一条取得此"称号"的捷径，此类案件有一定数量，但随着最高人民法院规范驰名商标司法认定的程序并规定驰名商标认定不写入判决主文，这个类型的虚假诉讼得到遏制。参见魏新璋、张军斌、李燕山：《对虚假诉讼有关问题的调查与思考——以浙江法院防范和查处虚假诉讼的实践为例》，《法律适用》2009年第1期，第64页。

[7] 王亚明：《诉讼调解检察监督路径研究》，《福建法学》2011年第4期，第85页。

[8] 赵钢：《法院调解结案率须当慎定》，《法学》2008年第3期，第40页。

统称为“发改率”，是整个评估体系31项三级指标中权重极高的项目。[1] 其中一审判决案件改判发回重审率即上诉案件改判发回重审率用以评价一审判决质量，二审判决案件改判发回重审率用以评价二审法院纠错能力，对下级法院生效案件提起再审率和再审改判发回重审率用以评价上级法院纠错能力，生效案件改判发回重审率用以评价生效判决的质量，这些指标的合理区间值和在考核中所占分值及计分规则由各省级法院设定。[2] 实际运行中，二审改判和发回重审的原因无法区分，新证据等不可归咎于一审法院的原因等，都可能导致二审发回重审或改判[3]，一审法院和二审法院出于各自考核利益的考量，作出趋利避害的选择。于是一审法院选择积极向上级法院请示沟通，以减少上诉改判发回重审，案件请示制度也就有了现实合理性。[4] 二审法院同样出于考核利益，也会在对下级法院生效案件提起再审和发改之间做出选择，而考虑到辖区内法院的总体成绩，则会尽量维持一审法院的判决，减少发回重审和改判案件数量。[5] 下级法院的案件请示和上级法院的维持倾向，使得当事人正常的程序救济权利落空，审级监督流于形式。虽然改造发改率指标使之能准确评价审判质量的研究很多[6]，完善考评机制通常列为各个高级法院的年度工作重点，但实质上各级法院的努力方向仍然是尽可能在数据上降低发改率，而不是维护司法救济程序的正常运转。[7]

而检察机关对职务犯罪案件办理数量的要求，可能诱使检察官因为机构考核利益违反职业操守。职务犯罪侦查，包括对贪污贿赂案件和渎职侵权案件的侦查，是监察委员会设立之前检察机关最为重要的职能之一，因而在历年最高人民检察院工作报告中都占据相当大的篇幅。考察历年最高人民检察院工作报告中的数据，可以看到，查办职务犯罪案件的件数和人数总体呈上升态势（如表1-7

---

[1] 杨飞、张俊文:《案件质量评估语境下的审判管理改革——基于上诉发改率指标的实证研究》,《河南大学学报(社会科学版)》2012年第2期,第44页。

[2] 郑肖肖:《案件质量评估的实证检视与功能回归——以发回重审率、改判率等指标为切入点探讨》,《法律适用》2014年第1期,第19页。

[3] 杨飞、张俊文:《案件质量评估语境下的审判管理改革——基于上诉发改率指标的实证研究》,《河南大学学报(社会科学版)》2012年第2期,第46页。

[4] 侯猛:《案件请示制度合理的一面》,《法学》2010年第8期,第126页。

[5] 郑肖肖:《案件质量评估的实证检视与功能回归——以发回重审率、改判率等指标为切入点探讨》,《法律适用》2014年第1期,第20页。历年全国法院司法统计也显示,发改率、再审率呈下降趋势。

[6] 关于法院、法官考核考评机制的研究大多着眼于考核制度技术层面的完善。前引杨飞、张俊文、郑肖肖、邹碧华等文章皆如此。

[7] 以“发改率”为关键词Google搜索,大量法院相关工作的宣传都是尽力降低发改率。

所示），在下一年度任务描述中，也总是强调要继续加大查办职务犯罪力度。[1]

笔者调查得知，这一持续上升的一个原因是，各级检察院均要求查办职务犯罪的数量不低于上一年度，将有案不立作为考核扣分项。[2] 由于刑事诉讼法并未充分考虑职务犯罪侦查的特殊性，不论侦查手段还是强制措施的规定，均不能适应查办职务犯罪的需要[3]，很多案件又有纪检监察机关的党内调查措施和行政调查手段等非诉讼措施在先[4]，待移送至检察院立案侦查之时，依法及时搜集和固定能够证明犯罪事实发生与否的证据已经较为困难。[5] 考核压力之下，为追求立案率而加大取证力度，当取证受挫时违法取证，甚而采取严重侵犯犯罪嫌疑人合法权利的手段搜集证据，就成为一个选择。2015 年检察机关规范司法行为专项整治工作的重点就是规范职务犯罪侦查，最高人民检察院制定下发《关于查办职务犯罪工作的“八项禁令”》包括，严禁擅自处置案件线索，严禁违法使用指定居所监视居住措施，严禁违法干涉涉案企业正常生产经营活动，严禁违法违规处理查封、扣押、冻结涉案财物，严禁阻止或妨碍律师依法会见犯罪嫌疑人，严禁在未同步录音、录像的情况下进行讯问，严禁刑讯逼供以及其他非法方法取证，严禁违法违规办案发生办案安全事故。[6] 这些“严禁”的内容正是实践中问题之所在。

表 1－7 检察机关查办职务犯罪案件数据

年份	件数（件）	同比上升（下降）率	人数（人）	同比上升（下降）率
2015 年	40834	－1.6%	54249	－1.5%
2014 年	41487	10.5%	55101	7.4%
2013 年	37551	9.4%	51306	8.4%
2012 年	34326	5．4%	47338	6.4%
2011 年	32567	－1%	44506	1%
2010 年	32909	1.4%	44085	6.1%

---

[1] 历年最高人民检察院工作报告见《法律年鉴》和最高人民检察院网站-权威发布。

[2] 据 2012—2014 年间对宁夏、陕西、北京、湖北等地 6 个市级和基层检察院的调研。

[3] 刘忠：《读解双规：侦查技术视域内的反贪非正式程序》，《中外法学》2014 年第 1 期，第 223 页。

[4] 莫洪宪、王登辉：《检察机关行使职务犯罪侦查权重述》，《西南政法大学学报》2014 年第 5 期，第 116 页。

[5] 张智辉：《检察权研究》，中国检察出版社 2007 年版，第 331 页。

[6] 王治国、戴佳、徐盈雁：《最高检对群众反映的 127 起司法不规范案件挂牌督办》，《检察日报》2015 年 7 月 9 日。

（三）多重考核导致司法机关间的冲突

宪法和诉讼法规定的法院与检察院的关系是分工配合制约，在司法程序运行中各司其职。而实际的检法关系则受各自考核指标的影响[1]，检察院和法院在地方党委的考核中还存在竞争关系。此处主要讨论检法机关因各自考核指标的影响而产生的冲突，及其导致的司法程序变形。

法院与检察院考核指标最大的冲突在于检察院诉讼监督业务所指向的审判程序。以民事审判和民事检察监督的冲突为例，生效案件改判发回重审率是评价生效判决质量的指标，而检察院提起抗诉或提出再审检察建议则是导致生效案件进入再审程序从而被改判、发回重审的一个途径。检察院以抗诉案件改变率和再审检察建议采纳率及再审改变率作为考核诉讼监督效果的指标。当案件抗诉成功，或再审检察建议被采纳，检察院得到加分，法院则被扣分。相反则是检察院扣分或不得分，法院得到基本的考核分数。此之成绩，彼之扣分，导致原本作为特别救济渠道的再审程序，成为检法博弈的场域。[2] 而民事检察监督在发展了 20 多年之后，还在为正当性和必要性而不断论证。[3] 原本，再审无论由谁启动，都是一种特别救济，而检察院启动再审，只是一项程序权力，无关乎审判结果。考核指标的冲突使得再审启动渠道对于法院而言有了差异，检察院也奋力追求程序权力的实质结果，实践中的情形是法院对民事检察监督尽量设置障碍，检察院则利用一切方式尽量追求结果。[4]

刑事案件无罪判决率是众多研究者关注的议题，除受到当事人闹访压力、有影响的案件上级法院和政法委干预之外，检察院对公诉案件的考核也是重要因素。无罪判决率、撤回起诉率、不起诉率等均长期列在考核指标清单之中，对于可能作出无罪判决或撤回公诉的案件，检察院选择变更起诉、撤销案件等不计入

---

[1] 一些研究已经注意到这一现象，如赵安延：《正确处理检法关系》，《人民检察》2000 年第 6 期，第 42 页；朱桐辉：《绩效考核与司法环境之辩》，载陈兴良主编《刑事法评论》（第 21 卷），北京大学出版社 2007 年版，第 253 页；袁毅诚：《浅析绩效考核与检法关系——以无罪判决率为视角》，《康定民族高等师范专科学院学报》2009 年第 4 期，第 56 页。

[2] 刘悠翔：《检法打架：民事检察监督不好使?》，《南方周末》2014 年 3 月 14 日。

[3] 胡金龙、张剑锋：《论民事检察权的理性演绎》，《西南政法大学学报》2013 年第 2 期，第 127 页。

[4] 笔者对多地民事检察部门的调研显示，加强与法院的沟通是提升监督效果的重要措施，利用人大监督、职务犯罪查办等有助于促进民事检察监督的发展。

考核的方式，使刑事司法程序回转，无法实现制度目的。[1] 这也是考核导致检法冲突的一个体现。

（四）多重考核对司法权威的消解

司法建议和检察建议是司法机关极具特色的职权行使方式，其核心功能在于拓展司法机关的职能[2]，体现了司法机关的司法外职能[3]，是司法机关提供的合乎国情的一种服务。[4] 而司法建议和检察建议的性质决定其没有强制约束力，所谓“建议”，就是“希望”或者“要求”对方做些什么和怎么去做，而“希望”或者“要求”，对方可以接受，也可以不接受，建议本身并没有约束力。而司法机关既然提出建议，并且将其作为职能拓展的方式，当然希望它们适用于宽广的领域，并且是具有权威性的，是发出就能收到预期效果的。于是，以考核推动司法建议和检察建议工作的开展，成为顺理成章的选择。[5] 对司法建议和检察建议的考核包括发出的数量和回复、采纳情况等具体指标，考核导向之下，司法建议和检察建议的适用领域远远超越法律规定，在一些地方还出现突击凑数、发无实质内容建议的现象。[6] 由于司法建议和检察建议处于司法机关职能的延伸地带，实施的最大动力即在于考核推动。而司法建议和检察建议原本是司法机关所提供的附加公共服务，其实施本来就带有消解司法权威的色彩，再因为要求得回复及采纳而将姿态放得更低，便是对司法权威更严重的消解。

对业务考核指标的过度追求同样会消解司法权威。如前述调解率的不当考核，使得调解有过多适用的倾向，导致通过法院裁判建立规范的功能弱化；而恶

---

[1] 高通:《论无罪判决及其消解程序——基于无罪判决率低的实证分析》,《法制与社会发展》2013 年第 4 期,第 65 页。

[2] 郑智航:《司法建议制度设计的认识偏差及校正——以法院参与社会管理创新为背景》,《法学》2015 年第 2 期,第 63 页;万毅、李小东:《权力的边界:检察建议的实证分析》,《东方法学》2008 年第 1 期,第 133 页。

[3] 徐昕:《司法建议制度的改革与建议型司法的转型》,《学习与探索》2011 年第 2 期,第 96 页。

[4] 刘思萱、李友根:《社会管理创新为何需要司法建议制度——基于司法建议案例的实证研究》,《法学家》2012 年第 6 期,第 30 页。

[5] 郑智航:《司法建议制度设计的认识偏差及校正——以法院参与社会管理创新为背景》,《法学》2015 年第 2 期,第 65 页;李学林:《检察建议在司法实践中的困境与出路》,《中国检察官》2006 年第 6 期,第 37 页。

[6] 沈志先:《延伸审判职能　提升服务水平——上海法院推进司法建议工作的思考与实践》,《人民司法》2011 年第 21 期,第 13 页;刘铁流:《检察机关检察建议实施情况调研》,《人民检察》2011 年第 2 期,第 73 页。

意诉讼人对调解规则的利用，使得法院沦为当事人谋求不当利益的工具。[1] 对发改率的执念使得案件请示制度具有了现实合理性，一审法院的功能弱化。[2] 这些都是对司法权威的消解。

第三节　从现象到问题

一、需要什么样的司法考核

司法考核的诸多现象指向的问题首先是司法考核的存与废，即是否需要司法考核？如果需要，是需要当前多重多元的司法考核，还是真正能够实现司法效能的考核？从实践来看，虽然问题众多，但无论案件质量评估还是业务绩效考评，对于推进司法公正和效率都发挥了积极作用[3]，因而该项制度至少有其存在的现实价值和需要。笔者对超过500名检察官的访谈和问卷调查的结果[4]，也支持这一结论。调查显示，各层级的检察官均认为业务考核起到了促进办案规范化、提高工作勤勉程度和办案质量的效果。从司法改革的角度来看，中国司法制度在社会转型之中，仍然需要构建其正当性，回应型司法成为一个合理选择[5]，而通过司法考核这样的对司法效果进行检验、评价的制度，可以实现目的合理和结果合理的统一。[6]

目前的问题在于，多重多元的司法考核无法有效促进司法效能的实现。笔者

---

[1] 张剑文、李清伟:《对调解书的检察监督:角色、范围及实现》,《时代法学》2013年第2期,第49页。

[2] 侯猛:《案件请示制度合理的一面》,《法学》2010年第8期,第126页。

[3] 李自亮、李国栋:《岗位目标责任制与法院人员业绩评价体系的构建》,《山东社会科学》2005年第1期,第110页;张清:《检察机关考评制度的构建》,《国家检察官学院学报》2012年第2期,第57页;《建立人民法院绩效考评体系的作用与意义》,《中国审判新闻月刊》2008年第11期,第61页;江必新:《司法绩效综合评价的实践与思考》,《中国审判》2006年第6期,第48页;谢岸烨:《检察机关绩效考核制度之完善》,《中国刑事法杂志》2009年第8期,第103页。

[4] 该调查是笔者2013—2014年在6个由国家检察官学院举办的检察官培训班次上进行的,发出问卷580份,回收569份,访谈检察官30人。

[5] 苏丽、裴玉生:《司法如何面对正当性的追问——转型夹缝中的中国司法立场的选择》,《河北法学》2014年第10期,第104页;涂云新、秦前红:《司法与民意关系的现实困境及法理破解》,《探索与争鸣》2013年第7期,第44页;梁平、陈焘:《我国法院职能转型中的法理探究》,《河北大学学报(哲学社会科学版)》2012年第6期,第89页。

[6] 高志刚:《回应型司法制度的现实演进与理性构建》,《法律科学》2013年第4期,第31页。

调查中，检察官们对考核机制的批评集中在以下方面：①量化指标；②考核排名；③各类与业务无关的专项检查。这也是关于法官考核和检察官考核的研究指出的主要问题。[1] 因而要探讨的是，究竟需要什么样的司法考核才能实现司法效能？要回答这一问题，就需要进一步追问如下几个问题：司法考核的真正目标是什么，这一目标如何实现？司法考核应当建立怎样的规则，需要怎样的配套制度？

二、司法考核的目标是什么

继而需要解答的问题是，真正能实现司法效能的考核的目标是什么？

从业务考核总体目标来看，最高人民法院、最高人民检察院和地方各级司法机关的目标具有一致性，即设定为通过客观评价工作质量，加强管理，强化监督，提高业务能力。《最高人民法院关于开展案件质量评估工作的指导意见》称，制定该规范文件的目标是“为客观、公正评价人民法院审判工作，加强人民法院审判管理，强化监督，提高审判质量。”在标题一“统一思想，更新观念，深刻认识人民法院案件质量评估工作的重要意义”之下，又展开表述为，建立该评估体系，有利于人大和社会对法院审判工作的客观、科学、公正评价，有利于加强上级法院对下级法院的指导和监督，有利于法院各项改革措施的科学决策和正确实施，有利于提高审判人员的素质。《Q省高级人民法院案件质量评查试行办法》的目标是“加强和规范审判质量管理与监督，全面、客观评价法官办案质量，促进审判质量和审判效率提高”。《基层人民检察院建设考核办法（试行）》的目标是“通过考核引导和督促基层检察院全面履行法律监督职责，推进基层检察院执法规范化、队伍专业化、管理科学化和保障现代化建设，促进基层检察院建设科学发展。”《K市检察院绩效考评指标体系》的目标是“建立健全我院检察队伍长效管理机制与科学激励机制，提高干警法律监督能力和执法水平，推进各项检察业务工作的科学发展”。

而加入执政党对司法机关的考核目标之后，司法考核的总体目标变得模糊起

[1] 蔡辉：《法官考评制度改革的若干问题探讨》，《法律适用》2004年第8期，第21页；向泽选：《检察业务考评机制探析》，《国家检察官学院学报》2010年第4期，第66页；艾佳慧：《中国法院绩效考评制度研究——“同构性”和“双轨制”的逻辑及其问题》，《法制与社会发展》2008年第5期，第70页。

来。“司法为民”究竟是强调司法公正的目标，“让人民群众在每一个司法案件中都感受到公平正义”[1]，还是通过对立案率、简易程序适用等的强化，强调司法效率指标?[2]《A省直机关效能建设考核办法》规定的考核目标是“改进机关作风、创新管理方式、强化制度建设、认真履行职责……客观公正、科学合理地评价单位效能建设情况，不断提高效能建设水平，促进全省经济社会又好又快发展。”而什么是认真履行职责呢？考核项目“履行核心职能情况”，包括完成省委、省政府交付的重点工作任务和执行省委、省政府文件、会议决定事项，以及办理省领导批示情况，这些任务、事项、批示是否与司法机关的职能相吻合呢？这些项目的考核目标与业务考核目标是否一致呢？当不一致的时候，什么才是司法考核的总体目标？

具体的考核指标的实际导向与设定目标的差异，也会导致司法考核目标的内在冲突。以《人民法院案件质量评估指标》为例，撤诉率作为审判效果指标，法定审限内结案率是审判效率指标，改判发回重审率是审判公正指标。近年来撤诉结案率呈持续上升趋势[3]，根据考核指标类别，应该是审判效果的体现。但实际上撤诉的情形很复杂，其中法官为了追求结案数量、缩短审理期间、规避超审限问题，或回避案情复杂情形的审判风险，劝说诱导当事人撤诉，是主要原因之一。[4] 这样撤诉率就无法反映审判效果，即无法评价是否因为调解、促成和解等努力，使当事人自愿撤诉，从而案结事了。反而是结案率、发改率等指标考核目标的投射。

三、司法考核目标的实现机制

即便司法考核的目标清晰确定且合理，如何实现也是一个需要探讨的问题，

---

[1] 习近平2013年2月23日在中共中央政治局就全面推进依法治国进行第四次集体学习中的讲话。

[2] 上海市高级法院2015年工作报告中“司法为民”的对应措施为，持续开展专项治理，解决“立案难”“执行难”问题，加强窗口建设，推进“社区法官工作室”建设等。2013年工作报告总结五年工作，将简易程序适用率作为健全便民利民机制的措施。

[3] 1998—2010年全国民商事一审案件的撤诉率从18.92%上升至26.49%，且呈逐年增长趋势。1998—2002年数据见《中国法律年鉴》，2003—2010年数据见《最高人民法院公报》。

[4] 唐墨华：《民事撤诉程序的异化与复归——以保障审判权的合轨运行为视角》，《建设公平正义社会与刑事法律适用问题研究-全国法院第24届学术讨论会获奖论文集（上册）》，2012年。

至少需要回答，以何种方式才能实现真正的目标？哪些因素影响目标实现？这些因素对考核目标发生影响的效用原理是什么？

司法机关作为一种组织，考核作为组织的激励机制，其目标的实现受很多因素影响。❶ 中国司法机关还具有其地域特性，考核目标的实现还会受到特色文化的影响。❷ 动机理论表明，缺乏对组织特征、个体特征、组织所处文化环境的分析，即便设定了看似合理的考核目标，也会因为激励方式的偏差而导致目标无法实现。❸

以《人民法院案件质量评估指标》中的审判效果二级指标为例，其追求的考核目标是经过司法程序后，解决纠纷、案结事了，当事人无需再寻找其他救济途径，法律效果、社会效果、政治效果三统一。该目标通过一审服判息诉率、调解率、撤诉率、实际执行率、执行标的到位率、裁判自动履行率、调解案件申请执行率、再审审查率、信访投诉率、公众满意度 10 个指标的考核实现。这些指标能否反映审判效果的设定目标呢？以公众满意度指标为例，该指标采用委托权威民意调查机构随机抽样问卷方式进行，各级司法机关提高公众满意度测评成绩的主要方法之一是加强宣传。中国台湾地区的经验表明，对司法机关的实际认知程度，认知司法机关的信息渠道，以及到法院办理事项或参加诉讼的次数，均会很大程度上影响对司法机关的满意度。❹ 宣传无疑会影响公众满意度测评结果，该指标显然无法客观反映对“审判效果”这一考核目标。

再以职务犯罪防治为例，检察机关的一大职能是通过查办职务犯罪案件，实施对国家工作人员职务廉洁性的法律监督，因而设定职务犯罪案件立案数量的指标，考核目标提高反腐败成效。但查办案件数量的增加，是否就是反腐败力度加大、成效提升的反映？查办案件数量的增加，原因既可能是腐败规模没有增加而查办比例更大，也可能是腐败规模增加而查办比例不变。如果实际情形是前者，则该指标可以说明反腐败的成效提高；如果是后者，则反腐败并没有提高成效。仅仅强调查办案件的数量，显然无法实现提高反腐败成效的考核目标。

---

❶ 斯蒂芬·P. 罗宾斯、蒂莫西·A. 贾奇:《组织行为学》(第 14 版)，孙健敏、李原、黄小勇，译，中国人民大学出版社 2012 年版，第 170 页。

❷ 杨忠:《组织行为学:中国文化的视角》，南京大学出版社 2013 年版，第 100 页。

❸ 斯蒂芬·P. 罗宾斯、蒂莫西·A. 贾奇:《组织行为学》(第 14 版)，孙健敏、李原、黄小勇，译，中国人民大学出版社 2012 年版，第 191 页。

❹ 中国台湾地区有关部门年度“一般民众对司法认知调查报告”。

四、司法考核的规则应当如何改进

最高人民法院宣布取消对高级法院的考核排名，要建立符合司法规律的考核制度，[1] 但什么是符合司法规律的考核制度？除了考核目标、考核激励方式的调整，司法考核应当遵循何等规范，应当建立什么样的考核规则来实现目标，也是需要讨论的问题。本章描述司法考核现象援引了以内部规定为主的各类规范性文件，而缺少法律规范。对于司法官的考核，法官法和检察官法虽然各有专章规定，但条文寥寥。实际上司法机关内部和地方组织部门考核法官、检察官一个体系是业务绩效考核，另一体系则按照公务员管理，即德、能、勤、绩、廉考核。如前所述，对司法官个人的考核只是司法考核多重体系的一个部分，在法律规范层面上，找不到更多的依据。

内部规定为主的各类规范性文件所主导的司法考核实践，政出多门、变动不居，乃至于各级司法机关每年都要重新把握考核政策，以确定工作重心。各级司法机关历年工作报告很难看出工作重心的延续性，就连数据统计口径也随着对某项或某几项业绩的强调或弱化而变化。而司法机关的主要工作内容并没有改变，虽然因为诉讼法的修改，工作流程和方式有一定变化，但依然是法院在审理案件执行生效裁判，检察院在履行包括职务犯罪侦查、刑事案件公诉、诉讼监督等职能。司法应当具有稳定性和可预期性[2]，司法考核作为司法机关实际运行秩序的组成部分，也应当追求稳定性和可预期性。符合司法规律的考核制度，就应当对司法考核遵循的规范作出选择。

在司法考核规范内容方面，进而应该讨论的问题是，司法考核应当是什么样的制度，是非正式的管理措施，还是正式的制度，是司法组织内部管理，还是归属于某个法律部门？其应当具有专门性，还是与其他的制度混同？

目前的多重司法考核体系，既有规范化的制度，例如法院系统的案件质量评估和检察系统的基层检察院建设考核，也有非规范的机制，如地方党委的机关效能考核；既有依据法律规定的正式制度（如法官、检察官考核），也有非正式的

---

[1] 王吟逸:《最高法决定取消对全国各高级法院考核排名》,《光明日报》2014 年 12 月 29 日。

[2] 刘瑞华:《司法权的基本特征》,《现代法学》2003 年第 3 期,第 87 页;吴汉东:《影响司法公正的环境要素及解决思路》,《人民法院报》2014 年 1 月 29 日。

各类评比评优；既有司法机关特有的业务绩效考核，也有混同于公务员的德、能、勤、绩、廉考核。从考核主体、考核内容、考核程序、考核结果运用几个方面来看，现有的司法考核在规则意义上也需要更多的考量。

五、与司法考核关联的制度如何完善

任何制度都不是孤立存在的，现实的司法考核作为一项司法机关的管理制度，构成司法运行秩序的一部分，司法考核制度的完善也必然关涉与其关联的制度。就需要进一步回答，哪些制度与司法考核相关联，它们之间构成怎么的关联关系，这些关联制度应当如何完善。

司法改革的一项主要内容便是司法人事制度改革❶，司法人事制度包括司法官遴选、晋升、考核、惩戒等，司法改革的推进离不开司法人事制度的优化，而司法考核的重要性并不输于受更多关注的司法官遴选制度。离开合理的司法考核，也无法建立合理的司法官遴选制度。❷ 除了司法人事制度，司法考核还涉及司法改革中更多的关联制度，如司法机关财物保障、诉讼制度的优化等，这些制度相互之间以及与司法考核之间应当是什么样的关系，亦为应当回答的问题。由是司法考核关联制度完善的问题之回答，也需要立足于司法改革的背景，探求合理的完善路径。

由考核目标错置之分析，讨论其合理设定，继而探讨目标实现机制之设计，考核规则之改进，而梳理司法考核关联制度的完善，乃是本书接下来要逐一分析论证的议题。

第四节　小结

司法考核呈现多重交叠的现象，地方党委对司法机关的效能考核、党风廉政考核，上级司法机关对下级的业务绩效考核、综合绩效考核、案件评查和专项考

---

❶ 最高人民法院《关于全面深化人民法院改革的意见》；最高人民检察院《关于深化检察改革的意见（2013—2017 年工作规划）》；贺小荣：《人民法院“四五”改革纲要的理论基点、逻辑结构和实现路径》，《人民法院报》2014 年 7 月 16 日。

❷ 根据笔者的调查，进行法官、检察官员额制改革试点的地方，考核在员额遴选条件中皆占一定比重，而考核方式对员额制改革的效果有重要影响。

核，司法机关内部的业务绩效、综合绩效考核，各类单项评比评优等，相互牵连影响。

多重考核给司法机关带来诸多困扰：第一，考核由目的变成手段，有中心化的倾向；第二，考核使司法机关工作重心偏移，消耗司法人力资源；第三，考核影响司法职能的正常运转，致使一些司法程序无法实现应有功能；第四，考核影响司法机关间的正常关系，消解司法权威。

分析这些现象还可以发现，司法考核的多重体系之下，制度的合理性基础不明确，需要什么样的司法考核成为应当追问的首要问题。对该问题的回答进而指向如下几个方面：现有的多元、多重考核的目标不清晰，而促进司法效能考核需要合理的考核目标；现有的单项目标实现途径设计有偏差，考核指标设定不能只列单项考核目标，各个单项目标之间还存在冲突，而实现真正的司法考核目标需要合理的途径；目前的司法考核以变动性较强的内部规定为主要依据，不具有稳定性和可预测性，而符合司法制度特性的司法考核需要稳定的规则；目前的司法考核作为制度的整体面目难以评价，而司法考核作为司法组织法的一项内容，应当有恰当的定位并与其他制度相协调。

相应地，必须回答如下几个问题：第一，司法考核的真正目标应当是什么？第二，司法考核的目标应当以什么样的机制实现？第三，司法考核的规则如何？第四，与司法考核关联的制度应当怎样完善？这些问题构成本书接下来讨论的主题。

第二章　司法考核的目标：错置与重置

第一节　司法考核目标的错置：行政包干制的误植

一、司法运行秩序：法律规范与政策规则之交叠

司法考核作为司法机关实际管理制度的组成部分，对其考察需要从司法运行秩序说起。本书所称“司法运行秩序”，系指由法律规范、政策规则等构成的决定司法机关组织和职能、司法程序运作、司法改革的规则系统。

法院和检察院合称“司法机关”源于党的文件之定义[1]，司法机关归类于政法机关，讨论司法运行秩序必须首先注意到“党管政法”原则之统领。[2] 政法委即基于这一原则而建立的机构，党管政法的唯一途径甚至并非主要途径。[3] 以事务而言，政法委负有联系指导政法各部门工作的职责[4]，作为各级党委领导政法工作的助手、参谋[5]，因其协调一些具体案件的确起到了实质性的作用[6]，也因

---

[1] 1997 年 9 月江泽民在中国共产党第十五次全国代表大会上的报告是将法院和检察院合称“司法机关”的最早正式文本，其中提出要“推进司法改革，从制度上保证司法机关依法独立公正地行使审判权和检察权”。

[2] 刘忠：《“党管政法”思想的组织史生成（1949—1958）》，《法学家》2013 年第 2 期，第 16 页。

[3] 侯猛：《“党与政法”关系的展开——以政法委员会为研究中心》，《法学家》2013 年第 2 期，第 1 页。

[4] 《中共中央关于成立政法委员会的通知》（中发［1980］5 号文件）。

[5] 彭真 1980 年 2 月 6 日《在中央政法委员会第一次会议上的讲话纪要》，《论新中国的政法工作》，中央文献出版社 1992 年版，第 216 页。

[6] 陈永生：《冤案的成因与制度防范——以赵作海案件为样本的分析》，《政法论坛》2011 年第 6 期，第 3 页。

此受到广泛的关注与争议。[1] 除了政法委的协调，包括司法机关在内的各政法部门可以直接向党委请示报告，党委也可以直接批示政法事务。[2]

在事务之上，是规则。司法机关组织和职能、司法程序运作、司法改革所依据的规则系统，首先是政策规则，而后才是法律规范。

第一，司法机关组织的规则。决定法院和检察院组织形态的是中央及地方编制委员会办公室[3]，在中央和地方的党政机关体系内，机构编制规模，均体现着机构事权与地位。[4] 法院和检察院的实际机构设置与法院组织法和检察院组织法的规定之出入，正是由于编制制度的作用，中共中央近年来对司法机关的重视直接表现为编制政策的倾斜[5]，对于法院、检察院“案多人少”等问题的解决方案之中，增加或调整编制也是必有的内容。[6] 因而法院、检察院可以在没有组织法条文依据的情况下增设若干内设机构，以适应实际工作的需要，也可以根据司法改革的部署合并调整内设机构，而组织法也因此并未根据政策调整而做出相应的修改。在人员管理方面，依据党管干部原则制定的各种制度优位于法律。条文所呈现的内容虽然没有完全反映在法官法和法院组织法的规定中，仍是法院行政管理的重要依据。

第二，司法机关职能的规则。以“司法”的性质而论，司法机关的职能是国家的诉讼职能活动。[7] 而实际上司法机关的职能总是出现延伸、拓展的情况。

---

[1] 周永坤:《论党委政法委员会之改革》,《法学》2012 年第 5 期,第 3 页。

[2] 乔石 1989 年 1 月 19 日在全国政法工作座谈会上的讲话《加强和改善党对政法工作的领导》,《乔石谈民主与法制》(上册),人民出版社、中国长安出版社 2012 年版,第 174 页。

[3] 中央机构编制委员会办公室是中央机构编制委员会的常设办事机构,负责全国行政管理体制和机构改革以及机构编制的日常管理工作,既是党中央的机构,又是国务院的机构。其职责之一是统一管理各级包括法院、检察院在内的党政机关,各民主党派、人民团体机关的机构编制工作。中央编制网 2009 年 9 月 21 日,http://www.scopsr.gov.cn/bbjg/zyzz/201203/t20120326_38100.html,最近访问日期 2017 年 8 月 24 日。

[4] 刘忠:《规模与内部治理——中国法院编制变迁三十年(1978—2008)》,《法制与社会发展》2012 年第 5 期,第 47 页。

[5] 中央机构编制委员会办公室是中央机构编制委员会的常设办事机构,负责全国行政管理体制和机构改革以及机构编制的日常管理工作,既是党中央的机构,又是国务院的机构。其职责之一是统一管理各级包括法院、检察院在内的党政机关,各民主党派、人民团体机关的机构编制工作。中央编制网 2009 年 9 月 21 日,http://www.scopsr.gov.cn/bbjg/zyzz/201203/t20120326_38100.html,最近访问日期 2017 年 8 月 24 日。

[6] 杨凤临、袁国礼、王晓飞:《法院改革先行者破局“案多人少”》,《京华时报》2015 年 7 月 6 日;谢文英:《张皎委员走访基层检察院:“案多人少”状况令人震惊》,正义网-检察日报 2014 年 3 月 8 日,http://news.jcrb.com/jxsw/201403/t20140308_1341458.html,最近访问日期 2017 年 8 月 24 日。

[7] 陈光中、崔洁:《司法、司法机关的中国式解读》,《中国法学》2008 年第 2 期,第 76 页。

例如法院通过司法建议参与社会管理创新已成为常规做法[1]，而司法建议是“司法机关在办理案件过程中，对遇损害国家、社会和其他公民合法权益的情形，但又不属于自己的权限范围时，向有关单位或个人提出的应当采取某种措施的具体建议”[2]。又如检察院将未成年人暂缓起诉制度作为构建和谐社会、参与社会管理创新的措施[3]，该制度当时在刑事诉讼法并未有规定。这种延伸拓展的依据则是宏观政策规则，包括党的文件如《中共中央关于构建社会主义和谐社会若干重大问题的决定》、会议精神如2009年12月18日全国政法工作会议提出的社会矛盾化解、社会管理创新、公正廉洁执法三项重点工作等。

第三，司法程序运行的规则。司法机关的职能具体表现为在司法程序中相应的职责和权限，来自刑事诉讼法、民事诉讼法、行政诉讼法及其司法解释的规定，以及全国人大的特别授权。而诉讼法的重大修改和司法程序重要事项的人大授权，则源于党的文件或司法政策。例如2012年至2014年进行的三大诉讼法修改，其指导思想是2008年12月5日《中央政法委员会关于深化司法体制和工作机制改革若干问题的意见》。[4] 又如2015年7月1日全国人大常务委员会（以下简称“人大常委会”）授权最高人民检察院在13个省市区开展检察机关提起公益诉讼试点[5]，直接依据党的十八届四中全会通过的《中共中央关于全面推进依法治国若干重大问题的决定》。[6]

第四，司法改革的规则。中国司法改革已经进行了多轮，而改革的方式始终是政策主导，实践试点的方式探索，迄今未有专门的立法。

2013年启动的新一轮司法体制改革提出的“确保依法独立公正行使审判权检

---

[1] 2007年3月,《最高人民法院关于进一步加强司法建议工作为构建社会主义和谐社会提供司法服务的通知》;2012年3月《最高人民法院关于加强司法建议工作的意见》。

[2] 《中华法学大辞典》(简明本),中国检察出版社2003年版,第598页。

[3] 诸葛旸、陈丽玲:《和谐社会呼唤建立暂缓起诉制度》,《西南政法大学学报》2007年第4期,第117页;肖萍:《暂缓起诉制度研究》,《法学杂志》2009年第3期,第26页;晏向华:《如何参与社会管理创新　蓬勃实践提供答案》,《检察日报》2012年5月30日。

[4] 陈卫东:《刑诉法修改的指导思想》,法制网2011年8月24日,http://www.legaldaily.com.cn/fxy/content/2011-08/24/content_2896931.htm?node=20780,最近访问日期2017年8月24日;孙加瑞:《<民事诉讼法>修改中如何巩固和发展司改成果》,《国家检察官学院学报》2011年第5期,第38页;李文阁:《行政诉讼检察监督应比照民诉法进行修改》,《检察日报》2014年2月12日。

[5] 2015年7月1日《全国人民代表大会常务委员会关于授权最高人民检察院在部分地区开展公益诉讼试点工作的决定》。

[6] 其中明确提出“探索建立检察机关提起公益诉讼制度”。

察权、健全司法权力运行机制”[1]，并非新的提法。1997年9月江泽民同志在中国共产党第十五次全国代表大会上的报告中已提出要的“推进司法改革，从制度上保证司法机关依法独立公正地行使审判权和检察权”，作为“依法治国”方略的一部分。2002年11月江泽民同志在中国共产党第十六次全国代表大会上的报告中首次将“推进司法体制改革”作为一个独立问题论述，提出了司法体制改革的目标和任务为“完善司法机关的机构设置、职权划分和管理制度，进一步健全权责明确、相互配合、相互制约、高效运行的司法体制”，“司法机关的人财物管理体制”的改革亦首次提出。2007年10月胡锦涛同志在中国共产党第十七次全国代表大会上的报告中提出“深化司法体制改革，优化司法职权配置，规范司法行为，建设公正高效权威的社会主义司法制度，保证审判机关、检察机关依法独立公正地行使审判权、检察权”。

与之相应，司法机关的内部改革也以五年为周期，以最高人民法院的改革措施为例。1999年10月，最高人民法院发布了《人民法院五年改革纲要（1999—2003)》（以下简称“一五改革纲要”），直面当时法院工作存在的四大问题：①地方保护主义产生、蔓延；②法官整体素质难以适应审判工作专业化要求；③行政管理模式不适应审判工作的特点和规律；④法院经费困难，装备落后，物质保障不力。[2] 2003年，中央司法体制改革领导小组成立；2004年底，《中央司法体制改革领导小组关于司法体制和工作机制改革的初步意见》由中共中央转发；根据中央部署，2005年10月，最高人民法院发布的《人民法院第二个五年改革纲要（2004—2008)》（以下简称“二五改革纲要”）涉及8个方面50项改革措施，旨在全面推进审判程序、审判机制、执行机制以及审判管理、司法政务管理、司法人事管理、内外部监督制约机制等各方面改革。[3] 2009年3月，同样根据中共中央统一部署，最高人民法院发布《人民法院第三个五年改革纲要（2009—2013)》（以下简称“三五改革纲要”），以促进社会和谐为主线，以加强权力制约和监督为重点，涵括优化人民法院职权配置、落实宽严相济刑事政策、加强人民法院队伍建设、加强人民法院经费保障和健全司法为民工作机制等5个方面。[4]

---

[1] 《中共中央关于全面深化改革若干重大问题的决定》，2013年11月12日中国共产党第十八届中央委员会第三次全体会议通过。

[2] 宁杰：《走向公正——人民法院司法改革15年回眸》，《人民法院报》2013年11月17日。

[3] 宁杰：《走向公正——人民法院司法改革15年回眸》，《人民法院报》2013年11月17日。

[4] 宁杰：《走向公正——人民法院司法改革15年回眸》，《人民法院报》2013年11月17日。

2015 年 2 月 26 日最高人民法院发布《关于全面深化人民法院改革的意见——人民法院第四个五年改革纲要（2014—2018)》（以下简称“四五改革纲要”），是根据党的十八届四中全会 2014 年 12 月 23 日通过的《中共中央关于全面推进依法治国若干重大问题的决定》制定，最高人民法院提出的改革措施与党的十八届四中全会决定全面对应。

这些改革的成效又是如何呢？时任最高人民法院司法改革领导小组办公室主任贺小荣认为，“一五改革纲要”虽然涵盖了人民法院体制、机制等各个领域的问题，但由于体制改革的整体推进遇到诸多困难，最后的成果主要体现在法院内部工作机制的进一步完善上；“二五改革纲要”不仅涵盖司法制度建设，还包括人财物等司法保障机制建设，但由于没有在人财物等司法体制问题上迈出实质性的一步，一些改革举措也仅限于司法工作机制上的改进与完善；“三五改革纲要”在司法为民和量刑规范化等方面亮点突出，但由于未涉及体制方面的重大改革，仍属于工作机制的改革。[1] 实际上，法官员额制改革在“一五改革纲要”中已然提出，而直至党的十八届三中全会将其确立为司法改革的重要措施之后，才有了实质性的推进。

综上可知，司法机关组织和职能、司法程序运作、司法改革所依据的规则系统，形成了党的决议、政策先行、实践跟进、立法确认的模式，体现了在司法运行秩序中，政策规则相对于法律规范的优先性。这种特征实际上是司法机关在国家权力体系中并无一些学者标榜的特殊性的体现，其与行政机关一样，行使国家权力，坚持党的领导，服从党的各项组织原则和工作方式，以党的政策为导向。多重司法考核的现象和问题一定程度上反映了司法机关实际运作当中的某种机制不协调。

二、多重司法考核：行政包干制管理的结果

法律规范与政策规则交叠、政策规则优先的司法运行秩序之下，司法机关的行为特征，与同样实行行政包干制的行政机关高度一致。最高人民法院 2001 年的《地方各级人民法院及专门人民法院院长、副院长引咎辞职规定（试行)》，实质就是推行行政首长负责制。[2] 下面以地方司法机关和地方政府的对比为例，

---

[1] 宁杰:《走向公正——人民法院司法改革 15 年回眸》,《人民法院报》2013 年 11 月 17 日。

[2] 张泽涛:《最高法院“法官枉法、院长辞职”的规定违宪》,《法学》2001 年第 12 期,第 24 页。

说明司法机关与行政机关行为的一致性。第一，经济绩效与司法绩效追求的一致性。地方政府追求体现为GDP增长和财政收入增长的经济绩效增长，而地方司法机关追求指标的案件数等司法绩效增长。❶ 第二，追求扩权的一致性。地方政府及部门纷纷争取扩张权力，表现为同级政府部门之间争权、下级政府部门向上要求权力并侵占下级权力。❷ 司法机关的扩权，一方面法院在司法能动等号召下，以超越规则司法、拓展审判职能等方式扩权❸，例如Q省高级人民法院2014年4月以内部文件的形式确认对行政公益诉讼案件的受理，是行政诉讼审判权的扩张。另一方面检察院以不断增加检察监督的领域，扩张检察权。❹第三，追求创新的一致性。地方政府不断提出新思路、新口号，实现政绩的新增长。❺ 司法机关则不断推出新的工作方法思路、新的实践探索领域等创新举措，作为业绩的重要内容。❻ 第四，竞争行为的一致性。地方政府之间的关系为竞争关系，无论经济指标、项目、投资、资源等领域，均以竞争获取比较优势，并以竞争成绩相标榜。❼ 地方司法机关的关系亦为竞争关系❽，同时，司法机关为获取更多资源也参与到地方党政机关间的竞争之中，司法地方保护即此种竞争的产物。❾

这种司法机关与行政机关的同质性，许多研究解读为司法机关的行政化。❿ 但仍需要探究，司法机关的行政化是怎样的行政化，以党的组织具有科层化特点之理由能否完全解释这种行政化。对行政组织的研究表明，以科层化并不足以解

---

❶ 徐亚文、童海超:《当代中国地方法院竞争研究》,《法学评论》2012年第1期,第22页。

❷ 胡炜光:《公司型地方政府的运作及其特征》,《四川行政学院学报》2011年第5期,第34页。

❸ 杨建军:《“司法能动”在中国的展开》,《法律科学》2010年第1期,第54页。

❹ 例如在民事诉讼和行政诉讼领域,基于早先实践探索而最终在法律中增加的对法院执行活动的检察监督、对调解书的检察监督等。

❺ 胡炜光:《公司型地方政府的运作及其特征》,《四川行政学院学报》2011年第5期,第35页。

❻ 法院系统工作创新事例如张先明:《全国法院50个党建创新优秀案例文化建设特色项目揭晓》,《人民法院报》2013年12月2日;李华斌:《网评法院:畅通社情民意的网络快车——河南高院创新机制推进阳光司法纪实》,《中国审判》2010年第57期,第35页;检察系统工作创新事例如其其格、范德银:《内蒙古自治区检察院创新创优项目现场比高下》,正义网-检察日报2015年2月7日,http://news.jcrb.com/jxsw/201502/t20150207_1476242.html,最近访问2017年8月24日。

❼ 宫希魁:《地方政府公司化倾向及其治理》,《财经问题研究》2011年第4期,第3页。

❽ 徐亚文、童海超:《当代中国地方法院竞争研究》,《法学评论》2012年第1期,第22页。

❾ 徐子良:《地方法院在司法改革中的能动性思考——兼论区域司法环境软实力之提升》,《法学》2010年第4期,第153页。

❿ 谢佑平、万毅:《司法行政化与司法独立:悖论的司法改革》,《江苏社会科学》2003年第1期,第139页;王申:《司法行政化管理与法官独立审判》,《法学》2010年第6期,第33页。

释党组织和行政机关的治理体系，司法机关的管理模式也不能简单名之为行政化。执政党全面领导国家各项事业的治理体系，表现为具有条块竞争、角色依赖、隐形授权特征的多重权威中心的市场体系，行政包干制顺势产生。❶ 地方政府的运作包括四个主要环节：设定目标、灌输政策（政治动员）、行政包干、绩效考核❷，这四个环节的角色，目标是导向，政治动员是组织准备，行政包干是行动枢纽，绩效考核作为激励机制，由于行政包干处于枢纽地位，这种管理方式可称之为"行政包干制管理"，是将经济上的承包责任制引入政治生活的体现。❸

多重司法考核即司法机关管理体制行政包干的结果。第一，地方党委对司法机关的考核是地方利益目标分解发包给法院、检察院而对应的激励机制。无论机关效能考核、党风廉政建设考核还是各类专项评比，都基于地方的目标设定，而后以会议、讲话、文件等政治动员方式传达到各个机构和个人，再通过任务层层细分，设定分管领导责任制和部门包干指标，以考核督促任务指标的完成。例如，经济发展是地方中心工作，司法机关则负有为地方经济发展服务的任务，反映在法院和检察院的工作报告中，陈述办理某类案件之后，要特别说明其对于经济发展的贡献。❹ 第二，上级司法机关对下级的考核，是行政包干制植入司法机关上下级关系的反映。综合绩效考核、业务考评、案件质量评估、案件评查、评优评奖等活动，具体的做法都是根据工作重点分解任务到部门和个人，设定指标，以考核作为激励机制，促使下级司法机关的工作围绕上级设定的任务指标展开，使下级的工作成为上级机关的业绩。第三，司法机关内部考核是前两项考核的细化分解，是任务包干的末端，考核同样作为激励机制，使部门和个人的工作成为一个司法机关及其领导班子的总体业绩，同时成为上级机关的业绩。第四，地方党委组织部门对法官、检察官的公务员考核，同时构成司法机关内部对个人考核的一部分，也是任务包干的末端，以个人发展作为激励，促使个人为所有细

---

❶ 张静：《行政包干的组织基础》，《社会》2014 年第 6 期，第 85 页。

❷ 胡炜光：《公司型地方政府的运作及其特征》，《四川行政学院学报》2011 年第 5 期，第 32 页。

❸ 杨雪冬：《市场发育、社会生长和公共权力构建》，河南人民出版社 2002 年版，第 108 页。

❹ 例如上海市人民检察院 2013 年工作报告中提到"加大打击经济犯罪力度，维护良好的经济秩序"，具体事例为积极参与整顿和规范市场经济秩序，开展了打击金融诈骗、侵犯知识产权等专项行动。共审查起诉金融犯罪 1090 件 1210 人，知识产权犯罪 273 件 535 人，航运领域犯罪 103 件 134 人。上海市高级人民法院 2015 年工作报告中提到"充分发挥司法服务保障上海国际金融中心建设的作用，全年受理一审金融纠纷案件 5.83 万件，审结 5.78 万件，同比上升 75.4% 和 79.6%。"

分到其身上的指标任务而努力。

三、公司化竞争：司法考核目标的错置

作为行政包干制管理结果的多重司法考核体系，不可避免地带有竞争性的特点，司法考核的目标由是发生错置。

本书第二章所描述的多重司法考核现象，所指向的目标是竞争，采用各种激励手段，在产品质量、生产效率、生产成本、市场规模、行业地位、资源条件方面获得及保持竞争优势，辅助措施包括改进生产设备、通过招聘和培训提高员工素能、淘汰绩效差的人员。即便不采用排名的方式，竞争仍然存在。第一，各层次的业务考核目标是保证按质按量完成包干指标任务，相当于公司对产品质量、生产效率的追求。因而业务考核体系的发展趋势越来越精细化[1]，并且辅助以案件管理软件系统等信息化手段。第二，上级司法机关对下级的综合考核，相当于总公司对分支机构的绩效考核，关注包括产品质量、生产效率、生产成本在内的各种要素，决定分支机构的行业地位。第三，地方党委对司法机关的考核，关系到司法机关能从本地获得的资源条件，相当于公司对外部资源要素的追求。第四，对司法官个人的各层级考核，相当于公司对员工的激励，是总体绩效的辅助保障，错案追究制等落实到个人的责任制即为这种激励机制的表现形式。

然而司法机关毕竟不是公司，不同于任何以营利为目的的企业类型组织。司法机关也不是行政机关，司法权与行政权有着明确的区别[2]，司法权被动、中立、注重程序正义，本身不具有任何竞争特性。因而只要是建立在竞争性激励机制基础上的考核，对于司法机关而言，皆为考核目标的错置。例如，《人民法院案件质量评估指标体系》中“审判公正”指标，名义上考核目标是司法公正，实际上表现出的目标则是对于生效案件改判发回重审率低的竞争；检察院业务核心指标明确每项指标的功能，如民事、行政检察业务指标“抗诉及法院采纳抗诉意见数”，其反映办案力度和效果，这本身就是一种竞争导向。

---

[1] 孙启福、吴美来：《案件质量精细化管理的局限及其克服》，《法律适用》2012 年第 6 期，第 101 页；沈爱民、黄福涛：《检察业务考评体系演进轨迹的梳理与思考》，《北京政法职业学院学报》2014 年第 3 期，第 76 页。

[2] 孙笑侠：《司法权的本质是判断权——司法权与行政权的十大区别》，《法学》1998 年第 8 期，第 34 页。

第二节 司法考核目标的重置：以司法目标为导向

一、司法目标

组织的类型决定组织的目标，公司作为营利组织，以占有市场竞争优势、追求更大利润为目标，与其对应的激励机制就是竞争导向的绩效考核。要设定合理的司法考核目标，需要从司法机关的组织类型出发，确定司法目标，并以之为导向，确定司法组织的考核目标。❶ 司法机关作为国家机关，是公共部门；公共部门的职能在于高效率地利用现有公共资源为社会提供更多的公共服务和公共产品❷，而不是从社会获取部门利益。在公共部门之中，司法机关又有其特殊性，司法机关提供的公共服务是司法的过程及其结果，司法权的功能是以权威方式解决已发生的争端，使立法通过具体案件得到实施。❸ 在价值理想层面，正义是整个法律制度目标之所在。❹ 正义的实现则依靠司法过程❺，司法作为一种实践，正义这一价值理想需要具体化为实践层面的目标❻，再转化为可评估的司法职责，从中产生司法考核目标。实践层面的司法目标受国家权力配置的制约❼，因而重置司法考核的目标，首先要回答的问题是，在中国政治语境中，应然的司法目标是什么?

（一）对司法目标的四种解说

依设定主体不同，对于司法目标的解说可分为如下四类：第一，政治话语设

---

❶ 方宏伟、张忆白:《司法目标与司法再解读》,《西部法律评论》2015 年第 3 期,第 19 页。

❷ 胡象明:《关于公共部门的界定与公共管理学的研究范围》,《武汉大学学报(社会科学版)》2001 年第 5 期,第 557 页。

❸ 陈瑞华:《司法权的性质——以刑事司法为范例的分析》,《法学研究》2000 年第 5 期,第 30 页。

❹ 钱弘道:《论司法效率》,《中国法学》2002 年第 4 期,第 48 页。

❺ 亨利·J. 亚伯拉罕:《司法的过程》(第七版),泮伟江、宦盛奎、韩阳,译,北京大学出版社 2009 年版,第 1 页;[美]庞德:《通过法律的社会控制、法律的任务》,沈宗灵,译,商务印书馆 1984 年版,第 73 页。

❻ 方宏伟、张忆白:《司法目标与司法再解读》,《西部法律评论》2015 年第 3 期,第 19 页。

❼ 米尔伊安·R. 达玛什卡:《司法和国家权力的多种面孔———比较视野中的法律程序》,郑戈译,中国政法大学出版社 2004 年版,第 140 页。

定的司法目标；第二，学术研究中提出的司法目标；第三，公众观念中的司法目标；第四，司法机关自我认同的司法目标。

政治话语设定的司法目标，在2000年以后的文本表述上，有“建立公正高效权威的社会主义司法制度”[1]“三个至上（即党的事业至上、人民利益至上、宪法法律至上）”[2]“司法为民、公正司法，让人民群众在每一个司法案件中都感受到公平正义”[3]等，对应于执政党的政治目标，是政治目标的投射。“建立公正、高效、权威的社会主义司法制度”是“依法治国”方略的组成部分[4]，“三个至上”是社会主义法治理念的概括[5]，“司法为民、公正司法，让人民群众在每一个司法案件中都感受到公平正义”是在推进平安中国、法治中国建设的政治目标之下提出的。[6]这些表述均将结果状态作为目标，除“公正、高效、权威”尚可具体化为执行目标之外[7]，均为泛化的难以操作的设定[8]，但仍可以概括出其一致的指向为通过公正司法维护政治制度和通过便民司法满足社会需要。

学术界最先普遍认同的司法目标是理想价值意义上的司法公正，这种认同是基于对法律体系应然价值目标的认知，建立在理性之上，通常认为司法公正包括程序正义、实体公正、制度正义三个方面；[9]随着迟来的正义不是正义观念的引入，司法效率作为另一目标被提出。[10]关于二者的关系，通常认为司法效率以解决司法资源如何配置问题为目的，追求效率不能以损害公正为代价，司法效率是

---

[1] 胡锦涛在中国共产党第十七次全国代表大会上的报告，2007年10月24日。

[2] 2007年12月胡锦涛在同全国政法工作会议代表、全国大法官、大检察官座谈时提出。习近平2014年1月7日在中央政法工作会议上重提“三个至上”。

[3] 习近平2013年2月23日在中共中央政治局就全面推进依法治国进行第四次集体学习中的讲话。“司法为民”则在党的十七大报告中已提及，最高人民法院的《人民法院第二个五年改革纲要（2004—2008）》（法发［2005］18号）和《人民法院第三个五年改革纲要（2009—2013）》（法发［2009］14号）中亦有表述。

[4] 胡锦涛在中国共产党第十七次全国代表大会上的报告，2007年10月24日。

[5] 谢鹏程：《正确认识“三个至上”的辩证关系》，《检察日报》2008年10月24日。

[6] 周强：《坚持司法为民公正司法 努力维护社会公平正义——学习贯彻习近平总书记在中央政法工作会议上重要讲话精神》，《求是》2014年第5期，第4页。

[7] 姜小川：《我国司法目标的构成要素及相互关系》，《时代法学》2008年第6期，第29页；陈卫东：《论公正、高效、权威的司法制度的建立》，《中国人民大学学报》2009年第6期，第25页。

[8] 关于“三个至上”“司法为民”作为司法目标的研究也多从公正司法的角度解说，江必新：《公正司法与法律文本》，《人民司法（应用）》2009年第17期，第4页。

[9] 徐显明：《何谓司法公正》，《文史哲》1999年第6期，第87页。

[10] 钱弘道：《论司法效率》，《中国法学》2002年第4期，第48页。

司法公正的下位概念。[1]

公众观念中的司法目标也包括司法公正和司法效率，这种认同，一方面出于社会正义的一般观念，另一方面受媒介信息和个人经验的影响，很大程度上是感性的。[2] 因此，公众心目中的司法公正与司法效率的内涵，与学术界视野中有所不同，公众更为关心实体公正和对司法所用时间的主观感受，"涉诉信访""涉检信访"的原因之一便是公众认为司法机关不公正或过于拖延，而司法机关的行为事实上可能并没有违反任何法律或纪律规定。[3]

司法机关自我认同的司法目标具有强烈的实用主义倾向。第一个表现是司法机关当然也将司法公正作为司法目标，但更加强调投入产出意义上的司法效率，将效率与公正作为具有同等权重的价值。[4] 司法机关对于司法效果的追求，更强调以案结事了为标志的司法效果，而非规则治理意义上的司法效果。[5] 这种实用主义大致等同于波斯纳所主张的追求"好的系统性后果"的司法实用主义，注重司法外部效果，强调司法能达成的结果，尽管并不反对规则治理，但更重视利益衡量、情理判断、当事人协商等。[6] 在基层司法实践中，实用主义倾向由来已久[7]，例如立案难问题的演进，主要原因之一是法院不愿意收入处理不了的案件。[8] 第二个表现是，司法机关会根据政治话语提出的司法目标，将实质上所追求的投入产出意义上的司法效率和案结事了为标志的司法效果，包装为合乎政治目标的业绩，以获得更多的资源。[9]

上述四类主体设定的司法目标，表面看来在司法公正这一目标上取得了一致，

---

[1] 葛卫民：《论司法公正与司法效率》，《政法学刊》2005 年第 2 期，第 84 页。

[2] 史乃兴：《司法公正评价机制的审视与健全——以人民法院案件质量评估体系为视角》，《人民司法(应用)》2014 年第 5 期，第 51 页。

[3] 张敏、戴娟：《困惑与出路：转型期法院涉诉信访制度的理性探究》，《法律适用》2009 年第 6 期，第 71 页；钱云灿：《涉检信访问题工作机制探微》，《法学杂志》2010 年第 6 期，第 108 页。

[4] 刘练军：《司法效率的性质》，《浙江社会科学》2011 年第 11 期，第 67 页。

[5] 岳彩领、杜月秋：《从依法审判到案结事了——审视中国当下司法司法实用主义哲学观》，《学海》2014 年第 2 期，第 145 页。

[6] 理查德·波斯纳：《道德和法律理论的疑问》，苏力，译，中国政法大学出版社 1999 年版，第 279 页；理查德·波斯纳：《法官如何思考》，苏力，译，北京大学出版社 2009 年版，第 219 页。

[7] 苏力：《送法下乡——中国基层司法制度研究》，中国政法大学出版社 2000 年版，第 176 页。

[8] 张卫平：《起诉难：一个中国问题的思索》，《法学研究》2009 年第 6 期，第 65 页。

[9] 吴良志：《政策导向型司法："为大局服务"的历史与实证——中央政府工作报告与最高法院工作报告之比较(1980—2011)》，《探索社会主义司法规律与完善民商事法律制度研究——全国法院第 23 届学术研讨会获奖论文集(上)》，2011 年。

但政治思维、法治思维、民意和实用主义的逻辑却存在冲突。[1] 政治思维之下的司法公正是服务大局的手段[2]，法治思维下的司法公正同时包含程序正义和实体正义的价值追求，民意和实用主义观念中的司法公正更注重效果和结果。关于司法民主和司法效率等可能的目标，不同主体的认知也存在着逻辑冲突，例如司法为民是否就是司法民主？司法民主与民意是何种关系？[3] 要厘清司法目标，需要在现实与理想之间寻求整合。

（二）司法目标的整合

关于司法目标的设定，方宏伟、张忆白的研究提出了应当将司法目标定位于维护自发的社会合作秩序的新思路，以解决上述冲突。[4] 但作为政治制度组成部分的司法，在实践目标设定上不能不对各个层面的期望有所回应。因而实践层面司法目标的整合，一方面是基于理想价值剥离不适当的期望，另一方面则是有限度地吸收合理的期望。

首先，通过合理解释的方法对政治话语设定的司法目标中不适当期望的剥离。

以备受学界争议的“三个至上”为例[5]，作为“三个至上”之要素的“党的事业”“人民利益”和“宪法法律”，三者皆“至上”，因而看上去是必定冲突的，而从发现既存内涵的角度，即可对其设定的司法目标予以整合。关于“党的事业”，“事业”在《现代汉语词典》中的含义则是“人们所从事的，具有一定目标、规模和系统的对社会发展有影响的经常活动”。对于社会组织体的事业，应当从其组织规程即章程之中去解读。中国共产党作为政治组织，何为其事业，就应当从《中国共产党章程》（以下简称“党章”）中予以解读。[6] 党章总纲阐释的现阶段党的事业是领导全国人民建设中国特色社会主义，实现社会主义现代化，其领导主要是政治、思想和组织

---

[1] 张卫平:《法治思维与政治思维》,《浙江社会科学》2013 年第 12 期,第 144 页;涂云新、秦前红:《司法与民意现实关系的困境与法理破解》,《探索与争鸣》2013 年第 7 期,第 44 页。

[2] 喻中:《服务大局的司法:一个基于功能理论的解释》,《法学论坛》2012 年第 5 期,第 5 页。

[3] 韩轶、江国华:《司法民主:理论与现实的困境》,《时代法学》2010 年第 1 期,第 18 页。

[4] 方宏伟、张忆白:《司法目标与司法再解读》,《西部法律评论》2015 年第 3 期,第 19 页。

[5] 卓泽渊:《“三个至上”的内涵、关系及实现路径》,《人民法院报》2008 年 10 月 8 日;韩大元:《“三个至上”的宪法学基础》,《人民法院报》2009 年 9 月 1 日;李林:《“三个至上”的法理思考》,《法制日报》2009 年 7 月 1 日;朱立恒:《“一个至上”与“三个至上”辩思》,《政治学研究》,2009 年第 2 期,第 8 页。

[6] 《中国共产党章程》(中国共产党第十八次全国代表大会部分修改,2012 年 11 月 14 日通过)。

的领导，按照总揽全域、协调各方的原则，在同级各种组织中发挥领导核心作用。党必须保证国家的立法、司法、行政机关、经济组织、文化组织和人民团体积极主动地、独立负责地、协调一致地工作。换言之，党并不直接进行国家的立法、司法、行政、经济、文化建设，党的事业并非中国特色社会主义建设本身，而是领导中国特色社会主义建设。关于"人民利益"，在一个特定的社会共同体，要判断何为人民利益，实质上就是看某一具体的个体需要是否合于该共同体的基本规范，因为具有共性一致性的需要已经或必然形成该共同体的规范。在中国特色社会主义及社会主义法治国家这一具体的社会共同体语境中，宪法和法律是基本的社会规范，因而作为整体的人民利益以人权为核心、以宪法规定的公民基本权利为主要内容，作为个体的人民利益则包含政治、精神、物质方面的广泛内容，以禁止性法律规范为边界。中国作为人民主权的社会主义法治国家，人民作为国家主权的构成主体，人民利益相较其他利益，理所当然地居于最高地位，否则，就不能成其为人民主权的社会主义法治国家。"党的事业"和"人民利益"之关系，根据党章表述，党的事业本身就是以实现人民的根本利益为目标的，人民利益是党的事业的根本。"党的事业"和"宪法法律"之关系，党章明确规定，党的领导主要是政治、思想和组织的领导；党要适应改革开放和社会主义现代化建设的要求，坚持科学执政、民主执政、依法执政，加强和改善党的领导；党必须在宪法和法律的范围内活动。这意味着，作为执政党的中国共产党，只有将路线、方针、政策法律化，才能够实施领导人民建设中国特色社会主义的事业。因此，依法执政、依宪执政是党实现其事业的必然要求，坚持党的事业至上必然要求坚持宪法法律至上。三者的关系是，宪法和法律是基于党的事业和人民利益制定的，宪法法律至上就是以社会主义法治来保障党的事业、保障人民利益，在中国社会主义法治体系中，事实上不存在也不应当存在与党的事业和人民利益分离和对立的宪法法律规范。党的事业是实现人民利益，同时党又必须依宪执政、依法执政，在政治图景中也就不应当存在违背人民利益、违背宪法法律的党的事业。据此，"三个至上"设定的司法目标合乎逻辑的解释即为，通过依宪司法、依法司法，保障党的事业、维护人民利益。

政治话语本身并不基于法律思维产生，其中包含的司法目标需要以法律思维解析。通过解析，可以看到，政治话语中包含的司法目标实质上都指向应当吸纳入法律规范的某种政策或价值。因而合理的整合即为政治话语不作为直接的司法目标，而是通过立法，将正义价值、司法政策等一概表达为法律，作为规则进入司法过程。因而规则治理作为一个司法目标是合宜的，一方面回应政治目标之期望，另一方面也是司法机关恪守自身职责的需要。[1]

其次，有限度地吸收民意和司法实用主义所设定司法目标之中的合理期望。

司法实用主义之中的合理部分在于追求纠纷解决的效果，毕竟，如果司法过程不能及时解决纠纷，再精巧的规则治理都因为无用而失去意义。无论普通法还是成文法国家和地区的法官，均承认纠纷解决这一司法的原初功能，其他主要功能还包括救济权利和制约公权[2]，法官立法或创制先例只是主要功能的附带产品[3]，尽管司法制度已经发展为复杂的理论和实践体系。纠纷解决的客观标准建立在法律秩序基础之上[4]，作为司法过程之结果的纠纷解决在社会急剧变迁的中国更具有重要的实际价值[5]，纠纷解决与规则治理的互动是司法过程的愿景[6]，因而纠纷解决也应作为一个司法目标要素。

民意或公众意见对司法体系的支持，是司法行为正当性的一个基础[7]，因而民意所设定的司法目标之中包含的合理期望应当吸收。其中，公众对司法体系的信任是足以影响司法权威和对司法公正评价的核心因素[8]，所有关于司法的公众焦虑、民意汹涌，皆源于对司法过程的不信任。信任不同于满意，司法信任是公众由于相信司法机关能够提供正义的心理预期，而选择司法解决纠纷，并认同和尊重司法程序的心理状态。[9] 司法满意度则是更为主观的要素，与司法程序对个体利益影响有关。例如某甲与某乙因借款纠纷诉至法院，最终某甲败诉，倘若某甲信任法院，他虽然仍不会满意，但也不会认为法院不公正；反之如果某甲不信任法院，则他的心理状态将是不满意并且认为法院不公正。“司法为民”或人民司法或司法民主，反映为司法目标，应当是公众信任这一要素。缺乏公众信任，

---

[1] 解永照、王国龙：《能动司法与规则治理》，《学术界》2012 年第 7 期，第 51 页。

[2] 亨利 · J. 亚伯拉罕：《司法的过程》（第七版），泮伟江、宦盛奎、韩阳，译，北京大学出版社 2009 年版，第 1－2 页；巴拉克：《民主国家的法官》，毕洪海，译，法律出版社 2011 年版，第 1 页。

[3] 马丁 · 夏皮罗：《法院：比较法和政治学上的分析》，张生、李彤，译，中国政法大学出版社 2005 年版，第 41 页。

[4] 赵旭东：《纠纷解决含义的深层分析》，《河北法学》2009 年第 6 期，第 149 页。

[5] 左卫民：《变革时代的纠纷解决及其研究进路》，《四川大学学报》2007 年第 2 期，第 110 页。

[6] 王静：《基层法院的纠纷解决与规则治理之路》，《人民司法（应用）》2010 年第 7 期，第 33 页。

[7] 巴拉克：《民主国家的法官》，法律出版社 2011 年版，第 104 页；吴重礼：《司法与公众支持：台湾民众对于司法体系的比较评价》，《台湾政治学刊》2008 年第 12 期，第 15 页。

[8] 我国台湾地区“司法主管部门”年度“台湾一般民众对司法认知调查报告”显示了这种正相关。

[9] 吴美来：《论我国司法信任的养成》，《西南政法大学学报》2009 年第 1 期，第 39 页。

规则治理和纠纷解决将无法实现。

司法目标之构成要素由是整合为规则治理、纠纷解决和公众信任。其中规则治理体现正义价值和政治目标，也体现司法权的强制力，纠纷解决体现司法基础功能并且适应社会对司法效果的需要，公众信任是司法权威和司法效果的重要保障。

二、司法考核目标与司法职能

司法目标要通过司法机关的各项具体职能实现。如果职能设计不合理，或合理设计的职能不能很好履行，则司法目标难以实现。司法改革被提出以来，研究者多有关于司法机关职能配置优化的观点。法院职能优化的要旨在于上下级法院职能分层[1]，以及与其他国家机关之间的职权关系协调等。[2]具体措施包括完善法院审级制度，基层法院的职能设定为审理第一审案件和解决纠纷、中级法院的主要职能是纠错和止争、高级法院的主要职能是再审监督和审判指导[3]，关于最高人民法院的职能，论者众多，但共识是最高人民法院应当担负必要的政治功能，承担制定规则、统一法制、统一人事管理等职能。[4]检察职能的配置调整，要旨在于强化刑事司法职能以外的其他职能，使之符合宪法规定的国家法律监督机关之性质。[5]

然而这些职能优化的研究没有解决的问题是，究竟目前司法机关职能没有得到很好履行、司法目标不能很好实现的原因在于制度设计本身还是在于执行层面。中国司法机关分为四级，与行政区划分级相同，在最高级别是最高人民法院和最高人民检察院，高级法院和省级检察院各有 32 个，中级法院和地市级检察院各有 400 多个，基层法院和检察院各有 3100 多个。四级法院的职能，突出的

---

[1] 何帆：《论上下级法院的职权配置》，《法律适用》2012 年第 8 期，第 15 页；傅郁林：《司法职能分层目标下的高层法院职能转型》，《清华法学》2009 年第 5 期，第 122 页。

[2] 莫纪宏：《法院职能配置在立法层面上的思考》，《法律适用》2012 年第 8 期，第 7 页；左卫民、冯军：《以监督权为视角：最高人民法院与全国人大关系的若干思考》，《社会科学研究》2005 年第 4 期，第 82 页。

[3] 何帆：《论上下级法院的职权配置》，《法律适用》2012 年第 8 期，第 15 页。

[4] 沈岿：《司法解释的"民主化"和最高人民法院的政治功能》，《中国社会科学》2008 年第 1 期，第 100 页；季卫东：《最高人民法院的角色及其演化》，《清华法学》（第七辑），清华大学出版社 2006 年版，第 4 页。

[5] 吕涛：《论我国检察职能的转型发展》，《中国刑事法杂志》2010 年第 5 期，第 80 页；钟欣悦、钟德刚：《检察院组织法的修改与检察职能范围的调整》，《山西省政法管理干部学院学报》2014 年第 4 期，第 54 页。

特点是上下级同构，职能同一化，且在核心职能之外有许多延伸职能。❶ 例如高级法院和中级法院的职能，核心职能均为审判、上诉审查和审判监督职能，同时负有监督指导下级法院审判工作，对下行使执行统一管理权、人事协管权、保障管理等管理职能❷，以及调研、司法建议等延伸职能。❸ 检察院的职能也包括核心职能和延伸职能，核心职能相比法院较为复杂，包括刑事案件公诉职能、对刑事侦查和刑罚执行的监督职能、对职务犯罪实施侦查的职能、诉讼监督职能。

如前文的分析，司法机关核心职能未能得到良好履行，以及各种延伸职能的出现，是行政包干制管理的一个结果，以司法职能而论，问题首先在于执行层面。因而要优化司法机关职能配置，也要首先解决执行层面的问题。仅就法律规定而言，在不进行法院职能分层改造、不调整检察机关职能横向配置的情况下，如果能充分实施现有法律规范，未必不能很好地实现规则治理、纠纷解决、公众信任的司法目标。而不先行解决执行层面的问题，即便重新设计司法制度，依然会出现纸上理想无法实现的困境。

梳理司法机关的法定职能，法院的四级两审制结构虽然繁复重叠，但在不断修正的级别管辖制度和审判执行程序设置的保障之下，已能够基本实现司法目标。以审级监督和审判监督程序为例，作为诉讼程序的自我约束机制，其目的在于容错与纠错。❹ 对于法官而言，审级监督和审判监督程序一方面是约束，使之要谨严司法，避免裁判被上级法院推翻；另一方面也是容错机制，由于审级监督和审判监督程序的存在，有程序上正常纠错的机会，法官才有了思维、判断、行动的相对自由。❺ 对于司法程序当事人而言，审级监督和审判监督程序是纠错机制，是通过上诉或再审程序启动对案件的再次审查，通过程序救济保障当事人的权利，这种“纠错”并非对前一审级法官行为的否定，而是基于法律运行中的不确定性，提供的救济渠道。❻ 而作为专门用以增强法官责任心的考核机制的错

---

❶ 何帆：《论上下级法院的职权配置》，《法律适用》2012 年第 8 期，第 15 页。

❷ 张坚：《高级人民法院职能定位的思考》，《人民司法（应用）》2013 年第 19 期，第 31 页。

❸ 梁平、陈焘：《我国法院职能转型过程中的法理探究》，《河北大学学报（哲学社会科学版）》2012 年第 6 期，第 89 页。

❹ 江伟、吴泽勇：《现代民事诉讼立法的基本理念》，《中国法学》2003 年第 3 期，第 101 页。

❺ 李建明：《错案追究中的形而上学错误》，《法学研究》2000 年第 3 期，第 87 页。

❻ 王晨光：《法律运行中的不确定性与“错案追究制”的误区》，《法学》1997 年第 3 期，第 4 页；周永坤：《错案追究制与法治国家建设——一个法社会学的思考》，《法学》1997 年第 9 期，第 6 页；胡岩：《论司法错误与司法责任——兼论“错案追究制”的正当性》，《法律适用》2011 年第 3 期，第 94 页。

案追究制之所以没有起到防范错案的效果，原因恰恰在于将程序容错机制范围内的“错误”当作错案对待，催生案件请示制度，导致上诉程序失去意义；❶ 那些真正的错案，并不是司法程序正常运行而没有发现错误，恰恰是各种程序外因素的介入，导致程序变形或失效所产生的结果。❷ 如果不自执行层面改变，而仅仅调整法院职能分层，上级法院对下级法院的审级监督仍然采用错案追究制的方式，则效果可想而知。

再以检察职能为例，在刑事司法中，检察机关的公诉职能具有打击犯罪和保障人权的双重诉讼目的❸，是一项程序性权力。刑事诉讼不同环节的目的不同，相应的证明标准存在差异，随着诉讼过程的推进，证明标准的要求趋向严格，公诉环节的证明标准应当低于有罪判决所要求的证明标准❹，因而一定比例的公诉案件被法院判决无罪应该是刑事司法的常态。而被告人提起上诉和检察院提起抗诉启动的第二审程序，同样是诉讼程序的自我约束机制，检察机关基于其打击犯罪和保障人权的双重诉讼目的，也不应当以有罪判决作为追诉的目标，这本是刑事诉讼程序的应有之义，刑事诉讼程序本身并未追求有罪判决这一“效果”。实践中对于有罪判决率的强调，不是检察职能本身的要求，而是检察机关绩效竞争的需要，这种绩效竞争需要使得原本也只是程序权力的刑事抗诉的较少适用成为一个需要改进的问题。❺

由司法机关法定职能的梳理可知，尽管法律规定并不完善，但司法职能本身的设计至少并不是导致实践中诸多问题的主要原因。问题的出现恰恰是因为司法机关的法定职能被其他因素介入而变形或失去应有的功能。

司法考核目标的重设，目的也在于执行层面的调整，保障司法核心职能的履行，从而保障司法目标的实现。由于司法目标已经包含了政治目标、民意等对司

---

❶ 贺日开、贺岩：《错案追究制实际运行状况探析》，《政法论坛》2004 年第 1 期，第 150 页；王冬云、陈增宝：《理性地对待刑事二审改判——对现行错案追究制的反思》，《法治研究》2009 年第 12 期，第 68 页。

❷ 陈永生：《冤案的成因与制度防范——以赵作海案件为样本的分析》，《政法论坛》2011 年第 6 期，第 3 页。美国检察官的实证研究也表明，在冤案发生时，警察和检察官的不法行为远远超出“人为错误”的范畴，吉姆·佩特罗、南希·佩特罗：《冤案何以发生——导致冤假错案的八大司法迷信》，苑宁宁、陈效，译，北京大学出版社 2012 年版，第 314 页。

❸ 周君：《略论强化追诉与保障人权的均衡——兼论检察机关公诉职能的价值取向与制度选择》，《人民检察》2003 年第 8 期，第 10 页。

❹ 奚玮、孙康：《论提起公诉的证明标准》，《中国刑事法杂志》2008 年第 1 期，第 3 页。

❺ 余德峰、王建荣：《刑事抗诉运行机制实证分析》，《中国刑事法杂志》2009 年第 11 期，第 100 页。

法机关的需要，司法职能实现司法目标的同时，也就实现了整合进司法目标的各种目标。因而司法考核的目标在于宪法和法律规定的司法职能本身的保障，而不是以司法考核促使将司法职能作为竞争工具去实现其他的目标。

三、合乎司法目标的司法考核目标

合乎前述司法目标的司法考核应当以保障法定的司法职能之履行为目标，因而首先需要对法定司法职能履行的保障需求进行分析，分解其中能够以司法考核保障的需求，继而得出对应的司法考核目标。

司法机关法定职能的顺畅履行，可以做如下描述：对于法院，依照法律规定受理诉讼、实施调解、审理案件并作出裁判、执行生效裁判、依照审级实施审判监督等，均无客观因素之外的障碍；对于检察院，各项程序性权力的行使，无客观因素之外的障碍；司法机关之间的关系，仅为法律规定的相互分工、配合、制约关系。司法机关法定职能履行的核心是司法程序的运行，履行职能所需要的保障包括法律规范保障、人员保障、物质保障、流程保障等方面。以下以民事司法程序的八个主要环节为例，说明司法机关法定职能之顺畅履行的保障需求。

民事司法程序第一是诉讼受理（即立案），职能顺畅履行的表现为符合形式起诉条件的案件均能被法院受理。[1] 第二是法院调解职能之履行，由于民事司法倡导调解优先，调解贯穿民事诉讼程序始终[2]，该项职能顺畅履行的表现为符合调解条件的案件均在诉讼程序发展过程中适用了调解，并达到纠纷解决的目的。第三是法院审理第一审案件职能之顺畅履行，表现为案件合理分流[3]，审理依照相应程序进行，各程序事项均得到遵守，即程序安定。[4] 第四是法院作出裁判的职能，其顺畅履行表现为对诉讼过程中应予裁定的事项及时作出了裁定，以及在审理结束时及时作出了判决。第五是法院执行裁判、调解书和其他可执行法律文书的职能，其顺畅履行表现为依申请对生效的裁判和调解书进行执行，使执行申

---

[1] 张卫平:《民事案件受理制度的反思与重构》,《法商研究》2015 年第 3 期,第 3 页。

[2] 许少波:《法院调解的目的论》,《法律科学》2007 年第 4 期,第 71 页;潘剑锋、刘哲玮:《论法院调解与纠纷解决之关系——从构建和谐社会的角度展开》,《比较法研究》2010 年第 4 期,第 70 页。

[3] 傅郁林:《繁简分流与程序保障》,《法学研究》2003 年第 1 期,第 50 页。

[4] 陈桂明:《程序理念与程序规则》,中国法制出版社 1999 年版,第 2 页。

请人的权利实现，并且没有侵犯案外人的合法权益。[1] 第六是法院运行诉讼救济程序的职能之履行，表现为第二审（上诉审）程序和审判监督程序（再审程序）均能按照法律规定的事由启动，并且法官能根据案件的情况作出合理的裁判。[2] 第七是检察院对民事诉讼实施法律监督职能之履行，表现为检察院依照法律规定的条件运用抗诉和再审检察建议等方式对法院生效裁判、调解书、执行活动和审判中的违法行为实施监督。[3] 第八是根据审判公开的原则，各个程序中应予公开的事项均应通过法律规定的方式公布。

整个民事司法程序所需要的外部基础条件保障包括民事司法所依据的实体和程序法律规范、足额司法官及辅助人员的配备、司法场所及经费、司法公开的渠道；内部基础条件保障包括司法官及辅助人员对司法程序规范的遵守、法官及辅助人员的态度和能力。除此，各个环节还需要各自的特别条件保障。对于诉讼调解，特别条件是当事人的意愿。[4] 对于审理第一审案件，特别条件包括法官及辅助人员工作量的合理负担、法官对审理程序的选择和控制、当事人及其他诉讼参与人对程序事项的配合。法院作出裁判的职能所需要的特别条件保障包括当事人及其他诉讼参与人举证、法官认定事实的合理依据、法官作出裁判的正当依据等。[5] 民事执行程序的职能所需要的特别条件保障包括合法的执行依据、被执行人具有足以清偿债务的财产或相应担保、被执行人的诚信状况等。法院运行诉讼救济程序的职能所需要的特别条件保障是法官对救济程序的选择、当事人及其他诉讼参与人对程序事项的配合。检察院的民事诉讼监督职能所需要的特别条件保障包括检察官及辅助人员工作量的合理负担、检察官对再审事由的正当适用、法院对检察院抗诉的受理和对再审检察建议的采纳等。

上述民事司法程序中的司法机关职能之履行，所需要的条件可以归纳为外部

---

[1] 肖建国：《执行程序修订的价值共识与展望》，《法律科学》2012 年第 6 期，第 186 页。

[2] 王亚新：《民事诉讼法修改中的程序分化》，《中国法学》2011 年第 4 期，第 181 页；傅郁林：《论民事上诉程序的功能与结构——比较法视野下的二审上诉模式》，《法学评论》2005 年第 4 期，第 36 页；张卫平：《有限纠错——再审制度的价值》，《法律适用》2006 年第 7 期，第 3 页；李浩：《再审的补充性原则与民事再审事由》，《法学家》2007 年第 6 期，第 6 页。

[3] 熊跃敏：《继承与超越：新民事诉讼法检察监督制度解读》，《国家检察官学院学报》2013 年第 2 期，第 7 页；宫鸣、姜伟、孙祥壮：《民事诉讼检察监督制度的改革和发展》，《法律适用》2013 年第 4 期，第 17 页。

[4] 吴英姿：《法院调解的“复兴”与未来》，《法制与社会发展》2007 年第 3 期，第 35 页。

[5] 张卫平：《转换的逻辑：民事诉讼体制转型分析》，法律出版社 2004 年版，第 316－363 页。

条件和内部条件，外部条件包括外部基础条件和特别条件，内部条件也可分为基础条件和特别条件，如表 2－1 所示。

表 2－1　司法机关在民事司法主要环节法定职能的保障条件

<table>
<tr><th rowspan="2">司法机关</th><th rowspan="2">民事司法环节</th><th colspan="2">外部条件</th><th colspan="2">内部条件</th></tr>
<tr><th>基础条件</th><th>特别条件</th><th>基础条件</th><th>特别条件</th></tr>
<tr><td rowspan="6">法院</td><td>立案</td><td rowspan="7">实体和程序法律规范、足额司法官及辅助人员的配备、司法场所及经费、司法公开的渠道</td><td>—</td><td rowspan="7">司法官及辅助人员对司法程序规范的遵守、法官及辅助人员的态度和能力</td><td>—</td></tr>
<tr><td>调解</td><td>当事人意愿</td><td>—</td></tr>
<tr><td>第一审程序</td><td>诉讼参与人对程序事项的配合</td><td>法官及辅助人员工作量的合理负担、法官对审理程序的选择和控制</td></tr>
<tr><td>作出裁判</td><td>诉讼参与人举证</td><td>法官认定事实的合理依据、法官作出裁判的正当依据</td></tr>
<tr><td>执行程序</td><td>合法的执行依据、被执行人财产状况、被执行人诚信状况</td><td>—</td></tr>
<tr><td>诉讼救济程序</td><td>诉讼参与人对程序事项的配合</td><td>法官对救济程序的选择、诉讼参与人对程序事项的配合</td></tr>
<tr><td>检察院</td><td>民事诉讼监督</td><td>—</td><td>检察官及辅助人员工作量的合理负担、检察官对再审事由的正当适用、法院对检察院抗诉的受理和对再审检察建议的采纳</td></tr>
</table>

其中能通过司法考核促进的事项仅仅是内部条件。司法官及辅助人员工作量的合理负担有赖于司法机关对所受理案件的合理分配；司法官及辅助人员对程序规范的遵守包括司法官对法律规定的各种时限的遵守、法院对检察院抗诉的受理和对再审检察建议的采纳有赖于对司法流程是否符合规则治理的评估；法官对审理程序的选择和控制、对法律规定的程序和实体要件的把握、检察官对再审事由的正当适用有赖于对裁判和其他终局性结果是否符合纠纷解决和公众信任目标的评估；司法官及辅助人员的态度有赖于诉讼参与人的评估，而司法官的各种能力之水平有赖于对其适任性的综合评估。至于外部条件，则需要通过其他关联制度予以保障。

其他司法过程中司法机关的职能履行之保障需求与民事司法程序相似。对应于司法职能履行的司法考核目标于是只能设定为：首先，总体上对司法官工作量合理性与均衡度的控制、对司法流程的遵守程度、对司法官适任性的一般保证，这一层次目标通过对司法官个体考核间接实现；其次，对于法官个体，考核目标是在司法流程中行为的合法性、作出裁判之依据的正当与充分性、裁判结果的正当性与合理性、处理各类事项的态度、对于法官职位的适任性；再次，对于检察官个体，考核目标是在司法流程中行为的合法性、作出终局性决定依据的正当与充分性、处理各类事项的态度、对于检察官职位的适任性。对于司法辅助人员，其在司法流程中行为的合法性、处理各类事项的态度和对司法辅助职位的适任性，亦影响司法目标之实现，亦应当进行考核，但并非司法考核的范畴，而属于司法机关内部管理事项。这些司法考核目标对于司法目标的体现，如表2－2所示。

表2－2　司法考核目标与司法目标

对象	司法考核目标	司法目标
法院 检察院	工作量合理性与均衡度的控制	纠纷解决
	总体上对司法流程的遵守程度	规则治理
	司法信息公开	公众信任
	对司法官及辅助人员适任性的一般保证	公众信任
法官	在司法流程中行为的合法性	规则治理
	作出裁判之依据的正当与充分性	规则治理
	裁判结果的正当性与合理性	纠纷解决、公众信任
	处理各类事项的态度	纠纷解决、公众信任
	对于法官职位的适任性	公众信任
检察官	在司法流程中行为的合法性	规则治理
	作出终局性决定依据的正当与充分性	规则治理
	处理各类事项的态度	纠纷解决、公众信任
	对于检察官职位的适任性	公众信任

此一司法考核目标与目前多重司法考核相对照，最大不同在于：第一，司法目标导向替代行政绩效目标导向，令司法管理制度回归司法的本质；第二，整合政治目标及民意等其他需要的一元目标替代多重绩效目标，更适于作为司法管理的实践措施；第三，力图以司法考核保障核心司法职能的运行，而非以多重考核不当延伸司法职能，在其他客观条件不变的情形下，为司法职能解困提供执行措

施层面的正向力量；第四，司法目标导向的司法考核目标，以及在此基础上进行的考核规则设计，本身是基于法律思维的，这使得司法考核制度有条件从管理机制转换为法律规范。

第三节 司法考核目标对司法组织类型的适应

一、司法考核目标与司法组织类型

关于司法考核目标之合理设定，仍需要讨论的是，司法考核目标与司法组织类型的关系。尽管司法机关特别是法院管理的行政化广受批判，非行政化或去行政化成为研究者呼吁的改革方向[1]，但司法机关作为组织就必然有内部结构如何、管理方式如何的问题。因为司法活动不仅是法律的，更是实践的，司法机关本身是一个组织体，并且需要从组织环境中获取资源，司法职能的履行也依赖于外部条件的支持；司法机关作为组织体的管理模式，与其履行法定职能的行为结构，存在冲突与协调的问题。[2] 基于司法目标之实现方式的司法职能所设定的司法考核目标，也有与司法组织类型之冲突与协调的问题。

组织类型的要素包括组织结构、组织中人的要素、组织管理模式等。组织结构界定对工作任务正式划分、组合和协调的方式，其设计有工作专门化、部门化、指挥链、控制跨度、集权与分权、正规化六个关键要素；[3] 而组织目标、组织规模、组织的投入产出方式、组织的环境是选择组织结构的影响因素[4]。组织中人的要素在司法机关由司法官选任制和司法官身份制度两个部分组成，前者关系到什么样的个体可以进入司法组织当中，以及这些个体以什么样的方式进入司法组织；后者关系到司法组织人员的稳定性或流动性，以及人员与组织的关系和

---

[1] 任永安:《论司法行政化及其解决之道》,《暨南学报(哲学社会科学版)》2009 年第 5 期,第 59 页;张卫平:《论我国法院体制的非行政化——法院体制改革的一种基本思路》,《法商研究》2000 年第 3 期,第 3 页。

[2] 梁三利:《法院管理模式研究》,南京理工大学博士学位论文 2008 年,第 12 页。

[3] 斯蒂芬・P. 罗宾斯、蒂莫西・A. 贾奇:《组织行为学》,孙健敏、李原、黄小勇,译,中国人民大学出版社 2012 年版,第 418 页。

[4] 斯蒂芬・P. 罗宾斯、蒂莫西・A. 贾奇:《组织行为学》,孙健敏、李原、黄小勇,译,中国人民大学出版社 2012 年版,第 431 页。

相互关系。组织管理模式是司法机关获得资源和配置资源的方式类型，由价值目标、权力结构、权力主体、运行机制四个要素构成。[1] 司法组织类型的要素可能存在多种组合，事实上的司法组织也存在多种类型。[2] 仅在美国，就存在联邦法院和州法院的二元体系，各州法院系统之间的差异也极大。[3]

一个组织的考核制度既有自组织中生成者，例如营利型组织中生成的竞争型绩效考核制度，也有自外植入组织者，例如公共部门引入企业绩效管理。[4] 对于后者，就存在引入的考核制度对组织类型的适应问题。本书提出的中国司法机关应当采用的司法考核目标是以司法改革为视角的优化方案，并非源于目前司法组织的实际状况，介于原发与植入制度之间，因而必须考虑其对于司法组织类型的适应，特别是变革中的司法组织类型的适应。

二、不同司法组织类型之比较

比较不同司法组织类型的特点，目的之一是揭示司法组织类型的复杂性，另一目的则是探讨中国司法组织类型变迁的可能性和未来的稳定样态。由于各国和地区法院的职能较为接近，更具有司法组织类型比较之可能性和比较价值，而检察制度差异较大[5]，本部分仅在检察院与法院的关系的层面上予以说明。选取的比较样本之中，美国联邦及州法院和法国法院为在世界范围内影响较大的法院组织类型，是司法组织的典型形式。中国台湾地区与其文化背景相似，且仍在进行司法改革，因而极具对照的意义。

根据权变组织理论，组织结构有职能式结构、事业部结构、区域结构、矩阵

---

[1] 梁三利：《法院管理模式研究》，南京理工大学博士学位论文 2008 年，第 20、36 页。

[2] 关于司法组织类型的比较研究，参见米尔伊安·R. 达玛什卡：《司法和国家权力的多种面孔——比较视野中的法律程序》，郑戈，译，中国政法大学出版社 2004 年版；马丁·夏皮罗：《法院：比较法和政治学上的分析》，张生、李彤译，中国政法大学出版社 2005 年版。

[3] 亨利·J. 亚伯拉罕：《司法的过程》（第七版），泮伟江、宦盛奎、韩阳，译，北京大学出版社 2009 年版，第 151 页。

[4] 托马斯·特拉斯基维奇：《公共部门绩效评估：来自发展中国家的经验》，《公共管理学报》2012 年第 2 期，第 106 页；张燕君：《美国公共部门绩效评估的实践及启示》，《行政论坛》2004 年第 3 期，第 87 页。

[5] 各国/地区检察制度的比较，参见甄贞：《检察制度比较研究》，法律出版社 2010 年版；何家弘：《检察制度比较研究》，中国检察出版社 2008 年版。

结构、网络结构、横向结构，以及多种结构组合运用的混合结构。❶ 其中网络结构、横向结构较为扁平化，职能式结构、事业部结构、矩阵结构等更科层制特点。比较中国大陆、中国台湾地区、美国联邦和部分州、法国单个法院组织结构，大致可以归入矩阵结构、职能式结构、网络结构和横向结构几种类型。

中国大陆的法院为矩阵结构（见图2－1），纵向体系为在法院领导机构下设业务和综合职能部门，数个部门由某一位领导机构成员分管，形成院领导——分管领导—职能部门三级结构；横向体系为所有职能部门都负有业务、综合（信息报送宣传、考核）、党务职责等多重角色，与纵向体系交织。

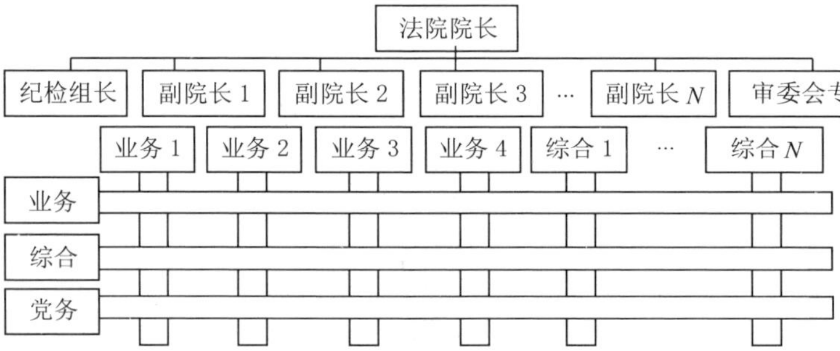

图 2－1 中国大陆法院组织结构

我国台湾地区的法院为职能式结构如图 2－2 所示，在法院领导机构之下根据职能划分法庭，办案的法官分属不同法庭。❷

美国联邦和州法院为网络结构如图 2－3 所示，法官之间各自独立，无明确职能划分，以审判事务为节点，数名法官临时组成合议庭，以团队式方式工作。❸

---

❶ 杨忠：《组织行为学：中国文化视角》，南京大学出版社 2013 年版，第 410 页。研究者广为引用的韦伯行政组织理论将组织结构分为扁平结构和科层结构，由于其不考虑组织与环境的关系，不足以解释司法组织类型的特点，本书仅在说明组织内部结构时采用。参见［美］彼得·布劳、马歇尔·梅耶：《现代社会中的科层制》，马戎，译，学林出版社 2001 年版。

❷ 据中国台湾地区“法院组织法”及“法官法”之规定，以及笔者对中国台湾地区两位地方法院法官的访谈（2013）。

❸ 亨利·J. 亚伯拉罕：《司法的过程》（第七版），泮伟江、宦盛奎、韩阳，译，北京大学出版社 2009 年版，第 101 页。

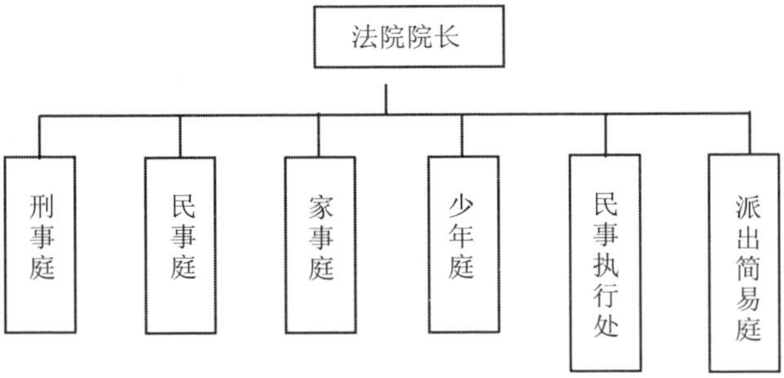

图 2 –2　中国台湾地区地方法院组织结构

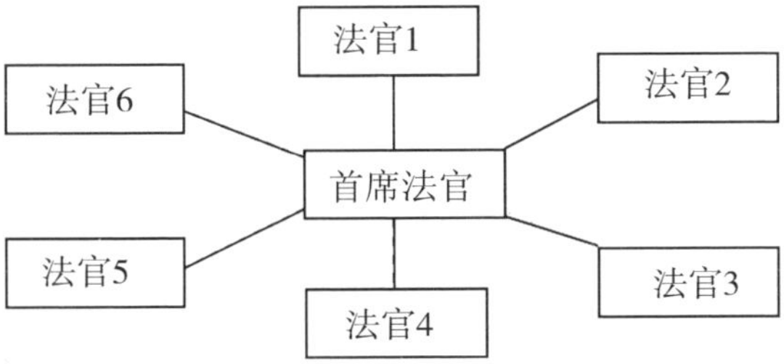

图 2 –3　美国法院组织结构

法国的法院系统较为复杂[1]，以其初审法院系统为例，仅从名称上来看，包括大审法院、小审法院、家事法院、轻罪法院、重罪法院、违警罪法庭、商事法院、儿童事务法庭等。但实际上家事法院、轻罪法院、儿童事务法院只是大审法院在管辖相应类型案件时的名称。违警罪法庭是小审法院管辖轻微犯罪案件时的名称。小审法院本身是大审法院的派出机构。商事法院则是由非职业法官组成的专门法院，亦受大审法院领导。重罪法院由上述法院根据审判需要临时组成的非常设机构。因而大审法院居于初审法院系统中心地位[2]，在不考虑派出的小审法院的情形下，组织结构为横向结构如图 2 –4 所示，下设职能部门只是名义上的划分，实质上是围绕审判流程建立可调整的结构，每个名义上的审判庭并没有固

---

[1] 关于法国法院系统及法官制度，均据 2015 年 4 月最新修订的《司法组织法典》(*Code De l' Organisation Judiciaire*)之规定，以及笔者于 2004 年 9 月至 2005 年 2 月在法国 Aix-en-provence 法院系统实习的经验知识。另参见金邦贵：《法国司法制度》，法律出版社 2008 年 10 月版。

[2] 大审法院，Tribunal de Grande Instance，管辖除法律特别规定之外的第一审案件。

定成员。

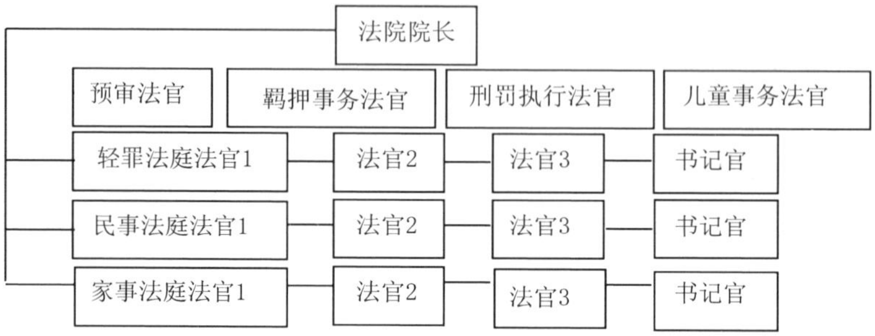

图 2－4　法国大审法院组织结构

司法组织中人的要素方面，法官选任制度有任命制、选举制两种大的类型。美国联邦法官选任为任命制。美国各州法官选任部分采用选举制，部分为任命制。美国联邦和州所采用的任命制没有基本资格条件的限制，选举制也有多种模式。[1] 中国台湾地区法官选任采用任命制，由相关主管部门根据事先确定的资格条件，通过考选或遴选任命。[2] 法国普通法院或司法法院[3]职业法官选任也采用任命制，但是提名名单基本上来自通过定额司法考试并在国家司法官学校研修合格者[4]，亦可称为考选制；其商事法院及劳动仲裁法院的非职业法官则采用选举制。中国大陆法官选任采用的也是任命制，虽然《法官法》规定各级法院院长由同级人大选举，但实质上是对执政党组织任命之确认。[5]

关于法官身份保障，美国联邦基于宪法设立的法官职位为任职终身制，美国采用选举制任命法官的州，其法官职位为确定每任年限的任期制，但普遍任期较

---

[1] 亨利 · J. 亚伯拉罕:《司法的过程》(第七版),泮伟江、宦盛奎、韩阳,译,北京大学出版社 2009 年版,第 21 页。

[2] 据中国台湾地区所谓“法官法”之规定。亦可参见蒋惠岭、杨奕:《台湾“法官”选任的“双轨制”》,《人民法院报》2014－7－10.

[3] 法国有两个法院体系(Duex Ordres De Juridictions),一为普通法院或司法法院体系(L' ordre judiciaire),另一为行政法院体系(L' ordre administratif)。

[4] 法国司法考试称为“Concours de la magistrature”,不同于律师资格考试,前者确定通过限额,后者则以及格论。据法国《司法官身份法》(*Loi Organique Relative Au Statut De La Magistrature*)。

[5] 刘忠:《条条与块块关系下法院院长的产生》,《环球法律评论》2012 年第 1 期,第 107 页。

长，也有不少州规定了任期制转为终身制的条件。❶ 法国普通法院体系的职业法官为任职终身制，商事法院等选举产生的非职业法官为任期制。中国台湾地区的法官均为任职终身制。中国大陆的法官职位，除各级法院院长、副院长的任期与同级党政机关每届任期对应外，采用的是不确定每任年限的任期制。

法院管理模式方面❷，主要有行政管理型、司法委员会型、司法自治型三种典型模式。法国和中国台湾地区为行政管理型模式，美国为司法自治型模式，中国大陆法院管理模式尚不能划归任何一种典型模式，可以称之为党政机关型管理。行政管理型和司法自治型模式均实行司法与行政事务分离，财政统一保障，人员分类管理。行政管理型模式在外部资源方面对行政权有一定的依赖性，但在法院内部管理方面也是自治的。

法院与检察院的关系方面，美国检察官隶属司法部，与法院系统为不同体系，司法程序由法官掌控。法国和中国大陆皆为司法机关，法国和中国台湾地区的检察院与法院合署办公但相互独立，中国大陆的检察机关单独设立，三地检察官与法官任职条件、职业保障等相同。❸

综上，美国联邦、美国各州、法国、中国大陆及台湾地区的法院组织类型，依照各要素之分类如表 2 -3 所示。

表 2 -3 法院组织类型之比较

地域	组织结构	法官选任	法官身份	管理模式
美国联邦	网络结构	任命制	终身制	司法自治型
美国各州	网络结构	任命制/选举制	终身制/任期制	司法自治型
法国	横向结构	任命制/选举制	终身制/任期制	行政管理型
中国大陆	矩阵结构	任命制	任期制	党政机关型
中国台湾（地区）	职能式结构	任命制（考选/遴选制）	终身制	行政管理型

法院组织类型各要素对组织行为会发生一定的影响。组织结构方面，网络结

❶ 亨利·J. 亚伯拉罕:《司法的过程》(第七版),泮伟江、宦盛奎、韩阳,译,北京大学出版社 2009 年版,第 43 页。

❷ 主要参考梁三利的研究中提出的法院管理模式类型,梁三利:《法院管理模式研究》,南京理工大学博士学位论文 2008 年,第 42 页。

❸ 据中国台湾地区“法官法”及法国《司法组织法典》(Code de l' organisation judiciaire)之规定。

构最为扁平化，横向结构较为扁平化但仍有科层制特征，在审判事务上通常以法官个体而非法院组织体的面貌出现；职能式结构有一定科层制特色，法院领导机构对普通法官负有更多监督职责，对外有法官个体和法院组织体双重面貌；矩阵结构中，科层制特征更为突出，且法院内部由于纵向和横向体系交叉，可能产生职能冲突，对外主要以法院组织体的面貌出现。[1] 法官选任制的影响方面，主要影响的是法官的独立性和可问责性之平衡[2]，选举产生的法官独立性较差，但有利于民主问责。[3] 法官身份保障方面，长而且稳定的任期有利于法官独立性的保障[4]，但会影响司法官对于社会需要的回应。[5] 法官独立性越强，对其职业操守的依赖度也就越高。法院管理模式而言，能否有效区分司法事务和行政事务，是影响法院职能的关键因素。[6]

中国大陆目前的法院以司法组织类型要素来看，远较典型司法组织类型复杂，或者说距离真正意义的司法组织类型较远，这也正是司法改革的动因和目标之一。《最高人民法院关于全面深化人民法院改革的意见——人民法院第四个五年改革纲要（2014—2018)》中明确提出："推动人民法院内设机构改革。按照科学、精简、高效的工作要求，推进扁平化管理，逐步建立以服务审判工作为重心的法院内设机构设置模式。"从改革方向来看，与中国台湾地区的路径有相当的吻合度；[7] 从远期目标来看，在官僚制传统之上建立司法体系的法国类型是一个更为可能的走向，即司法组织结构相对扁平化但仍保留科层制特征，法官选任采用考选任命制和遴选任命制结合的方式，法官拥有更稳定的任期，法官管理模式则采用司法实务和行政事务外部分离、人财物统一保障的行政管理型模式。

---

[1] 杨忠:《组织行为学:中国文化视角》,南京大学出版社 2013 年版,第 416－423 页。

[2] Antonina Peri, "Judicial Independence vs. Judicial Accountability: Judicial Selection Models for Constitutional Courts, a Comparative Analysis", 2012 Comparative Law Review, vol 3, No. 1, pp. 1－29

[3] 理查德·波斯纳:《法官如何思考》,苏力,译,北京大学出版社 2009 年版,第 127 页;巴拉克:《民主国家的法官》,毕洪海,译,法律出版社 2011 年版,第 92 页。

[4] 亨利·J. 亚伯拉罕:《司法的过程》(第七版),泮伟江、宦盛奎、韩阳,译,北京大学出版社 2009 年版,第 42 页。

[5] 刘孔中、王红霞:《台湾地区"司法改革"60 年:"司法独立"的实践与挑战》,《东方法学》2011 年第 4 期,第 69 页。

[6] 梁三利:《法院管理模式研究》,南京理工大学博士学位论文 2008 年,第 101 页。

[7] 刘孔中、王红霞:《台湾地区"司法改革"60 年:"司法独立"的实践与挑战》,《东方法学》2011 年第 4 期,第 69 页;苏永钦:《飘移在两种"司法"理念间的"司法改革"——台湾"司法改革"的社经背景与法制基础》,《环球法律评论》2002 年春季号,第 47 页。

三、司法考核目标之调整

基于对中国司法组织类型的可能变迁之分析，考虑到司法考核目标对司法组织类型之适应，前节以司法目标导向设定的司法考核目标应有适当调整。

参照司法改革路径更为接近的中国台湾地区对法院和法官的考核标准，“司法主管部门”2012 年修订的《各级法院、法官评核办法》[1] 之中，法官评核项目包括问案态度、诉讼程序进行情形、裁判质量、敬业精神、品德操守五项。同样 2012 年修订的《各级法院团体绩效评比办法》[2] 之中，“司法主管部门”考评项目包括审判绩效评比、行政绩效评比和综合评比三大项。其中审判绩效评比包括有折服率及上诉、抗告维持率，非常上诉撤销件数，调解或和解之成立件数及比率，迟延案件处理成效，法官平均未结件数，及其他有关审判事务之成效六项。行政绩效评比包括执行重要行政政策成效、行政革新与开创措施推行成效、其他有关行政事项之成效三项。有关主管部门及法官的考核标准还见于中国台湾地区“司法主管部门”2006 年起每年所做的《律师对“司法改革”成效满意度调查报告》[3]，该项调查将律师视为“在野法曹”，重视律师群体对各种制度改革、司法革新措施的办理情形的专业意见，作为检验司法改革成效的重要参考。由于该调查每年均会进行，既是对司法改革成效的评价，更是对法院和法官日常工作的评价，因而也是一种评估司法过程和司法官行为的信息来源，其采用的方法亦为绩效评价的方法，可以看作一种非正式的司法考核。其中与法官日常工作评价有关的具体调查项目包括便民措施、司法人事项目、审判过程与结果三大项，如表 2－4 所示。

---

[1] “各级‘司法主管部门相关工作人员’评核办法”，2012 年 7 月 5 日中国台湾地区“司法主管部门”订定发布。

[2] 《各级法院团体绩效评比办法》，2012 年 12 月 30 日“司法主管部门”院台人三字第 1000033479 号。

[3] 据中国台湾地区“司法主管部门”2014 年度《“律师”对“司法改革”成效满意度调查报告》。

表 2－4　中国台湾地区律师对司法改革成效满意度调查之项目

序号	便民措施	司法人事项目	审判过程与结果
1	单一窗口联合服务	法官多元进用管道	法官问案态度
2	律师电子笔录调阅	法官评鉴制度	法官中立倾听参讼者之必要陈述
3	法庭笔录计算机化	司法人员品德操守	开庭等候时间
4	便民查询服务	法院行政人员服务态度	案件结案速度
5	裁判费缴纳方式多样化	法院行政人员业务熟悉度	法官办案质量：法官判决理由充足；法律见解统一；法官量刑适当
6			审判独立

综合所谓法官评核、法院团体绩效评比和对律师进行调查的项目，中国台湾地区所谓“司法考核”的宗旨在于：首先，通过考核保证所谓法官的适任性，包括能力、态度、操守三个具体目标；其次，通过考核保证法院作为组织体的优良运作，包括审判绩效、行政绩效和综合情形三个方面；第三，通过考核促进公众对所谓“司法改革”的支持，包括便民措施等民意回应目标。

虽然经验表明享有独立性的司法系统更能维护社会正义和其他理想价值[1]，而司法独立本身也是一个相对概念。[2] 但对于中国司法机关而言，由于司法官操守记录不良[3]，公众对司法权的疑虑不断增强，因而在司法改革强调推动法院独立行使审判权和检察院独立行使检察权、司法组织类型变迁的背景下，有必要通过司法考核强化司法职业操守，虽然职业操守原本是司法官适应性的应有之义。据此，本章第二节司法目标导向所设定的司法考核目标之中，应当加入司法官职业道德之恪守情况，作为一项回应公众支持、提升司法公信力的司法考核目标。关于便民措施之提供，在中国为一贯司法政策，为各层级司法机关及司法官所重视，无需在司法考核中特别强调。调整的司法考核目标如表 2－5 所示。

---

[1] 巴拉克:《民主国家的法官》,毕洪海,译,法律出版社 2011 年版,第 92 页。

[2] 葛维宝:《法院的独立与责任》,葛明珍,译,《环球法律评论》2002 年春季号,第 7 页;康娜:《论我国国情下的最优司法独立度:一个制度经济学的视角》,《清华法学》2012 年第 3 期,第 118 页;龙宗智、李常青:《司法独立与司法受制》,《法学》1998 年第 12 期,第 34 页。

[3] 蒋超:《三十年来中国法官违法犯罪问题:一个统计分析》,《宁夏社会科学》2010 年第 4 期,第 9 页。

表 2－5　调整的司法考核目标

对象	司法考核目标	司法目标	司法改革需求
法院、检察院	工作量合理性与均衡度的控制	纠纷解决	—
	总体上对司法流程的遵守程度	规则治理	—
	司法信息公开	公众信任	—
	对司法官及辅助人员适任性的一般保证	公众信任	—
	对司法官职业道德的特别保证	—	公众支持
法官	在司法流程中行为的合法性	规则治理	—
	作出裁判之依据的正当与充分性	规则治理	—
	裁判结果的正当性与合理性	纠纷解决公众信任	—
	处理各类事项的态度	纠纷解决公众信任	—
	对于法官职位的适任性	公众信任	—
	对法官职业道德的恪守	—	公众支持
检察官	在司法流程中行为的合法性	规则治理	—
	作出终局性决定依据的正当与充分性	规则治理	—
	处理各类事项的态度	纠纷解决公众信任	—
	对于检察官职位的适任性	公众信任	—
	对法官职业道德的恪守	—	公众支持

根据对司法改革带来的司法组织类型变迁之适应，调整的司法考核目标，主旨仍然在于保障司法效能，实现司法目标，虽然更多考虑了公众的需要，但并非对民意的简单服从。毕竟中国大陆的司法机关最迫切的改革目标是使司法权回归司法的本质，而现代司法权的一个重要性质就是其并不直接向公众负责，不直接实现政治目标，而是通过司法行为实施法律以维护社会的规范秩序来向公众负责，通过司法行为维护宪法和法律确立的价值来实现政治目标。❶

第四节　小结

司法考核作为司法制度的组成部分，是司法组织法的内容，司法考核目标设定有赖于对司法运行秩序的考察，以及在此基础上对司法目标的分析和整合。同

❶ 巴拉克：《民主国家的法官》，法律出版社 2011 年版，第 92 页。

时，司法机关作为组织体，司法考核目标需要适应司法组织类型特点。

司法运行秩序表现为政策规则与法律规范交叠，政策规则优先的状况。司法机关组织和职能、司法程序运作、司法改革所依据的规则系统，形成了党的决议、政策先行，实践跟进，立法确认的模式。这种特征使得司法机关在国家权力体系中并无特殊性，其与行政机关一样，服膺党的各项组织原则和工作方式，实行行政包干制管理。作为行政包干制管理结果的多重司法考核体系，不可避免地带有公司化竞争的特点，司法考核的目标于是发生错置。

要设定合理的司法考核目标，需要从司法机关的组织类型出发，确定司法目标，并以之为导向，确定司法组织的考核目标。在政治语境中，应然的司法目标在设定上不能不对各个层面的期望有所回应。因而实践层面司法目标的整合，一方面是基于理想价值剥离不适当的期望，另一方面则是有限度地吸收合理的期望。司法目标之构成要素由是整合为规则治理、纠纷解决和公众信任。

司法目标要通过司法机关的各项具体职能实现。司法考核目标的重设，目的在于以执行层面的调整，保障司法核心职能的履行，从而保障司法目标的实现。由于司法目标已经包含了政治目标、民意等对司法机关的需要，司法职能实现司法目标的同时，也就实现了整合进司法目标的各种目标。因而司法考核的目标在于宪法和法律规定的司法职能本身的保障，而不是以司法考核促使将司法职能作为竞争工具去实现其他的目标。

基于司法目标之实现方式的司法职能所设定的司法考核目标，也有与司法组织类型之冲突与协调的问题。这一协调是依据司法组织类型之比较和较为接近的我国台湾地区实践之借鉴，根据对司法改革带来的司法组织类型变迁之适应，对司法考核目标作出的调整，在主旨上并不改变司法目标之导向。

第三章　司法考核目标之实现机制的效用分析

第一节　司法者行为的影响因素

一、司法者行为分析模型

司法考核目标的实现首先有赖通过合理的考核方式客观评估司法过程，其次要通过司法考核结果的运用实现其法律上的效果，本章讨论考核方式上如何实现司法考核的目标，司法考核目标实现机制的效用受哪些因素影响，如何才能选择有效的考核方式。

司法考核目标无论如何设定，最终指向司法者个体行为，因而合理考核方式的设定，必须从研究司法者个体行为入手，了解哪些因素将影响司法者行为，以及这些因素是怎样影响司法者个体行为的，司法者个体行为的动机是什么，对于司法考核方式的有效性而言起着决定性作用。而司法者个体是复杂的，有太多的环境变量，尽管劳伦斯·鲍姆和波斯纳的研究汇总并发展了解释司法者行为的模型[1]，将之用于分析不同社会文化背景、不同政治制度和司法制度中司法者的行为，仍可能不匹配。但以笔者视野所及，并没有更好的选择，因而本书以劳伦斯·鲍姆和波斯纳的研究所发展的司法行为模型为基本分析工具，根据国情略加调整，以司法机关公布的信息、已有研究中的实证资料和笔者调查所得资料为素材，解释中国司法者个体行为的影响因素。

---

[1] 劳伦斯·鲍姆:《法官的裁判之道:以社会心理学视角探析》,李国庆,译,北京大学出版社2014年版,第1－27页;理查德·波斯纳:《法官如何思考》,苏力,译,北京大学出版社2009年版,第17－52页。

劳伦斯·鲍姆在《法官的裁判之道：以社会心理学视角探析》中主要采用的方法正如书名的提示[1]，是从司法者与受众关系的角度，分析司法行为，司法者的受众包括同事、公众、其他政府部门、社会和专业群体、政策群体和新闻媒体。结合波斯纳在《法官如何思考》中提出的分析方法，可以归纳分析司法行为的波斯纳－鲍姆模型为：第一，将法官作为劳动力市场参与者的变量，或称为劳动收益变量，影响因子包括薪水、闲暇、获得尊崇或荣誉感、内在满足或成就感；第二，法官制定规则偏好变量，区分作为偶尔立法者和立法性法官，影响因子包括法条主义、能动主义；第三，司法环境变量，影响因子包括选任、任期、晋升、评估；第四，司法方法变量，影响因子包括规则治理、实用主义；第五，受众关系变量，影响因子即为劳伦斯·鲍姆提出的司法者与各类受众的关系。

波斯纳－鲍姆模型中的变量及影响因子，即便以面向接近未来的眼光来看，部分仍然并不契合中国司法机关的情况。例如，以法官制定规则的偏好变量，与司法方法变量，二者对于司法方法并未精细化的大多数司法者而言，并无多少差异。又如受众关系变量的影响因子，即司法者的受众之中，由于中国非政府主导的社会组织发展不充分，公众和社会几乎同义，公众和媒体则是一种双重互动的状态。[2] 考虑这些因素，对波斯纳-鲍姆模型做一调整，得到司法行为分析模型如表3－1所示。

表3－1　司法行为分析模型

变量	影响因子			
劳动收益	薪水	闲暇	荣誉感	成就感
司法环境	选任	任期	晋升	评价
司法方法	规则治理	实用主义	—	—
受众关系	同事	其他机关	专业群体	公众及媒体

司法行为分析模型中各个影响因子对于司法者行为的作用包括正向作用、负向作用和无明显作用三种形态，正向作用是指对司法者行为合乎司法目标有促进

[1] 原书名为“Judges and Their Audiences：A Perspective on Judicial Behavior”直译应为“法官及其受众：司法行为的一个视角”。

[2] 张盛：《双重互动：媒介化社会的舆论新表征》，《新闻传播》2013年第6期，第15页。

作用，负向作用是指对司法者行为合乎司法目标有不利影响，无明显作用是指没有表现出对司法者行为与司法目标关系的影响。各变量和影响因子之间互有关联，例如司法方法变量与司法环境、受众关系变量相关，有实用主义司法方法偏好的司法者个体，其偏好可能来自公众意见的影响，也可能来自司法环境中评价因子的影响。又如劳动收益变量与司法环境变量的关系，司法者个体的成就感偏好，可能受晋升、评价等因子的影响。这一分析模型能够呈现的是司法者个体的行为受哪些因素影响，以及各个影响因素大致的权重排序，是经验的而非数理的。

二、司法者行为影响因素总体分析

对司法者个体行为进行总体分析，意在揭示司法者个体行为影响因素的基本共性特征，所使用的主要分析素材为最高人民法院发布的四个五年改革纲要和最高人民检察院发布的三个五年工作规划等司法改革文件，辅之以已有研究中的实证材料和司法机关发布的其他材料。选取最高人民法院和最高人民检察院的司法改革文件为主要分析素材的理由在于：首先，法官和检察官人数众多，迄今并未有能够覆盖全部样本的司法行为实证调查资料，而最高人民法院和最高人民检察院的司法改革文件在制定过程中所实施的调研，覆盖了所有行政区划，能够反映司法机关总体情况；其次，司法改革文件中虽然有大量宏观方向性的政策表述，但提出的具体问题和具体改革方案则是基于各地各层级实际情况的共性，并且作为全域性的改革方案，针对的是重要的共性问题，因而适于作为分析司法制度实存现象的素材；最后，材料的可靠性，相关部门的绩效表达习惯而言易于夸大成绩而淡化问题，因而在正式文件中提出的问题通常具有较高的可靠性。

分析采用从局部到整体的方法，先以司法行为分析模型中的单个变量为线索，分析各个影响因子的相对权重和相互作用。分析各个变量的相对权重和各影响因子的作用形态，得出司法者个体行为影响因素的共性特征。

第一，劳动收益变量对司法者个体行为的影响。最高人民法院和最高人民检察院发布的司法改革文件文本中，提及劳动收益变量的薪水、闲暇、荣誉感三个影响因子，没有明确提到成就感影响因子，具体分布如表3－2所示。

表 3-2 最高人民法院和最高人民检察院司法改革文件中的劳动收益变量

司法改革文件	影响因子	内容
法院第一个五年改革纲要（1999—2003）	薪水	难以抵制拜金主义等腐朽思想的侵蚀
	闲暇	充实审判部门，行政管理部门富余人员做好分流工作
检察工作五年发展规划（1999—2003）	薪水	拜金主义的冲击仍然存在；争取提高工资待遇和津贴标准，创造条件解决人身保险、医疗、住房、子女入托入学等方面的实际困难
法院第二个五年改革纲要（2004—2008）	薪水	推动适合法官职业特点的医疗保障和工资、福利、津贴制度的建立和完善，逐步提高法官待遇
法院第三个五年改革纲要（2009—2013）	薪水	研究制定有利于稳定基层法官队伍的工资制度，完善法官定期增资制度；统筹解决岗位津贴、办案津贴和加班补助；适当提高法官因公牺牲、伤残的抚恤标准，制定患重病法官的生活补助办法
十二五时期检察工作发展规划纲要（2011—2015）	薪水	协调出台有利于稳定检察队伍、稳定基层的政策，规范检察人员职业津贴补贴和福利保险制度
	闲暇	积极争取增加检察机关人员编制，使一些地方人少案多、编制紧张的问题得到明显缓解
关于深化检察改革的意见（2013—2017）	薪水	建立检察官专业职务序列及与其相配套的工资制度，完善检察人员工资、津贴补贴和福利保险体系
	荣誉感	适当提高检察人员特别是基层检察院人员职级比例
关于全面深化人民法院改革的意见（2014—2018）	薪水	研究建立与法官单独职务序列配套的工资制度
	荣誉感	明确授予法官、审判辅助人员不同类别荣誉的标准、条件和程序，提升司法职业尊荣感和归属感

从分布来看，在劳动收益变量中，薪水因子占据最多篇幅，最高人民法院和最高人民检察院的每一份司法改革文件中均作为专项问题阐述；与闲暇因子有关的工作负担在法院和检察院司法改革文件中各有一次提及；荣誉感因子在最近的文件中作为法官检察官的职业保障措施提出。就影响因子本身而言，荣誉感和成就感两个因子具有内在性的特点，其对司法者个体行为的影响始终是积极的[1]，这里主要分析其与薪水因子的关系。

[1] 司法职业的最主要特征是自治性，合乎职业伦理的司法者，荣誉感和成就感是自我认同要素。劳伦斯·鲍姆：《法官的裁判之道：以社会心理学视角探析》，李国庆，译，北京大学出版社 2014 年版，第 45 页。

从表述来看，司法者个体的收入保障在近 20 年处于较低的状况，诸如岗位津贴、加班补助等基本待遇都需要在司法改革文件中专项提出。虽然追求薪水的偏好不应当是司法者职业的特征❶，但薪水低于满足基本需要的程度，荣誉感和成就感两个因子的正向作用就会减弱甚而失效，也会催生更多的闲暇偏好。因而薪水作为影响因子直接关系到司法官的职务廉洁性和流动性，从而对闲暇、荣誉感、成就感三个因子发生作用。由于薪水的供给尚且无法使司法者个体产生基本的成就感，因而造成两个直接的影响，其一是队伍不稳定，而队伍不稳定的表现形式是司法官离职或选择调动至收入较高或较为闲暇的部门❷，间接导致留任者工作负担加重，薪水和闲暇因子冲突加剧，进一步影响成就感因子；其二是司法者个体放弃对荣誉感的追求，进行权力寻租以弥补薪水不足带来的不满足❸，间接导致司法者群体声誉降低，荣誉感因子在劳动收益变量中的权重降低。❹ 20 世纪 80 年代以来法官违法犯罪情况表明，获得经济利益是司法者违背职务廉洁性的主要动机，而域外同行的违法犯罪则集中于性侵害、滥用职权等情形。❺ 当薪水提高到不对成就感产生负面影响的程度时，荣誉感和成就感两个影响因子的权重会上升，而从司法机关工作负担的增长情况和员额制改革的方向来看，司法官的工作量总体上大于其他法律专业群体，因而司法官职业对于具有较高闲暇偏好的人不会有太大吸引力，闲暇因子常态情形下对司法者个体行为影响不大。❻

第二，司法环境变量对司法者个体行为的影响。最高人民法院和最高人民检察院发布的各个司法改革文件文本，均涉及司法环境变量中除任期以外的影响因子，且有较大篇幅。各个司法改革文件文本涉及司法环境变量的内容同质性较高，而新近的司法改革文件中才加入了任期因子的相关内容，对于司法环境变量仅以 2014 年发布的两个文件为例予以说明，具体如表 3－3 所示。

---

❶ 理查德·波斯纳:《法官如何思考》,苏力,译,北京大学出版社 2009 年版,第 147－160 页。

❷ 艾佳慧:《社会变迁中的法院人事管理——一种信息和知识的视角》,北京大学博士学位论文 2008 年,第 48、69 页;吴国平:《法官流失现象及其应对》,《福建行政学院学报》2015 年第 3 期,第 56 页。

❸ 何远琼:《站在天平的两端——司法腐败的博弈分析》,《中外法学》2007 年第 5 期,第 581 页。

❹ 艾佳慧:《社会变迁中的法院人事管理——一种信息和知识的视角》,北京大学博士学位论文 2008 年,第 50 页。

❺ 蒋超:《三十年来中国法官违法犯罪问题:一个统计分析》,《宁夏社会科学》2010 年第 4 期,第 9 页。

❻ 沈国明:《司法改革应设定阶段性目标》,《东方法学》2014 年第 5 期,第 105 页。

表 3-3　最高人民法院和最高人民检察院司法改革文件中的司法环境变量

司法改革文件	影响因子	内容
关于深化检察改革的意见（2013—2017）	选任	根据检察院不同层级，设置检察官不同的任职条件。提高初任检察官的任职年龄、法律工作年限。初任检察官统一招录，一律在基层检察院任职。完善将优秀专业法律人才选任为检察官的制度
	晋升	健全检察官有序交流、逐级遴选机制。上级检察院的检察官一般从下一级检察院的优秀检察官中遴选
	任期	非因法定事由，非经法定程序，不得将检察官调离、辞退或者作出免职、降级等处分
	评价	建立严格规范的案件受理、办理、管理工作机制，完善案件流程监控、质量评查工作机制。完善检察业务考评机制
关于全面深化人民法院改革的意见（2014—2018）	选任	针对不同层级的法院，设置不同的法官任职条件。初任法官由高级法院统一招录，一律在基层法院任职。提高初任法官的任职年龄。完善将优秀专业法律人才选任为法官的制度
	晋升	建立上级法院法官原则上从下一级法院遴选的工作机制
	任期	非因法定事由，未经法定程序，不得将法官调离、辞退或者作出免职、降级等处分
	评价	完善法官业绩评价体系。建立科学合理、客观公正、符合规律的法官业绩评价机制，完善评价标准，将评价结果作为法官等级晋升、择优遴选的重要依据

上述涉及司法环境变量的内容都是对于未来制度建构的展望，如果四个影响因子相关机制能够同步实现，即具有相对确定的选任、晋升条件和程序，长而且稳定的任期，合理的评价机制，则大体上是法国等大陆法系国家和地区职业制司法的情形，司法环境变量对司法者个体行为的影响应当与波斯纳的描述一致，即晋升偏好是其中最主要的影响因子，但晋升条件也是确定的、可预期的，评价因子与其正相关，选任和任期因子的作用主要是维持司法者个体行为稳定可预期。❶ 而从相反的角度理解上述内容，则可以推知，目前司法环境变量的四个影响因子均不规范、不确定、缺乏保障，在此情形下，各个影响因子的相对权重和相互关系就变得较为复杂。可以合理推知的是，直接影响司法者个体职业身份的晋升和任期因子具有更高的权重。❷

第三，司法方法变量对司法者个体行为的影响。最高人民法院和最高人民检察院

❶ 理查德·波斯纳:《法官如何思考》,苏力,译,北京大学出版社 2009 年版,第 117-146 页。

❷ 钱峰:《法官职业保障与审判独立》,《法律适用》2005 年第 1 期,第 51 页。

发布的各个司法改革文件文本，均涉及规则治理和实用主义因子，同时强调对法律的遵守和对司法行为效果的追求，并且都较少提及具体问题。但从词频来看，有关规范化、法治化的表述更多，因而合理的解释是司法方法变量的两个影响因子之中，实用主义因子权重更高，司法者个体行为总体来看更偏向于追求结果意义上的效果，而司法改革文件更强调规范化、法制化的原因是过度实用主义不利于司法目标的实现。

第四，受众关系变量对司法者个体行为的影响。最高人民法院和最高人民检察院发布的各个司法改革文件文本，均涉及受众关系变量的各个因子，且占据篇幅越来越多，对于受众关系变量仅以 2014 年发布的两个文件为例予以说明，具体分布如表 3－4 所示。

表 3－4　最高人民法院和最高人民检察院司法改革文件中的受众关系变量

司法改革文件	影响因子	内容
关于深化检察改革的意见（2013—2017）	同事	建立法院内部人员过问案件的记录制度和责任追究制度
	其他机关	推动建立领导干部干预审判执行活动、插手具体案件处理的记录、通报和责任追究制度
	专业群体	保障律师依法执业，形成检察机关与律师良性互动关系。对律师提出的申诉、控告，及时审查办理，纠正妨碍、侵害律师依法行使诉讼权利的行为。规范检察人员与律师、中介组织的接触、交往行为
	公众及媒体	实现应当公开的生效裁判文书统一在中国裁判文书网公布。对于应当公开审理，且受社会关注的案件，优先安排与申请旁听者数量相适应的法庭开庭。有条件的审判法庭应当设立媒体旁听席，优先满足新闻媒体的旁听需要
关于全面深化人民法院改革的意见（2014—2018）	同事	明确上级检察院对下级实施领导的途径及方式，严格区分内部行政管理权与司法职权的界限。建立检察机关内部人员过问案件的记录制度和责任追究制度
	其他机关	建立领导干部干预司法活动、插手具体案件处理的记录、通报和责任追究制度
	专业群体	禁止对律师进行歧视性安检，为律师依法履职提供便利。依法保障律师履行辩护代理职责，落实律师在庭审中的诉讼权利。对于律师依法提出的辩护代理意见未予采纳的，应当在裁判文书中说明理由。规范法院人员与律师、中介组织的接触、交往行为
	公众及媒体	依托现代信息技术手段，畅通公开渠道。完善意见收集机制，探索建立社会监督转化为内部监督的工作机制。完善与新闻媒体的良性互动机制，推动落实新闻发布制度化

从上述司法改革文件有关受众关系变量内容表述来看，同事（包括上级）和其他机关两个影响因子由于拥有干预司法行为的能力或权力，反映获得有权力者认同的偏好，因而占有绝对权重。专业群体之中的律师既是不可或缺的诉讼参与人，也是司法腐败博弈中的重要角色[1]，其与司法者个体的关系也颇为重要，但是这种关系表现为互动型影响关系，即律师的诉讼权利需要司法者行为维护，律师对司法程序事项的配合有助于司法者推进司法流程。一些法律学者亦担任诉讼代理人，双重角色之下，学术批评可能失去中立立场，形成对司法者行为的负向作用力。[2] 公众和媒体主要被看作信息公开和法律宣传的对象，虽然也提到互动和监督。媒体与司法的关系近年来渐受关注，但实际上媒体与司法信息不对称[3]，权力亦不对称[4]，直接影响司法者行为的能力有限。考虑到媒体的特殊属性，合理的解释应当是，媒体报道对一些案件的影响实际上是首先影响了有能力干预司法活动的主体，而后间接影响了案件的走向。至于公众意见对于司法者行为的影响，表现为间接性，也就是通过媒体实现，实际上还是通过影响有能力干预司法活动的主体间接影响司法行为。[5] 公众及媒体影响因子对于司法者个体行为而言还有一重意义，即司法者个体有获得公众及媒体正面评价的偏好。[6] 因此，受众关系变量对司法者个体行为的影响，同事和其他机关两个因子是干预型影响，专业群体和公众及媒体两个因子是互动型影响，从权重来看，远远低于前两个因子。

综观劳动收益、司法环境、司法方法、受众关系四个变量的相对权重，以其相关内容在最高人民法院和最高人民检察院的司法改革文件中所占篇幅而言，司法环境变量居于首位，受众关系变量次之，再次为劳动收益变量，最后是司法方法变量。再看各个影响因子对司法者行为的作用形态，除司法方法变量中两个影响因子无明显作用之外，其余影响因子皆根据其状态的不同而有明显的正向或负向作用，如表 3－5 所示。每个影响因子后面的“＝”表示无明显作用，“＋”表示正向作用，“－”表示负向作

---

[1] 何远琼：《站在天平的两端——司法腐败的博弈分析》，《中外法学》2007 年第 5 期，第 564 页。

[2] 如孟勤国《法官自由心证须受成文法规则的约束——最高法院（2013）民申字第 820 号民事裁判书研读》（《法学评论》2015 年第 4 期）一文对该案三级法院激烈批评，由于孟勤国正是该被最高法院驳回再审申请的案原一二审案件（浙江高院〔2011〕浙商终字第 62 号判决书和绍兴中院〔2011〕浙绍商初字第 24 号一审判决书）败诉方的代理人，因而该批评文章引发关于作者立场中立性的争议。

[3] 孙笑侠：《公案的民意、主题与信息对称》，《中国法学》2010 年第 3 期，第 136 页。

[4] 徐迅：《中国媒体与司法关系现状评析》，《法学研究》2001 年第 6 期，第 149 页。

[5] 苏力：《法条主义、民意与难办案件》，《中外法学》2009 年第 1 期，第 93 页。

[6] 徐迅：《中国媒体与司法关系现状评析》，《法学研究》2001 年第 6 期，第 149 页。

用；有两个符号的，“/”之前的符号表示该项影响因子对应的制度处于较好状况的作用形态，之后的符号表示该项影响因子对应的制度处于不良状况的作用形态。

表3－5　司法行为影响因子的作用形态

变量	影响因子及作用形态			
劳动收益	薪水＝/－	闲暇＝/－	荣誉感＋	成就感＋
司法环境	选任＋/－	任期＋/－	晋升＋/－	评价＋/－
司法方法	规则治理＝	实用主义＝/－	—	—
受众关系	同事＝/－	其他机关＝/－	专业群体＋/－	公众及媒体＋/－

三、司法者行为影响因素个案分析

个案分析的目的在于对总体分析的结果予以验证，选取法院和检察院发布的典型事例和案例为素材，从个案的角度探求司法行为分析模型中各个变量和影响因子的作用，特别是在总体分析中不明确或未涉及的因素的作用。

（一）一份“伟大”判决书中的司法者行为影响因素

2014年10月16日G省H市H区法院对一起盗窃案作出一审判决，该案经检察院抗诉并撤诉，最终生效的判决书于2015年6月发布至中国裁判文书网，迅速引发法律职业群体关注，在广泛的评论与传播过程中被称为“伟大的判决”。该案被告人于某水使用ATM存款遇到机器故障，款项实际未存入而账户已发生存入变动，与2007年同样发生在G省的极具争议的“许霆案”案情有相似之处，该案件引发社会关注。H区法院审理该案时由院长担任审判长组成合议庭，判决书也由法院院长亲自撰写。判决书结合学界对类似案件的探讨，分析了罪与非罪、此罪与彼罪的理论问题，最后在披露合议庭的真实思考的基础上，以极具个性的“最后说明”带出了判决主文。由于该案审判过程及判决结果，以及判决书强烈的人文关怀和个性色彩，在传播过程中不断被加上各种美誉，最具代表性的和传播最广美誉为“伟大的判决”。评论该判决书可以有许多视角[1]，本章关注的是法官在本案审理裁判过程中，

---

[1] 例如对其论证过程进行评论的视角，如唐文金：《“最伟大判决”的瑕疵批判》，正义网-法律博客2015年6月6日，http://tangwenjin.fyfz.cn/b/855069，最近访问日期2017－8－24。

哪些因素影响了其行为。

从判决书文本来看，不同寻常因而引发关注之处有如下几点：第一，对案件涉及法律问题的学术讨论，参照了法律学者观点和同类案件判决；第二，公开了法官及合议庭的真实思考；第三，带有法官个性色彩的说明；第四，大量采用用“我们”而非常规的“本院”指称合议庭。经媒体关注采访后进一步披露的信息有：第一，审判长的身份是H区法院院长；第二，判决书撰写耗费的时间为三天；第三，判决意见最终形成的多方参与，讨论咨询对象包括法院同事、业内专家、上级院法官；第四，审判长审理裁判的“心路历程”，重视法官职业荣誉，注重裁判文书的价值，写出满意的判决书有成就感；第五，不因检察院抗诉而感到尴尬。❶

从媒体报道的评论中反映的法官的看法中，提取出普通法官如果同样审理该案并同样作出判决的行为假设：第一，普通法官办案负担重，无法对每一份判决书倾注太多精力，可能导致超期，而且如果过度偏重某一份判决，可能对其他当事人不公平；第二，判决书吸收学者意见、同事意见等，学者和同事却不能对案件结果负责；第三，裁判文书层层审批，普通法官并没有撰写个性判决书的自由度；第四，普通法官写的判决书如果引发大量舆论关注和争议，考评对该法官的评价不会是正面的；第五，普通法官如果不考虑检察院抗诉，最终判决被上级推翻，在考评中要被扣分。❷

以司法行为分析模型对裁判书文本信息和媒体披露信息做一梳理，该案审理裁判中司法者行为的影响因子包括受众关系变量中的同事、其他机关、专业群体、公众及媒体四个影响因子，劳动收益变量中的成就感影响因子，以及司法环境变量中的评价影响因子。而将审判长由法院院长替换为普通法官进行假设，则影响因子及其作用形态会发生改变，对比情形如表3－6所示。其中差异的影响因子和作用形态，实质上主要显示了司法环境变量和受众关系变量中干预型影响因子对没有行政权力的普通司法者的作用力，也验证了这些变量和影响因子的权重。对于普通法官而言，院长的意见就成为上级意见，与同事的讨论也受相对低位的影响，判决书的个性风格并不受鼓励，学者观点如果上级不支持也不会带来加分，检察院可能提起抗诉是一个风险因素。大部分法官都是普通法官，从审判工作负担来看，绝大多数

❶ 罗坪：《一份稀缺判决书面世的庭前幕后》，《羊城晚报》2015－6－15；尚黎阳、陈捷生：《“惠州许霆”案审判长万翔谈万字判决书：写到满意处会不禁拍自己大腿》，《南方都市报》2015年7月15日。

❷ 《论“最牛刑事判决书”》，正义网-评论频道2015年6月10日，http://www.jcrb.com/opinion/srj/niu/201506/t20150610_1515401.html，最近访问2017年7月31日。

案件是由普通法官处理的，因而关于普通法官的假设更合乎实际情形，即受众关系变量各个影响因子很容易表现为负向作用形态。而院长担任审判长并花较长时间撰写长篇判决书则提供了一个更为理想的状态之样本，即涉及的影响因子大多作用形态为正向的样本。

表3-6　"伟大判决书"中的司法者行为影响因素

"伟大判决书"中的司法者行为			普通法官同样审判的假设	
司法者行为	影响因子	作用形态	影响因子	作用形态
判决书中学者观点参与	专业群体	正向	专业群体	正向/负向
院长的意见	评价	正向	同事（上级）	负向
与法院同事的讨论	同事	正向	同事	负向
与上级法院法官的讨论	同事	负向	同事（上级）	负向
对判决书的重视	公众及媒体	正向	公众及媒体	正向
判决书的个性风格	公众及媒体	正向	评价	负向
内在成就感的追求	成就感	正向	成就感	正向
判决书撰写耗费三天	评价	正向	评价	负向/正向
不考虑检察院抗诉	其他机关	正向	其他机关/评价	正向/负向

（二）法官、检察官典型事迹宣传中的司法者行为影响因素

评选先进人物是司法机关考核奖励司法官的方式之一，宣传其典型事迹则旨在引导司法者行为。最高人民法院和最高人民检察院对法官、检察官典型事迹的宣传，其宣传角度和关键词选择一方面体现了最高司法机关对模范司法者行为的观点，另一方面从中也可分析出司法者行为的影响因素。《人民法院报》《检察日报》《法制日报》等专业报纸，中国法院网"法官风采"栏目、最高检察院网站"先进英模"栏目，以及有法治栏目的其他媒体是典型事迹宣传的主要媒介，笔者选取其中具有典型性的8名法官和法院系统评选的"最美基层法官"的宣传，以及对检察系统全国先进工作者的报道，提取其中的宣传关键词，如表3-7所示。

表3-7 法官、检察官典型事迹宣传中的关键词

人物	机构	层级	宣传关键词
邱波❶	法院刑庭	中级	大案要案、铁案、依法裁判、不畏权势、人性关怀
杜文华❷	法院民庭	基层	坚守多年、甘受清贫、知农事民情
刘润荔❸	法院民庭	中级	执着调解、利人利己、审判绩效提升
李蕊❹	法院行政庭	高级	无超审限、无被改判或发回重审、不偏向行政机关、调研文章高质量
白雪茹❺	法院副院长	基层	调解率高、无错案、无超审限、无上访、廉洁奉公
闫胜义❻	派出法庭	基层	多次放弃晋升、无错案、无被改判或发回重审
刘国峰❼	法院执行庭	基层	业务熟练技巧高超、廉洁自律、情系百姓
曾娟❽	法院立案庭	基层	亲民、专注、当事人信任
最美基层法官❾	法院	基层	扎根基层、公正司法、有口皆碑、清正廉洁、工作务实、甘于奉献
检察系统全国先进工作者❿	检察院	各级	指导办理千余件案件无差错、每个案子都要办成"样板案"、公诉无一错案无一被改变定性、立案侦查案件有罪判决率100%、审查批准逮捕决定逮捕准确率100%、公而忘私坚守岗位、耐心对待上访人、信访零积案、不徇私情不谋私利、办理的案件百姓心服口服

❶ 郭京霞、赵岩、宋渊智、郝韬:《面对强势不低头 面对弱者不转身——铁案法官邱波的办案故事》,《人民法院报》2014年9月14日;李宁、张楠:《刘志军案法官:作为法官,审案子时要客观》,《新京报》2014年9月13日。

❷ 王瑶:《29年的信念坚守——记云南省保山市隆阳区人民法院杜文华法官》,中国法院网2014年10月29日,http://www.chinacourt.org/article/detail/2014/10/id/1470359.shtml,最近访问日期2017年8月24日。

❸ 陈小康、陈娅梅:《温润白开水——记重庆一中院民四庭法官刘润荔》,《人民法院报》2015年3月24日。

❹ 韩宇:《辽宁高院法官李蕊:行政案件没有官民之分》,《法制日报》2015年2月15日。

❺《白雪茹:献身事业服务人民 惩恶扬善维护正义》,中国法院网2015年2月4日,http://www.chinacourt.org/article/detail/2015/02/id/1546123.shtml,最近访问日期2017年8月24日。

❻ 周小云:《河南兰考法官扎根基层27年 多次放弃晋升机会》,中国法院网2014年8月4日,http://www.chinacourt.org/article/detail/2014/08/id/1365043.shtml,最近访问日期2017月8月24日。

❼《满腔热血为百姓 一身正气赴执行——记河北霸州市人民法院法官刘国峰》,中国法院网2015年2月10日,http://www.chinacourt.org/article/detail/2015/02/id/1553924.shtml,最近访问日期2017年8月24日。

❽ 陈小康、刘健、丁懿、汪奇权:《被当事人信任的感觉很好》,《人民法院报》2014年7月31日。

❾ 徐隽:《"最美基层法官"是怎样炼成的》,中国法院网2014年6月26日,http://www.chinacourt.org/article/detail/2014/06/id/1325920.shtml,最近访问日期2017年8月23日。

❿ 徐盈雁、徐日丹:《检察系统"全国先进工作者"事迹报道(一)》,《检察日报》2015年5月5日;徐盈雁、王丽丽、王地、贾阳:《检察系统"全国先进工作者"事迹报道(二)》,《检察日报》2015年5月6日;贾阳、徐盈雁、王海声、王丽丽:《检察系统"全国先进工作者"事迹报道(三)》,《检察日报》2015年5月7日。

以司法行为分析模型分析这些事迹宣传关键词，其指向的影响因子包括劳动收益变量中的薪水、荣誉感和成就感三个因子，司法环境变量中的晋升和评价两个因子，司法方法变量的规则治理和实用主义两个因子，受众关系变量中的同事、其他机关、公众及媒体三个因子。各个变量中影响因子的作用形态如下：第一，劳动收益变量影响因子的作用形态。大多典型事迹宣传特别是基层司法官事迹宣传中提到甘于清贫、甘于奉献、多年坚守等情节，说明薪水因子的作用形态是负向作用，这些模范人物能够坚守的原因主要是荣誉感和成就感两个因子的正向作用。第二，司法环境变量影响因子的作用形态。典型事迹宣传中将放弃晋升机会作为不寻常的行为，可以推知晋升偏好是司法官更为普遍的取向，多数宣传中提到模范司法官职务晋升是作为其优良业绩的回报，在晋升条件程序设定合乎司法目标的情形下，晋升因子应为正向作用形态。业务绩效也是典型事迹报道中极具共性的部分，涉及评价因子的作用，报道中可以推知的是，司法官普遍追求良好的业务绩效评价，在评价方式合乎司法目标的情形下，评价因子也应当是正向作用形态。第三，司法方法变量影响因子的作用形态。典型事迹宣传中强调严格依法的规则治理和强调司法效果的实用主义偏好同时存在，基层司法官更具有实用主义偏好，较高层级司法机关的司法官则更具有规则治理偏好。第四，受众关系变量影响因子的作用形态。清正廉洁在各个典型事迹报道中均被提及，具体表现为不畏权势不谋私利，能够顶住各种压力拒绝各种利诱，公正司法。将清正廉洁这一司法官职业操守的应有之义作为模范行为强调，说明受众关系中的各种压力和利诱对司法行为有较强的负向作用力。至于公众及媒体因子，较之较高层级司法机关的司法官来说，对于基层司法官的作用力更大，表现为基层司法官需要更多回应公众意见，更多考虑服务公众需求，也更在意公众对其行为的认可。

分析可知，法官、检察官典型事迹宣传中体现的司法者行为影响因素与总体分析的结果基本一致，可以验证司法者行为影响因素总体上的共性特征。法官、检察官离职事件中体现的司法者行为影响因素也可以作为这一共性特征的印证，工作压力大、待遇相对低、晋升空间小、缺乏职业保障、职业荣誉感降低是法官、检察官离职的主要原因，相对于薪水，晋升空间和职业荣誉感是更为主要的因素。[1]

综合司法者行为影响因素的总体分析和个案分析，包括选任、晋升、任期、评价在内的司法官职业保障，以及有能力干预司法权运行的受众关系因素，是影响司法者行为的主要外部因素，成就感和荣誉感则是在外部因素不尽如人意的情形下，司法官坚守职业的内在动因。

第二节　司法行为的动机理论分析

一、司法者行为影响因素的动机理论分析

为什么相对于薪水，司法官更在意晋升机会和职业成就感、荣誉感？为什么在职业保障水平较低的情况下，会有大量的司法官出于职业荣誉和成就感坚守岗位？如果将司法机关作为一个组织来看，司法目标就是这个组织的整体目标，司法官为实现司法目标而付出的努力的强度、方向和持续性的体现，就是司法者行为的动机。[2] 当代动机理论显示，个人目标、个人努力、个人绩效、组织奖励之间，是相当复杂的反馈关系，[3] 如图 3－1 所示，有三条基本的反馈回路和若干影响因素。第一条回路是个人努力—高成就需求—个人目标回路，其中关键要素是高成就需求；第二条回路是个人努力—工作设计—个人目标回路，其中关键要素是工作设计；第三条回路是个人努力—个人绩效—组织奖励—个人目标回路，在每两个要素间又有各自的影响因素，个人努力—个人绩效关系受能力和客观的绩效评估系统之影响，个人绩效—组织奖励关系受强化理论和绩效评估标准之影响，组织奖励—个人目标关系受主导需求之影响，此外，机会和组织公平也在其中发挥作用。

---

[1] 董柳：《司改提高待遇反而迎来法官离职潮 钱并不是主要问题》，《羊城晚报》2015 年 5 月 18 日；孙毅：《自认为收入低工作累尊严少 基层法官现离职潮》，《北京晚报》2015 年 1 月 7 日；孙静：《为何法官在新一轮司法改革来临前掀辞职潮？》，《北京青年报》2014 年 7 月 20 日；李天琪：《一位辞职青年检察官的纠结》，《民主与法制》2015 年第 19 期，第 26 页；高四维：《“出走”检察院》，《中国青年报》2015 年 4 月 3 日；傅达林：《要让优秀的法官检察官安心留下来》，《中国青年报》2015 年 4 月 14 日。

[2] 斯蒂芬·P. 罗宾斯、蒂莫西·A. 贾奇：《组织行为学》（第 14 版），孙健敏、李原、黄小勇，译，中国人民大学出版社 2012 年版，第 171 页。

[3] 斯蒂芬·P. 罗宾斯、蒂莫西·A. 贾奇：《组织行为学》（第 14 版），孙健敏、李原、黄小勇，译，中国人民大学出版社 2012 年版，第 191 页。

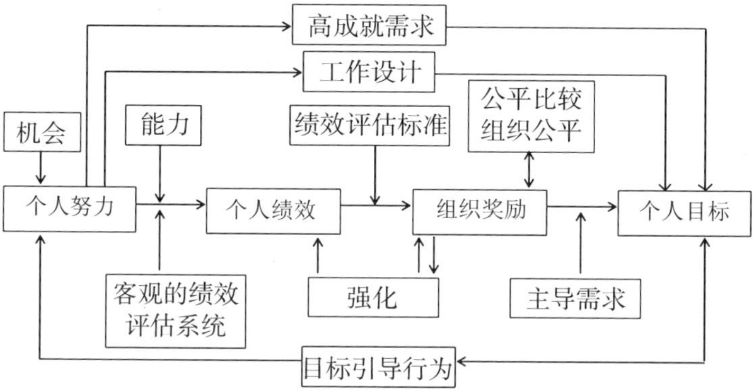

图 3-1 当代动机理论之下的行为动机反馈关系

不同的个人目标、不同的成就需求、对绩效评估和组织奖励的不同感受，均会影响目标引导的有效性。对于高成就需求群体，绩效评估和组织奖励不是其个人努力的动机；非高成就需求者个体的绩效水平取决于其努力程度、能力水平以及是否有客观公平的绩效评估系统；因个人绩效而获得的组织奖励能否激励个人努力，取决于该奖励是否能够产生强化个人绩效的动力，以及是否符合与个人目标一致的主导需求，而强化的产生与组织公平有关。对于个人而言，付出何种程序的努力取决于其动机水平，对于组织而言，总是希望组织成员有较高的动机水平，以个人努力之结合实现组织目标。各种激励机制的设定都是为了引导个人目标以提高组织成员的动机水平。司法机关作为组织，其目标的实现自然也需要司法官有较高的动机水平，而包括考核在内的组织的目标引导行为，能否发挥导向作用，取决于其对个体动机的准确把握。

司法者行为影响因素体现着司法官个体的动机，分析如下：第一，卓越的司法官倾向于高成就需求，获得尊重、认同、成就感是其主导需求。由司法职业道德准则来看❶，司法职业应当遵循的不仅是规范伦理，更是德性伦理。❷ 因而理

---

❶ 蒋惠岭:《司法职业道德之基本认识》,《法律适用》2001 年第 1 期,第 33 页;吴春莲:《职业化时代性视野下的检察职业道德检视与发展》,《河南社会科学》2012 年第 10 期,第 22 页。

❷ 周幗:《论司法制度伦理与法官品性的德性伦理》,《河海大学学报(哲学社会科学版)》2012 年第 2 期,第 72 页;缪斌:《制度伦理和德性伦理与检察官职业道德建设》,《求索》2007 年第 5 期,第 113 页。

想的司法官应该是高成就需求者[1]，更多出于内在原因而追求工作目标。在现实环境中，虽然司法官个人努力并不完全取决于内在原因，但主导需求仍是获得尊重、认同和成就感。因此，在职业保障水平较低的情况下，仍有大量的司法官出于职业荣誉和成就感坚守岗位；而晋升是获得尊重、认同、成就感的一个外在表征，因而司法官更看重这些因素。第二，司法官注重组织公平[2]，司法环境变量在司法者行为影响因素中占据较高权重，原因即在于选任、晋升、任期、评价等皆关系到组织公平，晋升机会减少、职业保障与工作压力和薪酬水平不匹配作为法官、检察官离职的因素，这正是感到不公平时的一种行为。[3] 在员额制减少了基层法官晋升机会时，高薪律师和法学专家被选拔为S市的高级法官和检察官的消息[4]，使普通法官感受到的不公平[5]，也是基于组织公平的需要而产生的。第三，尚未达到卓越层次的司法官，会因为更好的绩效和组织奖励而提升成就感和荣誉感。前文引用的个案表明，司法官的成就感和荣誉感一方面来自于自我认同，另一方面来自组织评价和受众关系反馈，绩效评估和组织奖励是组织评价的方式，客观的绩效评估和适当的组织奖励有助于提高司法官的个人努力动机水平。

据此，以动机理论分析的司法者行为动机反馈关系如下：首先，机会与高成就需求之下的个人目标是卓越的司法官个人努力的动力，只需要工作设计提供相应的条件。其次，对于普通的司法官，努力与绩效、绩效与奖励、奖励与个人目标满足之间的关联会影响其努力程度，影响因素包括机会、司法官自身的能力水平、绩效评估体系的客观程度、组织公平程度、组织奖励与个体主导需求的契合程度。高成就需求、个人努力、自身能力水平、主导需求、个人目标满足是个体因素，机会、绩效评估、组织奖励、组织公平、工作设计则是组织因素。

---

[1] 例如广受尊重的法官邹碧华。林劲标:《以法官之良心点亮法治灯火》,《人民法院报》2015年3月12日。

[2] 组织公平是指对工作场所公平性的整体感知。斯蒂芬·P. 罗宾斯、蒂莫西·A. 贾奇:《组织行为学》(第14版),孙健敏、李原、黄小勇,译,中国人民大学出版社2012年版,第187页。

[3] 斯蒂芬·P. 罗宾斯、蒂莫西·A. 贾奇:《组织行为学》(第14版),孙健敏、李原、黄小勇,译,中国人民大学出版社2012年版,第187页。

[4] 黄安琪:《上海首次探索从律师法学专家中选拔高级法官检察官》,《人民法院报》2015年7月22日。

[5] 赵刚、潘成功:《你的笑点,是我的痛点?"千万"律师当"三高"法官引发的思考》,中国法治2015年7月7日,http://news.148365.com/content_5595_1.html,最近访问日期2017年8月23日。

二、司法组织与个体关系的动机理论分析

由司法过程来看，司法官的个人目标应当服从于司法目标，司法机关作为组织，对司法官个人目标会有所约束和引导。司法机关虽然改革的方向是扁平化，但在其政治环境中，仍然会保留相当程度的科层制特点；因而通过绩效评估、组织奖励以促进符合组织目标的个人努力，仍是司法组织管理的应有内容之一。

组织目标是在高成就需求、个人努力、自身能力水平、主导需求、个人目标满足等个体因素，以及机会、绩效评估、组织奖励、组织公平、工作设计等组织因素的良性相互作用和反馈中实现的。司法组织要促进司法者个体的动机水平，并使其保持在高位，就要提供有助于司法者个体目标满足的条件。以司法者行为影响因素的动机理论分析来看，包括机会提供、组织公平、高成就需求导向的工作设计、客观的绩效评估、能够满足个人主导需求的组织奖励。

第一，司法机关的机会提供。机会提供是个人通过努力实现个人目标或取得个人绩效的一个条件，假如一个法院没有提供给年轻法官承办大案要案的机会时，就无法期望年轻法官通过努力取得更好的绩效，假如一个检察院所有案件决策都要由领导成员审批，也无法期望普通检察官有个人努力的积极性。在没有机会提供的情况下，绩效评估和组织奖励对个人努力的推动作用因而也就是极为有限的。

第二，司法机关的组织公平。组织公平理论的基本观点是，一个人对报酬合理性、公平性的感受，不仅来自所得报酬的绝对量，更来自比较意义上的相对量。[1] 比较包括横向比较和纵向比较。前者是指自己的投入报酬比和他人的投入报酬比的比值，他人既包括组织内部的同事，也包括其他组织的成员；后者是自己现在投入报酬比与自己过去投入报酬比的比值。[2] 报酬既包括薪水，也包括其他的劳动收益和组织奖励等代表地位等的要素。[3] 对于司法机关而言，组织公平要求提供给司法官的职业保障水平相对而言不低于其他公务员，司法官的劳动收益与工作投入程度正相关，在一个司法组织内部，选任、晋升、绩效评估、奖励

---

[1] 杨忠:《组织行为学:中国文化视角》,南京大学出版社 2013 年版,第 113 页。
[2] 杨忠:《组织行为学:中国文化视角》,南京大学出版社 2013 年版,第 113 页。
[3] 杨忠:《组织行为学:中国文化视角》,南京大学出版社 2013 年版,第 187 页。

等制度与个体的贡献相匹配。

第三，司法机关高成就需求导向的工作设计。对于高成就需求的司法官而言，根据工作设计的工作特征模型，其激励潜能分数高[1]，过于琐细的工作监控是没有必要的。在工作设计上，司法机关应当给予司法官个体工作自主性足够的信任，应当保证明确司法官的职责之后，让其自己对工作流程的遵守和工作效果的实现负责，组织给予及时的反馈但不设定例如末位淘汰、错案追究等过高的风险。[2]

第四，司法机关客观的绩效评估。高成就需求的司法官，虽然其个人努力的动因不在于绩效评估和组织奖励，但由于其激励潜能高，工作绩效本身也会是高质量的。对于还无法做到高成就需求的普通司法官，客观的绩效评估对其就是重要的激励。所谓客观，是指在能力水平、工作难度相当的情况下，绩效评估能够反映个人努力的程度。[3] 绩效评估客观与否要看该评估带来什么样的反馈效应，而不是由绩效评估采用技术决定，数字化的绩效评估可能因为样本选取和数据分析的原因完全不客观。

第五，司法机关的组织奖励。组织奖励应当满足两个条件，一是奖励是基于司法官的客观绩效评估给予的；二是奖励的方式应当能满足司法官的主导需求，合乎其个人目标。目前司法机关的各类评优竞赛、先进评选式奖励，对于司法官而言并非适当的组织奖励。一是因为这种奖励更多考虑履行司法职能之外的因素，例如是否为民众提供了额外的服务；二是对于履行职务的部分，评比的依据是各项业务指标是否完美，包括调解率、被改判发回重审率、无罪判决率等有违司法职能的指标在其中多被强调；三是这些评比通常需要耗费大量资源专门进行，并且由于这是一项政绩因素而通常被高度重视，终究政治动员意味更多。[4] 此类组织奖励条件特殊且每项奖励每次运作皆会重新设定规则，对于个体司法官

---

[1] 杨忠:《组织行为学:中国文化视角》,南京大学出版社 2013 年版,第 204 页。

[2] 杨忠:《组织行为学:中国文化视角》,南京大学出版社 2013 年版,第 192 页。

[3] 杨忠:《组织行为学:中国文化视角》,南京大学出版社 2013 年版,第 190 页。

[4] 例如 2014 年 2 月至 6 月最高人民法院、《人民日报》、中央电视台、中央人民广播电台、《法制日报》和国内一些知名网站共同举办的“谁是最美基层法官”活动,是全国法院系统党的群众路线教育实践活动的重要形式。参见活动官方页面,http://www.court.gov.cn/xwzx/rdzt/xzzmjcfg/,最近访问日期 2017 年 8 月 5 日;随后各省纷纷推出形式相似的最美基层法官评选活动,如湖北省首届最美基层法官评选活动等,http://www.cnhubei.com/xwzt/2014/zmfg/,最近访问日期 2017 年 8 月 5 日。

而言并非可以预期的殊荣，因而不具有促进其个人努力的一般性推动力。基于司法官的客观绩效评估并且能满足司法官主导需求的奖励应当是可以预期且通过个人努力都可以获得的，因而适当的组织奖励是司法官可以通过长期符合水准的工作所获得的稳定持续的晋升。❶

以上五个方面，机会提供和组织公平都需要外部条件的保障。机会提供的外部条件是司法机关行使职权要有充分的自主性。组织公平的外部条件是司法机关在财政支持、人事管理方面得到强有力的保障。目前司法机关在机会提供和组织公平方面的外部保障都是有限的，表3－4所示的“两高”司法改革文件内容表明司法机关行使职权的自主性还受到很多干预；表3－2所示的“两高”司法改革文件内容则表明司法机关在财政支持和人事管理方面都没有强有力的保障。在机会提供外部保障不足的情形下，司法机关高成就需求导向的工作设计很难实现；组织公平外部保障不足则影响绩效评估和组织奖励。

三、司法组织行为的动机理论分析

任何组织体都是处在外部环境之中的，可以支持组织发展的资源的丰富程度，环境的稳定程度和复杂程度，均会对组织产生影响。如前文分析，由于司法运行秩序中政策规则优先，司法机关外部环境依赖性很强，外部保障长期不足且具有变动性和复杂性，这使得司法机关作为一个整体，其组织行为受环境因素的重大影响；司法改革的目标之一便是要解决司法机关的外部环境制约，当外部环境依赖程度发生变化，司法组织的行为也会随之变化。考察司法者行为的影响因素，不能不分析作为整体的司法组织的动机。

司法组织的人员编制（员额）保障、财政保障、物资保障长期处于不足状态，因而最高人民法院和最高人民检察院历次司法改革文件以较大篇幅提及人财物保障问题，人员编制和待遇保障如表3－2、表3－3所示，财政保证和物质保障内容如表3－8所示。

---

❶ 笔者对两名全国“十佳公诉人”的访谈（2010年）和对一位全国法院系统“办案标兵”的访谈（2014年）表明，获得荣誉称号固然是荣耀之事，但稳定持续的晋升才是更符合司法官普遍期望的组织奖励。

表 3－8　最高人民法院和最高人民检察院司法改革文件中的财物保障内容

司法改革文件	内容
法院第一个五年改革纲要（1999—2003）	各级人民法院要把加强办公现代化和其他物质装备建设，提高法院管理水平，作为改善执法条件、提高审判质量和效率、实现司法公正的重要方面，认真抓紧抓好。在全面落实“收支两条线”规定的基础上，探索建立法院经费保障体系，保证履行审判职能所必需的经费
检察工作五年发展规划（1999—2003）	认真落实党中央关于政法机关吃“皇粮”的决定，充分调动中央和地方两个积极性，建立多层次的经费物质保障体系。配齐侦查取证、收集视听资料和复制案卷材料的必要装备。加强基础设施建设，目前还没有业务技术用房和办案用房的，在三五年内要逐步建立起来
法院第二个五年改革纲要（2004—2008）	继续探索人民法院的设置、人财物管理体制改革，为人民法院依法公正、独立行使审判权提供组织保障和物质保障。改革和完善人民法院经费保障体制，探索建立人民法院的业务经费由国家财政统一保障、分别列入中央财政和省级财政的体制。研究制定基层人民法院的经费基本保障标准
法院第三个五年改革纲要（2009—2013）	法院经费划分为人员经费、公用经费、业务装备经费和基础设施建设经费四大类，根据不同地区和法院的工作特点，确定各级财政负担级次和比例，实现法院经费由财政全额负担，落实“收支两条线”规定，杜绝“收支挂钩”；建立人民法院公用经费正常增长机制。配合有关部门逐步化解基本建设债务
关于深化检察改革的意见（2013—2017）	推动省以下地方检察院财物统一管理改革。配合中央有关部门，建立省以下地方检察院经费由省级政府财政部门统一管理机制
关于全面深化人民法院改革的意见（2014—2018）	配合中央有关部门，推动省级以下地方法院经费统一管理机制改革。完善法院预算保障体系、国库收付体系和财务管理体系，推动法院经费管理与保障的长效机制建设。严格“收支两条线”管理，地方各级法院收取的诉讼费、罚金、没收的财物，以及追缴的赃款赃物等，统一上缴省级国库。加强“两庭”等场所建设。建立法院装备标准体系

司法改革文件中有关经费保障和物质保障的内容表明，虽然保障制度一直在改进和完善，但始终作为一个问题存在。实证研究也表明，司法财政保障的地方依赖状况没有实质改变，不同地域不同层级司法机关之间经费保障水平存

在巨大差异。[1] 当财政保障不足时，通过各种方式获取资源就成为驱动司法组织行为的一个动机，由于这一动机与司法目标严重不符，因而成为妨害司法公正甚而导致司法腐败的一个原因。[2] 人员编制保障不足时，内部资源分配因无法满足全部司法官的晋升等需求，就会产生组织政治行为，即可以影响或试图影响组织内部的利益分配，但并不是组织成员的正式角色必须实施的那些活动。[3] 而获取资源的能力也就成为司法官评价所在法院院长、检察院检察长的最重要指标。[4] 司法改革的方向是建立法院、检察院人、财、物省级统一管理制度，由于涉及复杂的政治权力格局关系，该项改革能否改善司法组织外部环境的状况尚存有疑问。[5]

而司法人员保障和司法财政保障制度原本的意义在于司法独立与可问责性的平衡。[6] 资源获取本身不应当成为司法组织行为的动机，也不应成为司法组织政治行为产生的原因。获取资源与司法组织行为动机的应然关系并非以资源稀缺性迫使司法组织的行为偏离应然的司法目标，而是以充足的资源保障成为对司法组织相对独立的行为问责之理由。[7]

基于现代治理理念，司法权作为一项政治权力，应当是可问责的。[8] 问题在于，司法权毕竟不同于行政权，司法机关和司法官适用怎样的问责制度，关系司

---

[1] 葛琳:《经费保障视野下的检察院运转——基于两个基层院不同经费状况的分析》,《云南大学学报法学版》2013 年第 1 期,第 113 页;贺欣:《司法财政与司法改革——两个基层法院的比较》,《中国法律》2009 年第 6 期,第 40 页。

[2] 陈永生:《司法经费与司法公正》,《中外法学》2009 年第 3 期,第 390 页;贺欣:《中国法院的财政不足与司法腐败》,《二十一世纪评论》2008 年 2 月号,第 12 页;王亚新:《司法成本与司法效率——中国法院的财政保障与法官激励》,《法学家》2010 年第 4 期,第 132 页。

[3] 斯蒂芬·P. 罗宾斯、蒂莫西·A. 贾奇:《组织行为学》(第 14 版),孙健敏、李原、黄小勇,译,中国人民大学出版社 2012 年版,第 364 页。

[4] 据笔者 2012 - 2013 年间对数位检察官和法官的访谈。

[5] 张洪松:《司法经费省级统管改革的政治分析》,《理论视野》2015 年第 4 期,第 32 页。

[6] Stefan Voigt, "The economic effects of judicial accountability: cross-country evidence", 2008 European Journal of Law and Economics, Vol. 25, Issue 2, pp. 95 - 123;王金寿:《司法独立与民主可问责性:论台湾的司法人事权》,《台湾政治学刊》第十二卷第二期(2008 年 12 月),第 115 页。

[7] Jane E. Dubofsky, "Judicial Performance Review: A Balance between Judicial Independence and Public Accountability", 2007 Fordham Urb. Law Journal, vol. 34, pp. 315;Francesco Contini & Richard Mohr, "Reconciling independence and accountability in judicial systems", 2007 Utrecht Law Review, vol 3, issue 2, pp. 26 - 43.

[8] 马骏:《政治问责研究:新的进展》,《公共行政评论》2009 年第 4 期,第 22 页。

法权行使的效能。对于美国法院体系，问责应当保障而不是威胁司法独立；❶ 对于司法机关，问责应当保障司法目标的实现而非相反。目前司法机关尽管处于多重考核之下，但谁来问责、何种责任、如何负责并不清晰❷，司法组织行为更多受实际政治权力格局影响。❸ 以法院、检察院和公安机关的关系为例，虽然就宪法地位而言法院、检察院与同级政府并列，但仅为政府部门的公安机关实际地位却高于法院和检察院，因而在司法程序中检察院和法院常常对公安机关妥协，而非依照法定职权予以制约。❹ 在问责制度不明确的情况下，错案追究、对案件终身负责、办案责任制等司法官责任制的实施也就很难符合组织公平。❺ 除了合乎司法目标，司法组织行为不应当有其他动机，适当的问责应当不妨害司法权运行并且有利于司法目标的实现，问责制度应当与司法者行为动机理论反馈关系相匹配。

第三节 司法考核方式选择之效用分析

一、司法考核方式的有效性

司法考核作为促进司法官个人努力以实现司法目标的激励机制，技术层面上考核方式的有效性受两个条件的约束，其一是司法考核目标的约束，其二是作为激励机制要受司法者行为影响因素和动机的约束。

司法考核目标的主旨在于保障司法职能的行使，实现规则治理、纠纷解决和公众信任的司法目标。有效的司法考核应当促进司法官勤勉尽职，既不怠于行使职权或放弃某些职权的行使，也不至于滥用职权。如本书此前之分析，无论是对每一个司法机关整体还是对司法官个体的竞争性绩效考核，均不符合司法考核的目标，因而不能作为有效的司法考核方式；同理，包含过多无关司法职能与司法

---

❶ Sandra Day O' Connor, "Judicial Accountability must Safeguard, not Threaten, Judicial Independence: An Introduction", 2008 - 2009 Denver University Law Review, vol. 86, issue 1, pp. 1.

❷ 谭世贵、骆梅英:《法院司法问责若干问题研究》,《浙江工商大学学报》2015 年第 2 期,第 5 页。

❸ 刘忠:《条条与块块关系下的法院院长产生》,《环球法律评论》2012 年第 1 期,第 107 页。

❹ 韩大元、于文豪:《法院、检察院和公安机关的宪法关系》,《法学研究》2011 年第 3 期,第 3 页。

❺ 魏胜强:《错案追究何去何从？——关于我国法官责任追究制度的思考》,《法学》2012 年第 9 期,第 55 页。

目标的综合考核，也因不符合司法考核的目标而不具有有效性。司法考核的主体、内容、具体方法的选择，也必须满足增进公众信任的要求，否则再复杂的设计也无法实现制度目标。❶

作为司法组织激励机制的司法考核，其有效性有赖于与司法者行为影响因素匹配，并充分考虑动机要素。概言之，司法考核不应当使司法者行为影响因子对于司法目标的实现呈负向作用形态，应尽量促使其呈正向作用形态，或至少是无明显作用形态。司法考核方式的选择应当合乎司法者行为动机反馈关系，避免考核方式与考核目标的南辕北辙。最低限度可以允许司法考核方式对司法者行为没有作用，但要避免对司法者行为产生负面推动力。如本书前述分析，司法考核方式应当体现客观性，符合组织公平的要求，考核结果的运用应当满足司法官的主导需求。

司法考核应当是合理的激励，不能寄希望其实现力不能及的目标。对于司法职能保障条件中无法由司法考核实现的内容，应当交由其他配套制度完成。对于制约司法考核有效性的外部环境因素，无法仅通过改进司法考核制度来改变，也应当由系统的改革加以改造。司法考核能够做到的仅仅是，在既有条件下，尽力避免因制度设计和实施不当而带来的弊端，尽可能促进司法目标的实现。以下分述司法考核的主体、内容和方法，以及考核结果的运用。

二、司法考核的主体选择之效用分析

司法考核的主体是指考核结果的决定者。以比较法的视角来看，司法考核的参与者颇为多元，但根据考核机构组成的不同，可以分为司法机关内部机构考核和混合机构考核。美国有 19 个州实施司法绩效考核（JPE，judicial performance evaluation），由律师、法官、市民及政府部门指定人士构成的委员会进行。❷ 中国台湾地区的法官与法院绩效考核主体是有关部门设立的人事审议委员会，由有关部门指定人士、法官代表、学者专家组成，检察官绩效考核主体则是法务部设

❶ David C. Brody, "Use of Judicial Performance Evaluation to Enhance Judicial Accountability, Judicial Independence, and Public Trust", 2008 - 2009 Denver University Law Review, vol. 86, pp. 115.

❷ Rebecca Love Kourlis & Jordan M. Singer, "A Performance Evaluation Program for the Federal Judiciary", 2008 - 2009 Denver University Law Review, vol. 86, issue 1, pp. 7.

立的检察官人事审议委员会;❶ 另设有法官、检察官评鉴委员会，对违反相关职业道德的个案进行评鉴，考核是发现交付评鉴事由的一个渠道;❷ 法官惩戒及法官不服人事处理等事项则由职务法庭受理。❸ 美国各州及中国台湾地区均为混合机构考核。法国司法官的考核由司法官所在的司法机关的首长或行使同等职权的司法官负责，❹ 为内部机构考核；中国大陆司法考核多重体系之中，相当于司法绩效考核的部分则是由上级司法机关负责，亦属内部机构考核。拉丁美洲国家司法改革中公民社会参与的一项内容便是监督司法体系的运行，由非政府组织进行司法绩效评估，提供了司法考核主体的另一种可能❺，但这种外部考核并没有约束力，因而尚不能算作一种模式。

司法考核主体差异的原因，第一是司法机关是否有内部管理的需要，第二是有无必要回应公众监督司法权的需求，第三是司法官的选任、续任是否需要公众参与，第四是司法机关是否需要特意表明与行政权的不同的独立性。❻ 法国司法官考核出于内部管理需要，并无回应公众监督的需求，因而采用内部考核方式。美国有司法考核的各州一方面是法官续任选举需要公众参与，考核作为向公众提供候选人信息的一种方式，另一方面选举产生的法官也有回应公众监督的需求。❼ 中国台湾地区司法机关既有内部管理的需要，也有表明脱离公务员序列独立性的需求，同时有回应公众监督的需求。❽ 因而美国有司法考核的州和中国台湾地区均采用混合机构考核方式，而中国台湾地区的考核机构更多司法机关内部性，美国各州的考核机构更具开放性。

组织行为学视角来看，司法机关内部机构考核是管理者负责考核，优势在于管理者对于受考核者的专业性了解，主要弊端在于客观性不足，上级考核方

---

❶ 据中国台湾地区“法官法”第四条、第九十条。

❷ 据中国台湾地区“法官法”第五章、第八十九条。

❸ 据中国台湾地区“法官法”第七章。

❹ 据法国《司法官身份法》(Loi organique relative au statut de la magistrature)第 12 - 1 条。

❺ 杨建民:《公民社会与拉美国家的司法改革》,《拉丁美洲研究》2011 年第 2 期,第 9 页。

❻ 没有这四项原因的司法机关,如美国联邦法院、日本司法机关,根本就没有明确的考核制度。虽然也有研究认为美国联邦法院应当引入司法绩效考核,Rebecca Love Kourlis & Jordan M. Singer, “A Performance Evaluation Program for the Federal Judiciary”,2008 - 2009 Denver University Law Review, vol. 86, issue 1, pp. 7.

❼ Richard L. Aynes, “Evaluation of Judicial Performance: A Tool for Self-Improvement”, 1981 Pepperdine Law Review, vol. 8, pp. 255.

❽ 刘孔中、王红霞:《台湾地区“司法改革”60 年:司法独立的实践与挑战》,《东方法学》2011 年第 4 期,第 69 页。

式带有强烈的行政管理色彩，可能引发有损司法目标实现的组织政治行为；主管考核较为依赖管理者个人的态度，管理者评价与司法官自我评价之间可能会有偏差，使考核的价值降低。[1] 引入组织外部参与的优势在于，外部参与者中立超然因而不带有先见的影响，可以提高考核的客观性，但外部参与者依赖所获得的信息，信息本身的偏差也可能导致结果的偏差；混合机构考核可以通过多来源信息印证参照，兼备客观性与专业性，也符合组织行为学研究者提倡的360度评估。[2] 中国台湾地区相关规定通过伊始的法律界评论表明，其考核、评鉴、惩戒机构较多的内部性遭受质疑，主要的疑虑在于法官之间会否相互包庇。[3]

从选任、考核、晋升、惩戒职能主体合署还是分立来看，上述几例皆一定程度分立，特别是考核、选任和惩戒机构分立，法国司法官的考核为内部机构考核，但选任、晋升、惩戒则由司法部、法国最高司法官委员会等负责。[4] 中国台湾地区的制度设计较为复杂，由多个机构分别行使考核、评鉴、惩戒的权力。选任、考核、晋升和惩戒职能的分立，一个可能的原因是对司法官的惩戒不属于日常事务，且惩戒关乎司法官的身份保障，因而需要更为严格的条件和程序；另一可能的原因是将惩戒这一强制权力与晋升等奖励权力分离，更能保证客观性。

中国大陆法官、检察官员额制改革采用的遴选委员会，是一种混合机构，各地方方案有所不同，但大致包括党委政法委、纪委、组织部、人大的官员，法院、检察院的首长，法官、检察官代表，律师和法律学者等。虽然遴选委员会并不担负司法考核职责，但这一模式可以作为司法考核主体改革之方向。毕竟司法考核结果的重要运用即为司法官的晋升和惩戒，如果考核仍由内部机构进行，晋升则由混合机构负责，难免使遴选委员会的作用流于表面。由上级司法机关主导的司法绩效考核因其内部性而导致客观性不足，无法提升公众信任。因而较为合

---

[1] 斯蒂芬·P. 罗宾斯、蒂莫西·A. 贾奇：《组织行为学》（第14版），孙健敏、李原、黄小勇，译，中国人民大学出版社2012年版，第483页。

[2] 斯蒂芬·P. 罗宾斯、蒂莫西·A. 贾奇：《组织行为学》（第14版），孙健敏、李原、黄小勇，译，中国人民大学出版社2012年版，第483页。

[3] 《“法官法”终通过建立法官“退场机制”：各界都不满意》，东南网2011年6月15日，http://www.fjsen.com/b/2011-06/15/content_4876489.htm，最近访问日期2017年8月24日。

[4] 据法国《司法官身份法》（“Loi organique relative au statut de la magistrature”），法国宪法第65条。

理的方式是设立统一机构负责司法官的选任、晋升、考核和惩戒。这种设置有两个目的，一是体现与行政权的不同的相对独立性，二是可以通过多方参与回应社会各阶层监督司法权的需求。关于该统一机构的组成，由社会对司法改革试点中遴选委员会设置的回应来看，应当更具有开放性而非内部性，因而合理的组成应当包括司法机关内部代表，和司法机关之外的代表。该统一机构是否一并负责选任、晋升、考核和惩戒，可以参考中国台湾地区及法国的做法，将考核、惩戒等职能与其他职能适当分立，这一职能分立亦有助于合理安排“党管干部”原则在司法人事制度中的位置，执政党不直接参与司法官任职后的考核、惩戒等事务，而是参照司法考核的结果和惩戒事务审查意见，通过党委提名司法官拟任及晋升人选来体现党管干部原则。

三、司法考核内容选择之效用分析

司法考核内容设置第一个维度的问题是所考核的究竟是司法官个体任务结果、司法官在司法过程中的行为，还是司法官表现出的某些特质。对于结果比过程重要的项目，应当适用个人任务结果考核；对于结果由众多因素决定，司法官的行为仅为一个要素时，应当将行为而不是结果作为考核内容；对于与具体任务结果无直接关联但可能与总体绩效相关的项目，应当将司法官的特质作为考核内容。❶ 美国多个州采用美国律师协会（ABA）1985 制定的法律知识、正直公正、沟通能力、司法品性、行政能力五项指标，主要考核司法官在司法过程中的行为及表现出的特质，而非实体的结果；❷ 各州在实际操作中可能对 ABA 的指标进行调整，如科罗拉多州的司法绩效考核指标为正直、实体程序证据法的知识和理解、沟通能力、对司法程序的专注和控制、量刑、案卷管理及迅速的案件处置、行政能力、守时、服务法律职业群体和公众的情况等，包括

❶ 斯蒂芬·P. 罗宾斯、蒂莫西·A. 贾奇:《组织行为学》(第 14 版)，孙健敏、李原、黄小勇，译，中国人民大学出版社 2012 年版，第 483 页。

❷ Rebecca Love Kourlis & Jordan M. Singer, “A Performance Evaluation Program for the Federal Judiciary”, 2008 – 2009 Denver University Law Review, vol. 86, issue 1, pp. 7; Richard L. Aynes, “Evaluation of Judicial Performance: A Tool for Self-Improvement”, 1981 Pepperdine Law Review, vol. 8, pp. 255.

司法官个体任务结果及其在司法过程中的行为，偏重于行为。[1] 法国司法考核的内容，包括适任性、行政能力、公正等，是对司法官行为和表现出的特质的评估。[2] 中国台湾地区司法考核则同时兼顾司法官个体任务结果、司法过程中的行为、表现出的某些特质等三项内容。[3]这些地方司法考核内容设置的共性是司法效率可以作为结果考核，正直、适任性等属于司法官的特质，其他皆为行为考核。研究表明，美国公众对司法机关的信任与程序正义正相关[4]，而程序正义主要体现为行为而非结果，这可以解释上述地方司法考核内容设置的共性，即应当受司法目标的约束。

司法考核内容设置另一维度的问题是司法考核是法律及司法意义上的，是目标管理意义上的，还是综合法律司法与目标管理意义上的考核。法律及司法意义上的考核，关注个体在纪律、适任性、公正等方面的表现，以司法行为的合法性为考核目标；目标管理意义上的考核，关注个体及司法机关整体的司法效率，处理案件所耗费的时间和财政成本，以司法的投入产出比率为考核目标；综合意义上的考核，关注多个目标，包括司法公正、效率、公众信任等方面。[5] 同一司法行为在不同意义上考核，考核的内容会不同。以案件处理时间为例，在法律及司法意义上，考核的内容是案件是否依照法律规定及时处理，是否遵守了法律规定的期限；在目标管理意义上，考核的内容是单位时间的收案结案比率，是时间及人力资源的投入产出比；在综合意义上，考核的内容即包括案件处理是否遵守了法律规定的期限，也包括公众对司法效率的感受和处理案件消耗司法资源的投入产出比。从考核内容设置对司法公正的影响来看，法律及司法意义上的考核不影响司法独立和公正；目标管理意义上的考核会伤害司法独立，极端情况也会影响公正性；综合意义上的考核会减少司法官个体

---

[1] Jane E. Dubofsky, "Judicial Performance Review: A Balance between Judicial Independence and Public Accountability", 2007 Fordham Urb. Law Journal, vol. 34, pp. 315.

[2] 据法国《司法官身份法》(Loi organique relative au statut de la magistrature)第 12 - 1 条,以及笔者 2004 年 9 月至 2005 年 2 月在法国 Aix-en-provence 法院系统实习期间了解的信息。

[3] 据中国台湾地区"各级法院法官评核办法",2012 年 7 月 5 日"司法院"院台人三字第 1010019279 号令订定发布,以及"各级法院团体绩效评比办法",2012 年 12 月 30 日"司法院"院台人三字第 1000033479 号。

[4] Roger K. Warren, "Public Trust and Procedural Justice", Court Review, Fall 2000, pp12.

[5] Francesco Contini & Richard Mohr, "Reconciling independence and accountability in judicial systems", 2007 Utrecht Law Review, vol 3, issue 2, pp. 26 - 43.

的独立性，但不伤害司法公正。而从对司法效率的影响来看，研究表明目标管理意义上的考核并不会真正提高司法效率[1]，虽然其考核内容设定的意图在于提高司法的生产率。

司法考核内容亦须在上述两个维度之中设置。首先，结果－行为－特质维度，如果将仅适于行为考核的项目纳入结果考核内容，由于司法官的行为仅为产生结果的一个因素，以结果考核就无法客观评价司法官的行为，导致考核不公平，而司法官有较高的组织公平需要，就会使考核无法实现其目标。对于司法官个人的考核更多的是行为-特质方面，而对于司法机关整体的考核则更多是结果层面。需要说明的是，即便是将结果作为考核内容，也并非指对错意义上的结果，而是是否实现了司法目标这一司法效能意义上的结果。因而必须根据司法考核的每项具体目标，分别设定其结果－行为－特质维度属性。其次，法律－目标管理－综合维度，法律及司法意义上的考核适合自治程度高的司法制度和相应的法治发达的社会环境，对于司法机关而言，法律及司法意义上的考核不能回应社会对司法的期望。目标管理意义上的考核，在司法保障不足的情形下，一方面不利于司法机关独立行使职权这一司法改革目标的实现，另一方面也不符合司法官行为动机反馈关系。因而在法律-目标管理-综合维度，合理的选择是综合意义上的考核，对于司法考核的每项具体目标，分别设定其满足多元指向的考核内容。

据此，本书第三章提出的司法考核目标之各个分项的考核内容设置如表3－9所示。对于每个司法机关，司法考核目标各个分项应当反映该机关总体的运行情况，适于将结果作为考核内容。对于个体的法官、检察官和司法辅助人员，司法考核目标各个分项更加侧重其行为的适当性，对于适任性分项，考核内容为司法官或司法辅助人员个人的特质；作出裁判/终局性决定之依据的正当与充分性以及裁判结果的正当性合理性两个分项，考核内容为裁判和终局性决定是否符合司法目标意义上的结果；其他分项的考核内容均为行为是否遵守法律及是否适当。

---

[1] Stefan Voigt, "The economic effects of judicial accountability: cross-country evidence", 2008 European Journal of Law and Economics, Vol. 25, Issue 2, pp. 95－123.

表 3-9 司法考核目标分项考核内容

对象	司法考核目标	属性	考核内容
每个司法机关	工作量合理性与均衡度的控制	结果	1. 每个法官、检察官、司法辅助人员工作量负担是否合理 2. 个体之间工作量负担是否均衡
	总体上对司法流程的遵守程度	结果	1. 未能遵守司法流程行为的比例 2. 司法流程的效率
	司法信息公开	结果	应当公开的司法信息是否有未公布的情形
	对司法官及辅助人员适任性的一般保证	结果	1. 司法官不适任的情况 2. 辅助人员不适任的情况
	对司法官职业道德的特别保证	结果	违反司法官职业道德准则的人员和行为，以及处理情况
	便民措施的提供情况	结果	是否提供了满足服务司法服务对象需求的各项措施
法官、检察官	在司法流程中行为的合法性	行为	1. 未能遵守司法流程规定的行为 2. 对各类期限规定的遵守 3. 未能保障当事人权利的情况
	裁判/终局性决定之依据的正当与充分性	结果	1. 裁判/终局性决定有无事实和法律依据 2. 裁判/终局性决定的事实和法律依据是否充分
	裁判结果的正当性合理性	结果	1. 裁判结果是否存在明显不公正 2. 裁判结果的执行是否导致明显不合理的结果
	处理各类事项的态度	行为	处理各类事项表现出的态度是否符合司法官的身份
	职位的适任性	特质	个人素养能力是否适任司法官
	对职业道德的恪守	行为	违反司法官职业道德准则的行为
司法辅助人员	在司法流程中行为的合法性	行为	1. 未能遵守司法流程规定的行为 2. 未能保障当事人权利的情况
	处理各类事项的态度	行为	处理各类事项表现出的态度是否符合辅助人员的身份
	职位的适任性	特质	个人素养能力是否适任辅助人员

四、司法考核方法选择之效用分析

司法考核的方法讨论司法考核实施的技术问题，包括考核程序、考核信息来源、信息分析方法、考核结果的呈现形式及运用等。

（一）司法考核程序

考核程序包括考核周期、考核流程等。关于考核周期，法国除对晋升候选名单中的司法官专门考核外，每两年对每个司法官进行一次考核；[1] 中国台湾地区每三年完成一次对法官、检察官的全面考核，法院团体绩效考核亦以三年为周期，[2] 另有对司法官的日常考评，每年至少两次。[3] 美国有司法绩效考核的州，法官的考核周期并无明确规定，[4] 但既然该项考核的最主要目的是作为续任投票的参考信息，则有法官需要续任投票之前就应当进行考核。至少可以确定的是，这些地方司法考核的周期都大于一年。如果承认司法官是需要长任期保障，倾向于高成就需求，对其工作的评估主要以行为和个人特质维度的综合考量进行，而不能以一个较短时期的投入产出比率来测算，则司法考核周期就应当是一个较长的周期。鉴于一个省级辖区的司法官数量较多，司法考核周期设定为两年以上较为合宜。

考核之流程，首先是考核机构设立，次为考核信息获取，继而对考核信息进行分析，最后得出考核结果。考核信息是指用以评估考核司法官的各项考核内容所需要的各类信息，例如案件当事人的反馈、代理律师的意见等。[5] 考核信息要经过分析，并与司法考核目标分项内容对照，才能得出考核结果。任何来源的信息均不能直接构成考核结果，理由在于各个来源的信息反映的都是司法官工作的某个侧面，或直接或间接，可靠度、有效性皆有差异，而且司法考核有多元的目标，也要回应多层次的需求，各个来源的信息只有以适当的方法加以分析，才能得出尽量客观的可信赖的考核结果。

（二）司法考核信息获取

司法考核信息的来源多元，按照与司法官职业相关度有高到低，包括司法程序本身产生的统计信息、被考核者的个人述职信息、每个司法机关的绩效报告信息、对司法官的同事包括上级进行调查所获信息、司法官的上级报告信息、对诉

---

[1] 据法国《司法官身份法》（Loi organique relative au statut de la magistrature）第 12 - 1 条。

[2] 据中国台湾地区“法官法”第三十一、三十二条。

[3] 据中国台湾地区有关部门“法官职务评定办法”，2012 年 6 月 26 日。

[4] David C. Brody, " Judicial Performance Evaluations by State Governments：Informing the Public While Avoiding the Pitfalls", The Justice System Journal, Volume 21, Number 3 (2000), pp333.

[5] Richard L. Aynes, "Evaluation of Judicial Performance：A Tool for Self-Improvement", 1981 Pepperdine Law Review, vol. 8, pp. 255.

讼当事人和参与人的调查信息、对法律专业群体的调查信息、对政府部门人员的调查信息、对公众的调查信息等。

采用内部考核方式的法国司法官考核，其考核信息主要来自个人述职和主管报告。[1] 中国台湾地区司法官考核信息，于全面评核时，品德操守指标的评核来自个人述职，问案态度等个案评核信息来自对案件当事人和诉讼参与人的调查信息；[2] 于日常考评时，司法官学识能力、品德操守、敬业精神及处理业务等信息均来自司法官所属机关的首长；[3] 法院团体绩效考核信息则是每个法院制作的绩效报告信息。[4] 美国实施司法绩效考核的各州之司法考核信息来源各有不同，但大体上包括法官个人述职信息、司法统计信息、对诉讼当事人和参与人的问卷调查信息、对陪审团的问卷调查信息、对律师和政府部门的问卷调查信息、其他法官观察得出的意见等；[5] 多元的问卷调查是考核信息的主要来源，主要的问卷调查对象是诉讼当事人、参与人和法律专业群体，司法统计信息和司法官个人述职也是重要信息来源。[6]

从各个地方的司法考核目标来看，最主要的目标还是通过司法考核保证司法官的适任性[7]，从而保证以司法程序的顺畅运行实现司法目标。而各个地方司法考核运用的信息来源却有较大差异，比较来看，决定从哪些渠道获取考核信息的主要因素是，考核结果的用途是什么。法国司法官考核结果用于司法官晋升；美国各州法官的司法绩效考核主要用于向公众提供有关法官适任性的信息，作为法官续任选举之参考；中国台湾地区司法官考核结果主要用于晋升、评鉴、惩戒等

[1] 据法国《司法官身份法》(Loi organique relative au statut de la magistrature)第 12 – 1 条。

[2] 据中国台湾地区“各级法院法官评核办法”,2012 年 7 月 5 日。

[3] 据中国台湾地区主管部门《法官职务评定办法》,2012 年 6 月 26 日。

[4] 据中国台湾地区“各级法院团体绩效评比办法”,2012 年 12 月 30 日。

[5] Richard C. Kearney, “Judicial Performance Evaluation in the States”, 1999 Winter PAQ, pp. 468 – 489.

[6] David C. Brody, ” Judicial Performance Evaluations by State Governments: Informing the Public While A-voiding the Pitfalls”, The Justice System Journal, Volume 21, Number 3 (2000), pp333.

[7] David C. Brody, “Use of Judicial Performance Evaluation to Enhance Judicial Accountability, Judicial Independence, and Public Trust”, 2008 – 2009 Denver University Law Review, vol. 86, pp. 115.

司法人事管理事务，同时也有与面向公众和律师的调查印证的用途。[1]

中国大陆司法考核的用途与中国台湾地区类似，即首要用于司法官人事管理事务，其次用于印证公众对司法机关的认知和专业群体的满意度。考虑到司法机关不同层级规模不同，职能亦有差异，对于省级以下（不包括省级）司法机关的司法官，司法考核信息来源，宜包括司法统计信息、个人述职、上级报告、对同事的调查信息、对案件诉讼参与人的抽样调查信息。对于省级司法机关的司法官，以司法统计信息、个人述职、上级报告、对同事的调查信息、对法律专业群体的调查信息为宜。理由在于，司法机关大多单体规模较大，组织结构即便扁平化改造，亦应是职能式结构为主要结构类型，有较为清晰、相对固定的内部职能划分，司法官履职与同事合作交往较多，司法统计信息、个人述职与上级报告、同事评价相结合，方能较为全面地反映一个司法官履职的能力、效果等情况。对案件诉讼参与人的抽样调查信息可以反映司法官履职的态度，以及司法官的行为对于案件的当事人和其他诉讼参与人产生的效果。

（三）司法考核信息的分析

无论哪一种信息，均应考虑到其对于考核内容的效度和信度，应尽量采用合乎社会科学方法的信息获取手段。[2] 各个来源的司法考核信息需要加以分析，基本法方法包括定性分析或质性分析和定量分析或量化分析。[3] 限于主题，本书不展开讨论每一种信息的获取技术和具体分析方法，仅关注司法考核信息获取和分析对结果的可能影响。

对美国各州采用的司法绩效考核的研究表明，由于面向律师的调查设计不自觉地出现种族和性别偏见，因而司法绩效考核至少在内华达州有明显且持续

---

[1] 中国台湾地区“司法主管部门”每年进行的一般民众对司法认知调查的目的是“期藉以了解民众对司法服务需求，同时反映司法改革绩效，俾符合并响应人民期盼”。《2014 台湾地区一般民众对司法认知调查报告》，“司法主管部门”的统计处编印 2014 年 10 月，第 1 页；律师对司法改革成效满意度年度调查的目的是，“搜集各种制度改革、司法革新措施办理情形等诸多专业性问题之意见，俾全方位检视司法改革工作办理实况。”《2014 律师对司法成效满意度调查报告》，“司法主管部门”统计处编印 2014 年 12 月，第 1 页。

[2] 约翰·莫纳什、劳伦斯·沃克：《法律中的社会科学》（第六版），何美欢、樊志斌、黄博，译，法律出版社 2007 年版，第 59 页。

[3] 定性分析方法可参看迈尔斯、休伯曼：《质性资料的分析：方法与实践》，张芬芬，译，重庆大学出版社 2008 年版；定量分析方法可参看唐启明：《量化数据分析：通过社会研究检验想法》，任强，译，社会科学文献出版社 2012 年版。

不利于少数族裔和女性法官的情况。[1] 这个实例说明司法考核信息获取和分析的确能够影响司法考核结果的客观性，因而是司法考核实施中需要特别注意的问题。大体而言，司法考核各个来源的信息之中，司法统计信息、各种问卷调查中的程度量表式选项适宜定量分析，个人述职、上级报告、问卷调查中的开放问题选项等适宜定性分析，所采用的具体分析技术应当保证司法考核结果的客观性。

司法考核信息的分析还应当考虑到具体考核内容之间的关联性。以表 4 - 9 中“每个法官、检察官、司法辅助人员工作量负担是否合理”和“司法流程的效率”两项内容为例。如果一个法院之中每个法官、司法辅助人员都需要长时间加班才能处理完受理的案件，单个案件的处理时间均合乎法律关于时限的规定，则可以判断该法院法官和司法辅助人员工作量负担过重；由于工作量过大时，法官疲劳之下难以缜密思考且易于出现差错，会影响案件处理的效果，因而应当调整工作量；在无法拒绝受理案件的情况下，合理地调整方案包括增加法官和辅助人员数量、向其他纠纷解决渠道分流案件以及延长单个案件处理时间；而增加法官和辅助人员数量、向其他纠纷解决渠道分流案件受制于外部因素，因而最合理的调整方案为适当延长案件处理时间；在此情形下，就不能以一些案件处理超过时限而简单判定该法院的司法流程缺乏效率。

（四）司法考核结果之运用

司法考核信息经过分析，可以得出对应于各项考核内容的定性和定量评价结果。司法考核结果运用涉及三个问题：第一是司法考核结果如何运用；第二是该结果应当公开还是保密；第三是司法考核结果以何种形式呈现。

法国司法官考核结果进入司法官个人档案，不予公开，仅在晋升等人事事务中使用。[2] 中国台湾地区司法官个人考核结果不予公开，仅作为法官职务评定和

---

[1] Rebecca Wood, Sylvia R. Lazos, Mallory Waters, “Sacrificing Diversity for’ Quality’: How Judicial Performance Evaluations are Failing Women & Minorities”, (2010). Scholarly Works. Paper 24. http://scholars.law.unlv.edu/facpub/24, last visit 2015 - 8 - 5; Rebecca D. Gill, Sylvia R. Lazos, Mallory M. Waters, “Are Judicial Performance Evaluations Fair to Women and Minorities? A Cautionary Tale from Clark County, Nevada”, Law & Society Review, vol. 45, No. 3(2011), pp731.

[2] 据法国《司法官身份法》(“Loi organique relative au statut de la magistrature”)第 12 - 1,12 - 2 条。

评鉴之用[1]，而职务评定事关司法官晋升加俸，评鉴是问责的审查程序，也可以说该考核结果用于司法官的晋升和问责；对于法院团体绩效考核的结果则予以公开，作为第一、二审法院院长职务评定的参考。[2] 美国实施司法绩效考核的各州，其考核结果运用于法官的续任选举，这一目的决定了对于考核结果的公开。法国和中国台湾地区司法官个人考核结果之不公开，合乎司法官任期终身制所要求的保障，只要司法官对于当前职位是适任的，则对案件当事人而言都是胜任的，没有哪一位司法官更为优秀之区分。中国台湾地区法院团体绩效考核结果的公开，对照其法官法之规定来看，旨在督促其职务监督权的履行。[3]

中国司法考核结果运用应为司法官的晋升和问责等司法人事事务，司法官个人考核结果应不予公开，每个司法机关整体的考核结果也以不公开为宜，以免重蹈刺激地方司法机关相互竞争绩效之覆辙。不公开的考核结果仍应反馈给受考核者，作为促进工作而非引发竞争的措施。因而，考核结果不应付诸任何竞争性质的运用，仅在司法官晋升等场合，作为主要参考信息使用。

关于司法考核结果的呈现形式，通常绩效评估结果有综合报告、关键事件、评级量表、行为锚定等级评价和排序比较等呈现形式。[4] 由于考核结果不应做任何竞争性质的运用，因而排序比较方式不宜采用。评级量表和行为锚定等级评价均以量化方式呈现分项考核内容的状态和被考核者的总体表现，司法考核内容中可量化的项目可以采用这两种方式。综合报告不带有定量分析，适用于对特质的描述，关键事件适用于针对某一类特定行为如司法职业道德相关行为的描述。以中国台湾地区法官个人考核及法院团体绩效考核为例，法官个人考核主要信息是对案件当事人和诉讼参与人的调查，该调查采用评级量表式问卷，“司法主管部门”将所收集问卷信息进行统计分析，得出考核结果[5]，该结果合理推测应当是评级量表或行为锚定等级评价方式呈现；法院团体绩效考核过程更为复杂，首先由各法院按照考核项目和评级量表制作绩效报告，前一年度绩效和可能影响公信力的重大事件作为参考信息，一并交付“司法主管

---

[1] 据中国台湾地区“各级法院法官评核办法”，2012 年 7 月 5 日。

[2] 据中国台湾地区各级法院团体绩效评比办法，2012 年 12 月 30 日。

[3] 据中国台湾地区“法官法”第十九、第二十条。

[4] 斯蒂芬・P. 罗宾斯、蒂莫西・A. 贾奇：《组织行为学》（第 14 版），孙健敏、李原、黄小勇，译，中国人民大学出版社 2012 年版，第 484 页。

[5] 据中国台湾地区“各级法院法官评核办法”，2012 年 7 月 5 日。

部门”，而后由“司法主管部门”相应部分进行初评，最后召开团体绩效评比会议确定成绩，是行为锚定等级评价和综合报告的方式。❶

以司法考核结果运用目的来看，在不公开的情况下，中国司法考核结果呈现形式宜采用包含有定量分析（评级量表或行为锚定等级评价）、关键事件描述的综合报告形式，其中定量分析部分需要对所使用信息的相关性、信度、效度予以说明。而不论司法考核结果的呈现形式如何，都应当承认，并不存在完全客观的考核。司法考核结果有许多影响因素，因而仍需要重申的是，司法考核方式的选择，终究服务于其目的。从整体的角度，司法考核方式须有利于司法职能的顺畅行使以实现司法目的；对于司法官个体而言，司法考核方式应当符合司法官的行为动机反馈关系，促进其勤勉尽职。

第四节　小结

司法考核目标的实现有赖于考核方式的合理设计，而考核作为一种激励，约束条件包括司法考核的目标和被考核者的行为动机反馈关系。

司法者个体行为的动机对于司法考核方式的有效性而言有决定性影响。综合司法者行为影响因素的总体分析和个案分析，包括选任、晋升、任期、评价在内的司法官职业保障，以及有能力干预司法权运行的受众关系因素，是影响司法者行为的主要外部因素，成就感和荣誉感则是在外部因素不尽人意的情形下，司法官坚守职业的内在动因。

以动机理论分析的司法者行为反馈关系如下：首先，机会与高成就需求之下的个人目标是卓越的司法官个人努力的动力，只需要工作设计提供相应的条件。其次，对于普通的司法官，努力与绩效、绩效与奖励、奖励与个人目标满足之间的关联会影响其努力程度。由司法过程来看，司法官的个人目标应当服从于司法目标，司法机关作为组织，对司法官个人目标会有所约束和引导。组织目标是在个体因素和机组织因素的良性相互作用和反馈中实现的。司法组织要促进司法者个体的动机水平，并使其保持在高位，就要提供有助于司法者个体目标满足的条件。以司法者行为影响因素的动机理论分析来看，包括机会提供、组织公平、高

❶ 据中国台湾地区“各级法院团体绩效评比办法”，2012 年 12 月 30 日。

成就需求导向的工作设计、客观的绩效评估、能够满足个人主导需求的组织奖励。

任何组织体都是处在外部环境之中的，可以支持组织发展的资源的丰富程度，环境的稳定程度和复杂程度，均会对组织产生影响。司法组织作为整体也会有与外部环境相关的动机，司法组织外部依赖性很强，外部保障长期不足且具有变动性和复杂性，获取资源和问责均会影响司法组织行为的动机。

在上述条件之下选择司法考核的方式，一方面要考虑是否能促进司法官勤勉尽职，另一方面要考虑是否会使司法者行为影响因子对于司法目标的实现呈负向作用形态。基于现有条件和司法改革的预期方向，司法考核主体应当为成员多元结构的统一机构；司法考核的内容，对于司法官个人的考核更多的是行为-特质方面，而对于司法机关整体的考核则更多是能否实现司法目标意义上的结果层面；司法考核的具体方法应当符合社会科学方法，司法考核的结果不应用于任何导致司法官及司法机关相互竞争的目的。

第四章　法律性而非政策性：司法考核规则之改进

第一节　宪法视野中的司法考核

一、司法考核：一个有关宪法的问题

前文基于多重司法考核现象的分析和司法考核目标的重置，从技术层面提出实现司法考核目标的具体方式，然而仅在技术层面并无法真正实现司法考核的目标。亦如前文所分析，假如司法考核制度依旧以政策优先的面目运行，依旧由多种多样多变的文件、内部规定等构成，则只要有某种需求，适应该需要的考核内容就会应运而生，导致诸多问题的多重司法考核现象也就无法改变。司法考核目标的实现由是必须在规则层面上改进，即合理考核方式所得到的考核结果如何实现其法律上应然的效果。而首先要讨论的是，司法考核是一个什么性质的问题。

以本书前文的分析，司法考核是一个有关宪法的问题。首先，司法考核制度涉及宪法相关条款的实施。地方党委对司法机关的考核体现党组织对司法机关的领导，与宪法所规定的人大与司法机关的关系，即司法机关由人大产生、受其监督、对其负责，这种监督、负责与党管政法、党领导司法机关之间究竟是何种关系，涉及人民代表大会制度与党的领导权在司法权领域的安排；[1] 上级司法机关对下级的考核关系到对宪法规定司法机关上下级关系条款的遵守，即上级法院监

---

[1] 秦前红：《中国共产党未来长期执政之基——宪法共识下的依宪执政、依宪治国》，《人民论坛·学术前沿》2013 年第 15 期，第 37 页。

督下级的审判工作，上级检察院领导下级的工作；[1] 多重多元司法考核对司法机关职能的实质影响，涉及宪法规定的司法机关独立行使各自权力的规范解释与制度保障。[2]

其次，司法考核制度涉及国家机关之间的关系和相关法律与宪法是否相容等宪法问题。司法考核方式影响法院、检察院和公安机关之间的职能关系，涉及宪法规定的法院、检察院和公安机关在刑事司法中分工负责、互相配合、互相制约的关系，以及检察机关与法院的职权关系问题；[3] 法官、检察官作为公务员考核的做法涉及法官、检察官身份区别于一般公务员的司法改革目标。[4]

最后，司法考核制度与相关法或宪法相关。虽然司法实际运行秩序由法律规范与政策规则交叠而成，政策规则无论数量还是实际效力均优于法律规范，但其有限的法律规范见于法官法和检察官法，是司法官身份法[5]，调整的是以司法官身份保障为中心的司法机关与其他机关的法律关系以及司法机关内部法律关系。司法官作为司法权的实际运行者，司法过程的执掌者，其选任、晋升、考核、惩戒等人事事务是宪法性事务，而非行政管理事务，更不能只看作可以随意变动的组织内部管理事务。

故而学者所言“法官考核，兹事体大”[6]，就不是虚张声势，而是诚实的叙述。作为一个与诸多宪法问题关联却被作为内部管理机制对待的制度，司法考核实际问题之根源即在于此。于是司法考核制度之完善，就不仅是管理技术层面的问题，而更需要对司法考核制度在规则层面予以改进；内部管理机制与宪法问题之间的距离，也需要通过规范分析在规则层面予以弥合。

二、司法考核的宪法考量

司法考核涉及的宪法问题，以宪法规范的视角来看，源于宪法中国家机构体

---

[1] 何帆：《论上下级法院的职权配置》，《法律适用》2012 年第 8 期，第 15 页。

[2] 胡云腾：《坚持党的领导和独立审判的关系》，《中国法律评论》2014 年第 1 期，第 25 页。

[3] 韩大元、于文豪：《法院、检察院和公安机关的宪法关系》，《法学研究》2011 年第 3 期，第 3 页。

[4] 蔡定剑：《法律冲突及其解决的途径》，《中国法学》1999 年第 3 期，第 49 页；刘家海：《解决法律抵触问题的制度选择》，《法治论丛》2010 年第 1 期，第 68 页。

[5] 此处借用法国法的概念，规定司法官选任、地位、晋升、考核、惩戒等身份保障的法律称为司法官身份法。中国法官法和检察官法及属于司法官身份法。

[6] 刘练军：《法官考核，兹事体大》，《东方早报》2013 年 1 月 15 日。

系的条文没有具体对应《宪法》“序言”第七段坚持共产党领导的内容，而现实当中执政党的体系与国家机构体系一一对应，并且不通过国家权力机关即可对其他国家机关进行全面、有效、直接的领导，国家机构的民主集中制原则与党组织的民主集中制原则一致，在集中环节权力集中到各级党组织。[1] 这样就出现规范与现实的巨大差异，这一问题的解决方案，第一种是力图将现实引回到规范，最终生成真正意义的规范宪法，即名副其实犹如合身且经常穿着的衣服那样的宪法；[2] 第二种是通过法教义学方法将党章、党的文件等解释为与宪法目标一致且服从于宪法的进路[3]，强调党的领导是依宪执政，且只能是依宪执政[4]，因而党与人大的关系是党在人大之中；[5] 第三种进路承认政治现实即应然秩序，认为中国共产党领导才是第一根本法[6]，比成文宪法更重要的宪法渊源是党规党纪这些不成文宪法，因而各级党的组织也是国家机构。[7]

司法考核这一具体制度，虽非重大，其现实却也充分显示了在地方层级，党权领导司法权运行发生的困境，表明承认政治现实即应然秩序并不能通往善治，因而司法考核规则之改进，自亦不能采取这一进路。最高司法机构有其政治功能，乃是通例。[8] 而与最高司法机构政治性角色不同[9]，在地方层级，司法权的功能更具有传统意味，即通过运行司法程序、裁决纠纷，实现正义。[10] 以考核等方式要求地方司法机关服务大局，需要追问的恰恰是，对于司法机关而言，什么是大局？司法机关应然的政治任务又是什么？[11] 政治话语提供的最新解答是：

---

[1] 林来梵：《宪法学讲义》，法律出版社 2011 年版，第 340 页。

[2] 林来梵：《规范宪法的条件和宪法规范的变动》，《法学研究》1999 年第 2 期，第 34 页。

[3] 李林：《论党与法的高度统一》，《法制与社会发展》2015 年第 3 期，第 5 页。

[4] 王振民：《宪法政治：开万世太平之路——中国共产党如何走出历史周期率》，《人民论坛·学术前沿》2013 年第 15 期，第 16 页。

[5] 江国华：《依宪执政的五重关系》，《江汉论坛》2015 年第 3 期，第 123 页。

[6] 陈端洪：《论宪法作为国家的根本法与高级法》，《中外法学》2008 年第 4 期，第 485 页。

[7] 强世功：《中国宪法中的不成文宪法——理解中国宪法的新视角》，《开放时代》2009 年第 12 期，第 10 页。

[8] ［美］亨利·J. 亚伯拉罕：《司法的过程》（第七版），泮伟江、宦盛奎、韩阳，译，北京大学出版社 2009 年版，第 402 页。

[9] 沈岿：《司法解释的“民主化”和最高法院的政治功能》，《中国社会科学》2008 年第 1 期，第 100 页。

[10] 林来梵、刘练军：《论宪法政制中的司法权——从孟德斯鸠的一个古典论断说开去》，《福建师范大学学报（哲学社会科学版）》2007 年第 2 期，第 64 页。

[11] 时飞：《最高人民法院政治任务的变化——以 1950—2007 年最高人民法院工作报告为中心》，《开放时代》2008 年第 1 期，第 123 页

"司法为民、公正司法，让人民群众在每一个司法案件中都感受到公平正义。"❶如本书第三章的分析，这一价值关怀若直接作为司法目标是无法操作的，司法权既然设定在政治架构之中，这些政治话语包含的价值就需要通过履行司法职能，在司法过程中以司法技术实现。❷对于一个具体制度规则的改进，以规范宪法意识引领，以法律与政策考量之技术视角，在关乎司法权的任一细微规范和制度中寻求优化路径，这种优化便是在现实与理想之间，寻求既有约束条件下的最大可能。

以下讨论的司法考核规则之改进，从司法考核的制度背景比较入手，解释其生成的原理，从司法考核的制度定位角度，探讨其应然的作用，而后对司法考核作一规范分析，找出实然规范相对于应然规范的欠缺之处，以法律规范吸收政策规则补足实然规范的欠缺，作为司法考核规则改进的路径。

第二节　司法考核的规范分析

一、司法考核的制度背景之比较

司法考核制度并不具有普遍性，至少美国联邦法院系统、日本法院系统就没有设置法官考核制度，虽然1999年日本司法制度改革提出了应使法官人事评价标准明确、透明，但尚不能认为其意在建立作为制度的司法考核。❸芬兰、丹麦的法院实施了目标管理却只是将案件负担作为司法预算的参照数据❹，因而也不算有法官考核制度。确立司法考核的制度的有法国、西班牙❺、美国部分州、中国等。司法考核制度背景比较的第一个问题便是确立司法考核或不确立司法考核制度的理由是什么？笔者的假设是该项制度与司法独立程度有关，司法独立程度

---

❶ 周强:《坚持司法为民公正司法 努力维护社会公平正义——学习贯彻习近平总书记在中央政法工作会议上重要讲话精神》,《求是》2014年第5期,第4页。

❷ 江国华:《司法技术与司法政治之法理及其兼容》,《河北法学》2011年第12期,第30页。

❸ 《支撑21世纪日本的司法制度——司法制度改革审议会意见书》,最高人民检察院法律政策研究室编译,中国检察出版社2004年版,第89页。

❹ Francesco Contini & Richard Mohr, "Reconciling independence and accountability in judicial systems", 2007 Utrecht Law Review, vol 3, issue 2, p. 35.

❺ Ibid, p.36.

较低的地方，公众对司法信任不足，因而需要以司法考核赢得公众信任；而司法独立程度高的地方，司法权威与公众信任是良性互动关系，不需要司法考核制度介入。

上述国家和地区在世界经济论坛的全球竞争力指数（Global Competitiveness Index，GCI）中的司法独立排名[1]，如表4－1所示。

表4－1　GCI司法独立指数排名比较

年份	日本	芬兰	丹麦	美国	中国	法国	西班牙
2017—2018年	15	1	12	29	46	28	65
2016—2017年	15	1	12	25	56	28	65
2014—2015年	8	2	3	30	60	33	97
2013—2014年	14	2	8	32	57	31	72
2012—2013年	17	2	13	38	66	37	60
2011—2012年	18	4	2	36	63	37	65
2010—2011年	20	6	3	35	62	39	66
2009—2010年	23	4	3	26	62	42	60
2008—2009年	25	2	5	23	69	29	56

美国司法独立指数没有区分联邦法院和州法院系统[2]，但依然可以看出各个地方司法独立指数排名与司法考核制度之相关性，即没有司法考核制度的地方司法独立指数高于确立了司法考核制度的地方。一项调查显示，日本法官的职业威信居各行业之首[3]，日本1999年开始的司法改革所形成的《支撑21世纪日本的司法制度——司法制度改革审议会意见书》认为，日本社会所期待的司法作用，是支撑公共性空间的支柱之一[4]，可见司法权的公众信任程度。在确立有司法考核制度的四个地方中，法国的制度最为简约、对司法官实际约束最小，其司法考

[1] 见世界经济论坛（World Economic Forum）网站，http://www.weforum.org/reports，最近访问日期2018年3月7日。

[2] 美国联邦法院系统的独立性高于州法院系统，因而如果仅考虑联邦法院，该排名应该更高。

[3] 季卫东：《法律职业的定位——日本改造权力结构的实践》，《中国社会科学》1994年第2期，第63页。

[4] 《支撑21世纪日本的司法制度——司法制度改革审议会意见书》，最高人民检察院法律政策研究室编译，中国检察出版社2004年版，第3页。

核的结果运用与公众信任几乎无关，而其司法独立指数亦相对最高，也可见二者的相关性。GCI 之中公众对政治家的信任指数、清廉指数与司法独立指数呈正相关，即司法独立程度低的地方，公众也对政治人物信任度低，而腐败指数较高。拉丁美洲国家的情况亦可用以佐证，拉丁美洲国家如哥伦比亚、委内瑞拉、阿根廷等的 GCI 司法独立指数排名多年均在 100 名以后，公众对政治家的信任指数、清廉指数排名也相应较低，研究者亦呼吁应当建立合理的司法绩效考核制度。[1]

虽然样本有限，但明显的相关性仍然存在，因而可以大致验证笔者的假设，也就是当讨论司法考核时，大多情形是在司法独立程度不高的背景之下，讨论以某种方式提升公众信任的问题。对于司法独立程度较高的地方，如果有司法考核或类似的制度设计，则通常基于科层制管理的需要。[2] 因而司法考核并不是司法制度之中固有的部分，而是在特定背景之下建立的起到某种替代功能的制度。也不妨假设，当公众对司法足够信任，司法独立程度足以与公众信任形成良性互动之时，司法考核制度也就不必存在了。当然由司法独立指数排名与司法考核制度的相关性，也可以推知，确立有司法考核制度的地方，司法独立程度终归是较为有限的。因而偏好司法民主问责、采用司法考核制度的地方也不必担心司法会独立到脱离公众的地步。

由司法考核制度背景的有限比较可知，司法考核制度并非因为有权力就要有监督这样的观念而设置，公众对司法的信任并非由司法考核制度建立，现代西方司法权的公众信任的基础是司法独立。[3] 美国联邦最高法院的历程则提供了独立的法院和法官如何在政治力量的帮助下赢得公众信任的过程[4]，以色列司法制度的成功也很大程度归功于司法独立。[5] 而对于社会文化土壤不具备司法独立思想基础，司法无法脱离权力干预的地方，尽管纷纷学习了现代司法制度的外形，却

---

[1] Joseph L. Staats & Shaun Bowler & Jonathan T. Hiskey, "Measuring Judicial Performance in Latin America", 2005 Latin America Politics and Society, vol. 47, issue 4, pp. 77.

[2] 据笔者 2004 年 9 月至 2005 年 2 月在法国 Aix-en-provence 法院系统实习之体验，法国公众对司法官颇为尊重，信任度也很高。

[3] 林来梵、刘练军：《论宪法政制中的司法权——从孟德斯鸠的一个古典论断说开去》，《福建师范大学学报（哲学社会科学版）》2007 年第 2 期，第 64 页。

[4] 斯蒂芬·布雷耶：《法官能为民主做什么》，何帆，译，法律出版社 2012 年版，中文版序言。

[5] 巴拉克：《民主国家的法官》，毕洪海，译，法律出版社 2011 年版，译者前言。

无法习得其精神，中国司法独立思想之变迁可为一例。[1]因而中国司法机关借鉴引入司法考核制度，虽然是在权力监督制约的理念之下所为，却也合乎司法制度的实际情形。唯今需要扭转的观念是，以制度背景而言，司法考核制度是作为司法独立程度不足的补充，赢得公众信任是制度的重要功能。美国联邦最高法院布雷耶大法官在书中强调，人民信任至关重要，否则司法系统便失去守护宪法的正当性基础。[2] 从实际作用而言，司法考核制度还可以作为科层制管理的措施、司法预算的参考、司法官晋升的依据等。

中国台湾地区“司法改革”的经验是成功走向“司法独立”，这一过程之中，司法官自我提升的自觉是关键因素，其“司法考核制度”由“公务员考绩制度”中脱出，更多倾向于“司法自治”，兼顾少量外部监督力量的介入，则被认为并不适合其社会政治制度之背景，因其公众对过于独立的“司法”仍有疑虑，而希望能对“司法官”实施民主问责。以其制度背景评判，似不能认为中国台湾地区目前由法官的相关规定及其配套制度构成的“司法考核制度”是相对最优选择。而以“司法独立”程度而言，则更倾向“司法自治的司法”考核是中国台湾地区“司法机关”的合理选择。“司法考核制度”的一个功能是促进公众信任，但媒介化社会的公众更可能缺乏理性，[3] 因而“司法考核制度”亦应避免滑向曲意迎合表面化的民意，应当在制度理性之中寻求更合理的架构。[4]

二、作为司法官身份法之组成的司法考核

需要进一步探讨的是，在建立有司法考核制度的成文法国家或地区，司法考核制度在法律规范中的定位。法国的司法官考核制度均以司法官身份法确立，法官和检察官共同作为司法官，法国采用司法官身份法，中国台湾地区采用法官相关规定。法国司法官身份法的标题为“loi organique relative au statut de la magistrature”，表明该项法律的性质为组织法。中国台湾地区“法官法”制定的目的是

[1] 夏锦文：《世纪沉浮：司法独立的思想与制度变迁——以司法现代化为视角的考察》，《政法论坛》2004 年第 1 期，第 46 页。

[2] 斯蒂芬·布雷耶：《法官能为民主做什么》，何帆，译，法律出版社 2012 年版，中文版序言。

[3] 张晓锋：《论媒介化社会形成的三重逻辑》，《现代传播》2010 年第 7 期，第 15 页。

[4] 孙笑侠、熊静波：《判决与民意——兼比较考察中美法官如何对待民意》，《政法论坛》2005 年第 5 期，第 47 页。

“维护法官依法独立审判，保障法官之身份，并建立法官评鉴机制，以确保人民接受公正审判之权利”[1]，并规定法官之任用为一种特别任用，亦明确了“法官法”的性质是保障法官身份的组织规范。司法官身份法的主要规范包括，对司法官身份的界定，司法官地位的保障，对司法官行为的限制，司法官等级和任职条件，司法官选任、晋升、迁调条件及程序，司法官职业道德准则及惩戒机制。

（一）何谓司法官身份

法国和中国台湾地区均认可司法官亦属广义的公务员，又为何需要以专门的法律为司法官身份提供特别保障？尤其是中国台湾地区，“司法改革”的重要一步便是将司法官自“公务员”序列以“法律”的形式独立。这种特别保障的理由在于司法官的特别身份，从两个维度来看：第一，司法官与其他公共部门官员或公务员相比较的特别之处；第二，司法官与其他相关职业相比较的特别之处。

第一个维度的比较，基于分权理论的现代司法权演进和关于司法、司法权的诸多论说，已经有充分的表达，司法官身份相对于公务员的特别之处在于，如果没有公共服务的宗旨，娴熟的专业技艺，相应的资格准入、纪律惩戒、职业保障规章以确保其独立性，则司法官无法尽职。[2] 即便对“西方式”司法独立存有疑虑[3]，党的十八届三中全会文件也表明，司法制度不同于政治体制中的其他部分，司法公信力不足很大程度上与司法体制和工作机制不合理有关，而包括司法官身份保障制度在内的司法改革各项举措，目的在于“确保司法机关依法独立行使审判权和检察权、健全权责明晰的司法权力运行机制、提高司法透明度和公信力、更好保障人权”。[4]

在第二个维度，即司法官身份与其他法律职业比较的特别之处，显著的例子是司法官转任律师等与诉讼有关职业的限制条件。根据中国台湾地区“律师法”

---

[1] 中国台湾地区“法官法”第一条。

[2] 季卫东：《法律职业的定位——日本改造权力结构的实践》，《中国社会科学》1994 年第 2 期，第 63 页。

[3] 《最高法：划清与西方“司法独立”“三权鼎立”界限》，中国新闻网 2015 年 2 月 25 日，http://www.chinanews.com/fz/2015/02-25/7079142.shtml，最近访问 2017 年 8 月 8 日；刘瑞复：《我国独立公正司法与西方国家“司法独立”的根本区别》，《红旗文稿》2014 年第 24 期，第 8 页。

[4] 习近平：《关于〈中共中央关于全面深化改革若干重大问题的决定〉的说明》，《人民日报（海外版）》2013 年 11 月 16 日。

规定，司法人员自离职之日起三年内，不得在曾任管辖区域内执行律师职务。[1] 法国司法官身份法规定的限制期则为五年。[2] 而中国台湾地区有关规定和法国法律规定的司法官任职条件本来就远高于律师的任职条件，中国台湾地区“法官法”规定实际执行律师职业六年以上方具有司法官任职资格；[3] 法国《司法官身份法》规定律师等其他法律职业人士进入司法官序列亦需要通过考试、实习等环节。[4] 既然司法官和律师及法律学者等法律职业人士有相同的教育背景，是一个法律职业共同体的成员[5]，职业之间的区隔壁垒，特别是司法官职业的壁垒，理由何在？从西方司法官职业渊源和司法仪式来看，合理的解答是，如同法律与宗教的密切关联[6]，与司法官职业更为相似的并非律师和法学教授，而是神职人员。[7] 对司法官的技艺、品格、威严之要求，在衣着、法庭设置、法庭仪式等形式上与社会一般生活场景营造的距离，也都在显示司法官身份的这种与神职相似的特质。[8] 牧师也是经常用以比拟司法官特别是法官职业的参照。[9] 来自神职的法袍、法庭仪式等为司法赋予形式合理性，为司法官身份提供了和独立的屏障。[10] 虽然司法文化趋向实用主义，司法官服饰也在变革[11]，但对于神职特征的司法官身份之传统认识仍然是司法权威的一个基础，司法是“身披法袍的正义”[12]，而正义是神圣的，否则就不是正义，反之亦然。[13]

因此，传统意义上司法官身份可以如此描述，相对于公务员，司法官需要与司法权独立性相应的身份，相对于其他法律职业，传统上司法官须有更超然、接近神性之身份特质。中国司法官身份塑造具有双重难题。首先，在中国传统文化

---

[1] 中国台湾地区“法官法”第九十七条、“律师法”第三十七条。

[2] 法国《司法官身份法》第 9 - 1 条。

[3] 中国台湾地区“法官法”第五条、第八十七条。

[4] 法国《司法官身份法》第 17 条、第 18 - 1 条。

[5] 吴卫军、冯军：《论法律共同体》，《当代法学》2001 年第 11 期，第 1 页。

[6] 伯尔曼：《法律与宗教》，梁治平，译，中国政法大学出版社 2003 年版，第 101 页。

[7] 萨达卡特 · 卡德里：《审判为什么不公正》，杨雄，译，新星出版社 2014 年版，第 1 页。

[8] 杰罗姆 · 弗兰克：《初审法院——美国司法中的神话与现实》，中国政法大学出版社，第 277 页。

[9] 爱德华 · 杰 · 德维特：《美国联邦新任法官工作指南》，胡雪梅、韩春海，译，《人民法院报》2012 年 2 月 3 日.

[10] 张薇薇：《法袍与法文化》，《法律科学》2000 年第 5 期，第 19 页。

[11] 王华胜：《英国法官服饰的形成与变革》，《环球法律评论》2010 年第 5 期，第 78 页。

[12] 罗纳德 · 德沃金：《身披法袍的正义》，周林刚、翟志勇，译，北京大学出版社 2010 年版，第 14 页。

[13] 伯尔曼：《法律与宗教》，梁治平译，中国政法大学出版社 2003 年版，第 105 页。

中并无专业化的法律职业，司法并没有成为特别的权力[1]，反而人民司法作为新的传统[2]，与重新引进的职业化司法形成观念冲突；[3] 其次，制度传统中也没有宗教仪式混同于法律制裁仪式的阶段，司法者并非具有巫术或神权的人[4]，引入法袍、法槌等西方司法威仪象征物于是便很难收到增强司法官威严的效果，不合身的法袍反而可能成为造成庭审不严肃的原因。[5]

中国司法考试与法官法、检察官法在形式上都已经具备，而司法官身份塑造远未完成，一个障碍便是司法官身份特殊性的理由究竟何在？日本 1889 年起从严格的资格考试着手，逐步建立现代化的法律职业群体，经由第二次世界大战以后美国人的介入，确立了与西方传统相类的司法官身份制度。[6] 日本的经验提供了司法官身份特殊性的另一个理由，即设置高企的任职条件和司法官转任律师等法律职业的限制条件壁垒，可以使司法官作为高素质的群体获得社会对其特殊地位的认同。[7] 以实用主义来看，较高的任职条件同时可以阻止不适合的人士进入司法官序列[8]，例如想要以司法官资历获取律师执业优势的人。如此司法官身份的特殊性可以使出于其他动机而非司法官职业理想动机的人士不进入司法官行列，从而保持司法官职业的品质和稳定性。司法官身份的含义便是以同意有关司法官身份的所有限制为条件，所获得的地位和保障。在这个意义上，司法官身份能够更多回应现实中的多元需要，既可以是人民的，也可以是职业的，既可以是威严的，也可以是亲切的。基于对多元需要的回应，司法官身份有所分化，相应的限制条件及地位保障亦有所区分。例如美国联邦法院法官与州法院法官身份保障的区别。[9] 又如法国劳动法院的

---

[1] 苏力：《法律活动专门化的法律社会学思考》，《中国社会科学》1994 年第 6 期，第 117 页。

[2] 赵晓耕、沈玮玮：《人民如何司法：董必武人民司法观在新中国初期的实践》，《甘肃社会科学》2012 年第 2 期，第 91 页。

[3] 李斯特：《人民司法群众路线的谱系》，载《法律和社会科学》第 1 卷，法律出版社 2006 年版，第 285 页。

[4] 瞿同祖：《中国法律与中国社会》，中华书局 2003 年版，第 269 页。

[5] 方乐：《法槌与法袍：符号改革的实际效果》，载《法律和社会科学》第 1 卷，法律出版社 2006，第 66 页。

[6] 季卫东：《法律职业的定位——日本改造权力结构的实践》，《中国社会科学》1994 年第 2 期，第 63 页。

[7] 季卫东：《法律职业的定位——日本改造权力结构的实践》，《中国社会科学》1994 年第 2 期，第 63 页。

[8] 这一点与波斯纳认为过高的薪水会降低求职者的素质的原理一致。[美]理查德 · 波斯纳：《法官如何思考》，苏力，译，北京大学出版社 2009 年版，第 157 页。

[9] 亨利 · J. 亚伯拉罕：《司法的过程》（第七版），泮伟江、宦盛奎、韩阳，译，北京大学出版社 2009 年版，第 21 页。

选举产生的非职业法官，其身份限制与保障和职业司法官不同，并不穿着法袍，庭审中律师也不必站立；❶ 以及商事法院由前商人经选举组成的法庭，也是法国非职业法官的一个重要类别，其职业操守的要求为荣誉、廉洁、尊严，并无独立等内容。❷ 有着深厚司法传统的国家，其司法官身份的分化，更具有借鉴的价值，虽然职业化仍是一个理想图景。❸ 而中国台湾地区高度职业化的司法官身份是否会带来新的问题，研究者已然提出忧虑，实际的情形则有待观察。

值得注意的是，2015 年修订的《职业分类大典》，将法官和检察官列为法律专业人员，与律师、公证员、司法鉴定人员、书记员为一类，属于专业技术人员大类，而法院院长、检察院检察长仍为第一大类国家机关负责人。❹ 司法官的职业虽然有极强的专业性，但其最主要的职业特征仍为行使国家权力，因而司法官虽与一般公务员不同，但仍属公务人员，并非专业技术人员。

（二）司法官身份法之结构

司法官身份法的结构，以时间坐标，可以分为司法官身份的取得、保持、变更、丧失四个环节的规范，以法效果区分，则可以分为司法官身份条件规范、义务规范、地位规范和保障规范。在规则意义上，后一种区分更能揭示司法官身份的特别之处，因而更具价值。

司法官身份条件规范即司法官选任规范，法效果是只有符合司法官选任规范者，方可获得司法官身份，分为资格条件和程序条件。资格条件的条款包括司法官提名人选的来源，每一类来源的具体条件如年龄、学历、特别的职业资历、是否需要资格考试、实习等，以及资格排除条件。程序条件包括选任决定的主体及其组成、提名程序、审议咨询程序、决定程序等。

司法官身份义务规范是指保有司法官身份所应遵守的义务，主要是司法官行为准则和职业道德准则，法效果是只有遵守这些义务规范方可保有司法官身份。

---

❶ 法国《劳动法典》(Code du travail)第4编“纠纷解决:劳动法院”(Livre IV: La résolution des litige-le conseil de prud'hommes)。

❷ 法国《商法典》(Code de commerce)第724－1条。

❸ 陈海光:《法官法实施的现实成效与远景展望》,《中国人大》2006年第19期,第19页;程竹汝:《法治发展的逻辑:司法角色制度的优先性——兼论新<法官法>和<检察官法>在中国司法角色制度上的历史性超越》,《上海社会科学院学术季刊》2002年第2期,第88页。

❹ 《中华人民共和国职业分类大典》(2015版)第1－02(GBM0-2)词条、第2－08(GBM2-3)词条。

司法官行为准则和职业道德准则设定的司法官义务主要有，宣誓、不得兼任特定职业、保守职业秘密、不得有不正当经济活动、不得有不正当利益交往等。

司法官身份地位规范规定司法官的权利和权力，法效果是具有司法官身份者，即拥有这些规范赋予的权力，享有这些规范界定的权利。具体包括行使职权不受干涉的权利，非法定事由不被免职、停职的权利，非依法律规定条件或本人同意不被迁调的权利，非法定事由经法定程序不被惩戒的权利，获得与其资历和能力相应的司法官级别的权利，获得与其级别相应的薪俸的权利，进修培训的权利等。

司法官身份保障规范是保证司法官身份义务规范和地位规范得以实施的各种条件，如司法官获得薪俸权利需要的薪俸标准，司法官级别对应的晋升程序，司法官义务遵守及免职、停职对应的惩戒程序，评估司法官行为是否合乎地位规范及义务规范的考核程序，以及与迁调对应的职务变动条件及程序，有关司法官职务保有和权利行使的任期保障或限制规定等。法效果是符合这些规范的构成要件时，方可发生因违反义务产生的后果，或积极权利的实现及消极权利的限制。

司法官身份规范，与公务员和其他法律职业相比，规定了更高的任职条件，更严格的义务规则，更崇高的地位和相应更严密、充分的身份保障。正是这些特别的规范，从法律上将司法官与其他职业相区别，通过司法官身份法的实施，在现实生活中也将司法官与公众和其他公职人员相区别。而讨论司法官身份规范及职业保障制度的特殊重要性，一个前提便是承认司法制度本身的特殊性[1]，所谓尊重司法规律，也就是要认同司法与社会其他部门的适度距离[2]，一切相关制度设计，都要围绕这种规律展开。

以此审视《法官法》和《检察官法》，其立意首先是管理，《法官法》第一条列明的立法目的，依序为提高法官素质、加强对法官的管理、保障法院独立行使审判权、保障法官依法履行职责，检察官法立法目的之表述类同。全国人大常委会2006年和2007年对《法官法》和《检察官法》实施情况的报告亦表明，《法官法》和《检察官法》实施十多年的主要成效在于管理方面，职

---

[1] 林来梵、刘练军：《论宪法政制中的司法权——从孟德斯鸠的一个古典论断说开去》，《福建师范大学学报（哲学社会科学版）》2007年第2期，第64页。

[2] 许章润：《“司法权威”：一种最低限度的现实主义进路》，《社会科学论坛》2005年第8期，第5页。

业保障由于配套措施的缺乏而一直处于待落实的状态。❶ 关于司法官职业保障的诸多研究也认为《法官法》《检察官法》没有得到贯彻，是司法官职业保障不足的重要原因❷，而完善的路径则是落实《法官法》《检察官法》。❸ 法律实施效果固然受多种因素影响，但从结构来看，《法官法》和《检察官法》之中，司法官身份地位规范供给不足，司法官身份保障规范之中严重缺乏程序条件，这样的不具有规范性的法律规定，即便没有其他因素制约，亦很难产生良好的法效果。《法官法》和《检察官法》本身规范性不足，也导致其没有能力确立司法官身份的特殊地位，"末位淘汰"之类管理制度的层出创新也就不足为奇了。

（三）司法考核制度的定位

司法考核制度属于司法官身份法的组成部分，作为司法官身份保障规范之一，作用是评估司法官行为是否合乎地位规范及义务规范，与司法官晋升、薪俸、惩戒等制度相关联。司法考核在司法官职务评定及晋升、薪俸、惩戒等制度中的功能，首先是作为司法官等级晋升等的程序条件，其次是考核结果作为职务评定等的参考信息，第三是考核结果作为惩戒审查程序的启动条件之一。

中国台湾地区法官考核首先是作为法官职务评定的参考，每三年一次的法官全面评核和每年至少两次的平时考评均作为法官职务评定的参考。❹ 职务评定则是职务晋级、晋升上级法院职务、薪俸奖励的依据。❺中国台湾地区法官职务评定分"良好"和"未达良好"，评定为良好者可获得职务晋级及薪俸奖

❶ 顾秀莲：《全国人大常委会执法检查组关于检查〈中华人民共和国法官法〉和〈中华人民共和国检察官法〉实施情况的报告》，《全国人民代表大会常务委员会公报》2006 年第 7 期，第 634 页；顾秀莲：《全国人大常委会执法检查组关于跟踪检查〈中华人民共和国法官法〉和〈中华人民共和国检察官法〉实施情况的报告》，《全国人民代表大会常务委员会公报》2007 年第 6 期，第 652 页。

❷ 高洪宾：《法官的职业保障亟待改善——〈法官法〉颁布十周年有感》，《法律适用》2005 年第 7 期，第 10 页；钱锋：《法官职业保障与审判独立》，《法律适用》2005 年第 1 期，第 51 页。

❸ 宁杰、程刚：《法官职业保障之探析——以〈法官法〉中法官权利落实为视角》，《法律适用》2014 年第 6 期，第 86 页。

❹ 中国台湾地区"司法主管部门""各级法院法官评核办法"第八条。

❺ 中国台湾地区"司法主管部门""法官职务评定办法"，2012 年 6 月 26 日；"司法主管部门""考试院""法官迁调改任办法"，2012 年 9 月 21 日。

励；迁调（晋升）上级法院职务时，遴选的要件之一是最近五年职务评定无未达良好的情形。中国台湾地区法官考核结果与法官惩戒、处分也有关联，但仅为启动惩戒、处分审查程序的一个条件。据“法官法”规定，“司法主管部门”进行的法官全面评核，如果发现有应当个案评鉴的事由，即应移送法官评鉴委员会进行个案评鉴。所谓个案评鉴，是指法官涉嫌严重违反司法行为规则及司法伦理规则时，由“法官法”规定的适格主体提出申请，法官评鉴委员会进行审查，法官全面评核发现应付个案评鉴仅为启动途径之一。[1] 经审查确有严重违反司法行为规则及司法伦理规则情形，依情节严重程度分两个途径处理。对于较为严重有惩戒必要者，报由“司法主管部门”移送“监察主管部门”审查弹劾，“监察主管部门”决定弹劾后移送职务法庭审理；无惩戒必要者，由“司法主管部门”交付“人事审议委员会”审议。[2] 在中国台湾地区相当复杂的司法官晋升、惩戒处分制度中，法官考核的作用是过程性的，考核本身不产生权利处分的结果。对照法国的制度，司法考核的作用也是过程性的。[3]

司法考核作为一种评估，本身不具有决定司法官身份事项的法效果，因而司法考核制度是一项过程性制度。司法考核、司法官晋升、薪俸保障、惩戒等相互关联形成行为动机反馈系统，司法考核目标之实现，有两个阶段，第一阶段是通过合理激励方式的选择对司法过程进行客观评估，第二阶段则是通过司法考核结果的运用实现设定的目标。在这个意义上，也可以说司法考核制度具有从属性，须服务于司法官身份保障的其他制度，如晋升、薪俸保障、惩戒等制度。

三、司法考核规范性之条件

虽然司法考核本身不具有决定司法官身份事项的法效果，是一项过程性制度，具有相当程度的从属性，但其作为司法官身份保障规范的组成部分，是对司法过程中司法官行为的评估，亦应当是规范化的规则。所谓规范化，就不仅意味

---

[1] 中国台湾地区“法官法”第三十条、第三十五条；中国台湾地区“司法主管部门”《法官评鉴委员会评鉴实施办法》，2011 年 12 月 30 日。

[2] 中国台湾地区“法官法”第三十九、第四十、第五十一条。

[3] 法国《司法官身份法》（Loi organique relative au statut de la magistrature）第 12 – 1 条。

着要有明确的司法考核规则，并且这些规则还应当包含规范性的构成要件和法效果两个必要要素，[1] 是形式与实质相统一的法律规范。[2] 概言之，司法考核规范应当包括考核主体及其权限、考核内容及标准、考核信息获取、考核结果生成、考核结果的运用、受考核者的救济程序等具体规则均应由法律规定，每一具体规则应当符合法律规范性条件，即综合前文所述，司法考核规范性之条件主要是各环节事项及程序的确定性。

第一，司法考核主体及其权限的确定性。司法考核主体及其权限必须以法律规范的形式予以确定，意义在于，首先，司法考核的实施也是一项权力的执行，也应当受法定权限和程序的约束，并且对考核行为本身也应当进行职务监督；其次，司法考核的客观公平需要考核实施机构组成本身符合公正性的要求，其组成规则及权限的确定性是一个基本保障。

第二，司法考核内容及标准的确定及透明。如果考核内容及标准处于随时变动状态，就很难避免非司法因素通过考核对司法过程进行干预，司法考核内容及标准之确定及透明的意义在于此；其次，确定及透明的司法考核内容及标准才谈得到客观公正，通过司法考核将司法道德准则及司法行为准则具体化，使司法官的行为能够受到考核的正向激励。此外，确定及透明的司法考核内容及标准利于对其进行持续的研究以便改进。

第三，司法考核程序的确定性。司法考核程序包括考核信息获取、信息分析和结果生成，考核信息从哪些来源获取，由谁获取，考核信息如何分析，由谁以何种方式生成考核结果，均需确定。首先，避免考核信息获取和分析方法差异造成的不公平，使用尽量充分的信息和合理的分析方法才能避免考核的不客观；其次，考核结果并不同于考核信息，由谁以何种方式生成考核结果的确定性，也足以影响司法考核的客观公正。

第四，司法考核结果运用的确定性。司法考核本身只是一个评估，经由结果运用产生法律上的效果，因而考核结果运用的确定性意味着在适用司法考核的场合，司法官身份保障的确定性。司法考核结果运用的确定性包括运用主体、场

---

[1] 卡尔·拉伦茨：《法学方法论》，陈爱娥，译，商务印书馆2003年版，第132页。

[2] 周永坤：《司法的地方化、行政化、规范化——论司法改革的整体规范化思路》，《苏州大学学报（哲学社会科学版）》2014年第6期，第53页；朱继萍：《法律规范的意义、结构及表达》，《法律科学》2007年第4期，第36页；魏枝勋：《法律规范结构理论的批判与重构》，《法律科学》2008年第5期，第37页。

合、程序的确定性，以及受考核者救济程序的确定性。

司法考核规范必须服从其宗旨，即司法考核是司法官身份保障制度之组成部分，而非对司法官的管制，司法考核的具体规则也应以满足其规范功能为限。以下根据司法考核目标实现之方式的分析、司法考核制度之性质及定位以及规范性条件，进行司法考核规范化改进的探讨。

第三节 司法考核的规范化：法律规则之改进

一、司法考核的主体

目前，多重多元的司法考核，司法官接受其所在的司法机关的考核有法律依据，但考核主体和权限亦不明确。法官法和检察官法规定对司法官的考核由所在的法院或检察院实施，并设考评委员会审查年度考核方案、指导考核工作，考评委员会组成人员五至九人，主任由机关首长担任[1]，且不论考评委员会实际上的沉睡状态，该委员会的成员组成、任期等均无明确规定。关于考核主体的权限，《法官法》和《检察官法》的规定是由司法官所在的机关组织实施考核，但哪个机构有权制定考核规则，并没有法律规定，法院组织法和检察院组织法并未明确最高人民法院和最高人民检察院拥有制定司法官考核规则的权力。

尽管公务员法将法官、检察官纳入其中，但“法官、检察官等的义务、权利和管理另有规定的，从其规定”，《法官法》和《检察官法》的考核条款应当属“另有”的规定。实践中法官和检察官作为公务员考核的依据是党内法规，《党政领导班子和领导干部年度考核办法（试行）》规定，对党政机关内设机构领导干部的年度考核，按照《公务员考核规定（试行）》办理；非领导干部的考核顺理成章也就适用了这一规定。

至于上级司法机关对下级机关的考核，如果说宪法和检察院组织法规定上级检察院领导下级检察院的工作，领导的方式包含考核尚属合理，上级法院对下级法院的考核则缺乏法律上的依据。而从司法考核制度的定位来看，依前文司法官

---

[1] 最高人民法院 1995 年《法官考评委员会暂行组织办法》；最高人民检察院 1995 年《检察官考评委员会章程（试行）》《检察官考核暂行规定》。

行为影响因素之分析，上级司法机关对下级直接实施司法考核，对司法官身份保障的可能产生负面影响。

以有关考核主体的规范状况来看，谁来考核是有必要以立法的方式重新建立的规则。如本书第三章的分析，较为合理的方式是设立统一机构负责司法官的选任、晋升、考核和惩戒，机构组成应当具有开放性。需要进一步讨论的是，统一机构如何设立，本文根据前述分析，试提出若干政策建议。

中国国土辽阔，地区差异大❶，司法官数量众多❷，设立全国统一机构并不现实。可操作的方案是司法改革试点方案，即在省一级设立负责司法官人事管理的机构，负责除高级法院院长、省级检察院检察长之外的司法官的考核。该机构的职能属于司法人事权，根据宪法规定，应当是人大的权力。❸ 目前，人大对司法机关的监督方式包括听取工作报告并进行表决❹，对司法机关的具体工作进行事务监督等❺，而司法人事权这一宪法规定由人大行使的权力反而虚置。人大权力行使不当既有违法治原则，也不符合人民主权原则，其与司法机关的关系应当回归宪法规范。宪法规定人大决定司法机关主要的人事任免，并对司法机关实施监督。人大常委会监督法规定，各级人大常委会对本级司法机关的工作进行监督，在具体监督方式上没有将对司法机关的监督与对行政机关的监督相区别。但以宪法规范来看，人大对司法机关的监督不得与司法机关独立行使职权相冲突，因而人大的监督范围之合理解释应为司法人事事项的控制与监督。❻ 因而负责司法官人事管理之机构的合理地位是省一级人大内设的专门委员会，名称可以是司法人事委员会或司法官委员会。高级法院院长、省级检察院检察长的考核由全国人大负责。

关于省级司法人事事务统一机构的成员，需要在司法机关内部成员和外部成

---

❶ 国家司法考试放宽部分地方报名条件即是地区差异的一个体现。《司法部关于确定国家司法考试放宽报名学历条件地方的意见》(司法通[2007]38号)。

❷ 2013年的数据，法官人数为19.6万人，占法院总人数的58%。《中国法官人数已近20万人》，新华网2013年7月25日，http://news.xinhuanet.com/legal/2013-07/25/c_116690358.htm，最近访问日期2017年8月24日。

❸ 钱宁峰：《我国人大与司法机关之间关系的宪法文本分析》，《学海》2005年第5期，第156页。

❹ 张泽涛：《法院向人大汇报工作与司法权的行政化》，《法学评论》2002年第6期，第18页。

❺ 刘练军：《"特定问题调查"是否包括司法个案》，《法律适用》2007年第5期，第94页。

❻ 张泽涛：《法院向人大汇报工作的法理分析及其改革——以十八大以来法院体制改革为主线》，《法律科学》2015年第1期，第56页。

员的比例上求得平衡，也须考虑广泛参与性与专业性的平衡。成员可以先在人大代表、司法官、律师和法律学者代表中选择，司法官应当包括辖区各级法院、检察院的司法官，而后根据工作反馈情况调整。成员的具体来源、比例、产生程序等规范均应由全国人大常委会制定及修改。统一机构的成员应当在相对长的任期内固定不变。人大负责司法人事事务的统一机构，任期应当至少超过对辖区司法官全面考核的一个周期，该任期及其调整亦应由全国人大常委会决定。

关于省级司法人事事务统一机构对于司法考核的权限：对人的权限为负责对省级司法机关首长之外的司法官进行考核，负责对省级以下司法机关的首长之考核，以及对省级以下司法机关司法官的考核。对事的权限应当包括考核的实施、考核所需信息的获取及分析、考核结果的制作、基于考核结果的奖惩措施的建议。该机构无权对考核内容及标准进行修改调整，如果认为考核内容及标准有必要修改，应当向全国人大常委会提出建议；为保证司法考核的客观公正，该机构应当相对中立，没有直接实施奖惩的权力，但可以把建议和考核结果移送相应机构进行审查，司法官晋升、惩戒是相应机构的权力；为保障司法机关独立行使职权，该机构也无权以考核为由对司法个案的事实认定和法律适用进行监督，仅在考核中发现司法官有应当惩戒事项时，基于考核结果行使建议和移送审查权。

仍需要讨论的是，省级司法人事事务统一机构与省级及以下各级党委组织部门的关系。在宪法规范层面，党的领导是国体的基本特征，不可能要求司法官中立于政党活动，因而任何具有现实操作性的规则改进，均需要考虑党的领导与法律规范的关系。

其一，司法考核与党委干部主管部门党政领导干部考核的权限关系。根据中共中央 2002 年 7 月《党政领导干部选拔任用条例》，党政领导干部在年度考核、干部考察中，民主测评不称职票超过三分之一、经组织考核认定为不称职的，一般应当免去现职。据中共中央组织部关于党政领导干部考核的规定[1]，考核内容包括工作实绩，考核结果应作为领导干部选拔任用、职务升降、奖惩、培训、调整级别和工资等的重要依据，考核评定为不称职的，有免职、责令辞职、降职等后果。由于党管干部原则不仅仅适用于党员，且党政领导干部考核内容包含了工作实绩，也有对干部职务实体上的处分权，而司法官属于党政干部，因而与司法

[1] 《党政领导干部考核工作暂行规定》(经中共中央批准，中共中央组织部 1998 年 5 月 26 日印发)。

考核在权限上有一定冲突。合理的解决方案是党委干部主管部门对于司法机关的领导干部考核不再包括已经规定在司法考核中的内容，党委干部主管部门也不再对司法机关领导干部的工作实绩进行评定，司法考核结果可以告知党委干部主管部门作为参考。这一方案没有否定党管干部原则，同时符合党内规章制度的效力范围。❶

其二，省级司法人事事务统一机构关于司法官奖惩的建议和移送相应机构审查与党政领导干部选拔任用和党纪处分的关系。为保障司法官身份的特殊性，在司法官晋升事项，应当将省级司法人事事务统一机构关于司法官晋升的建议作为单列的推荐、提名途径，党委仅对该推荐做形式审查。由于司法机关党员比例较高❷，司法官如果事涉惩戒，极大可能也会同时涉及党纪处分。根据党员纪律处分规定，党员违反法律法规、受到行政处分或其他纪律处分，可以依照核实的事实、性质和情节，追加党纪处分或组织处理。❸ 据此，省级司法人事事务统一机构基于考核结果提出的司法官惩戒的建议可以通知党委纪委。但根据党内法规的性质❹，违反党纪的情形则不能直接作为司法官惩戒的依据。

二、司法考核的内容及标准

司法考核规范化意义上的司法考核内容，是前文表 3 - 9 所列司法考核目标分项考核内容的具体化和规则化。本书第四章关于司法考核内容的讨论，主旨以司法考核目标来看，司法考核内容本身应当符合司法过程司法职能规律意义上的合理性。本节关注考核内容及其标准作为法律规则的规范性，其规范要件和法效果的合理性。

---

❶ 王振民：《党内法规制度体系建设的基本理论问题》，《中国高校社会科学》2013 年第 2 期，第 136 页。

❷ 例如郑州中级法院党员比例达 86.5%。冀天福、安士勇、王中冉：《郑州中院：法徽闪耀党旗红》，《人民法院报》2015 年 7 月 28 日；孙春英、徐伟：《全国检察机关党员人数已占到 83.1% 最高检提出党建带队建》，法制网 2008 年 11 月 14 日，http://www.legaldaily.com.cn/bm/content/2008 - 11/14/content_981012.htm，最近访问日期 2017 年 8 月 9 日。

❸ 《中国共产党纪律处分条例》，2003 年 12 月 31 日由中共中央颁布。

❹ 姜明安：《论中国共产党党内法规的性质与作用》，《北京大学学报（哲学社会科学版）》2012 年第 3 期，第 109 页。

法官法规定的考核内容为审判工作实绩、思想品德、审判业务和法学理论水平、工作态度和审判作风；检察官法规定的内容相同，只是将审判字样做了相应替换。有关司法考核改进之研究认为，《法官法》和《检察官法》的规定符合司法官职业化的要求，将其细化即可作为合乎司法规律的考核标准。[1] 但从规范性角度来看，《法官法》和《检察官法》的规定并不具备可实施的规范要件，即便予以细化也不能产生明确的法效果。对照法官法和检察官法对于考核内容之规定，其覆盖表3－9之司法考核目标的情况，《法官法》《检察官法》条文中的考核与司法考核目标对比，如表4－2所示。

表4－2 《法官法》《检察官法》条文中的考核与司法考核目标对比

法律规定	司法考核目标	分项属性
审判/检察工作实绩	在司法流程中行为的合法性 裁判/终局性决定之依据的正当与充分性 裁判结果的正当性合理性	行为/结果
思想品德	对于法官/检察官职位的适任性 对职业道德的恪守	特质/行为
审判/检察业务 法学理论水平	对于法官/检察官职位的适任性 裁判/终局性决定之依据的正当与充分性 裁判结果的正当性合理性	特质/结果
工作态度和工作作风	处理各类事项的态度 在司法流程中行为的合法性	行为

《法官法》和《检察官法》均规定，审判/检察工作实绩是考核重点，但何为工作实绩？以司法投入产出比率论，单位时间办理案件的数量可称工作实绩；以司法职能的行使论，司法流程顺畅运行，裁判和终局性决定合理，可称工作实绩；若以司法结果论，情形就相当复杂，当事人接受裁判和终局性决定的程度、上级法院是否改判、公众的评价、专业群体的评价等均可认为是工作实绩的表现。不同的司法考核目标决定了不同的工作实绩界定，最高人民法院《关于开展

[1] 蔡辉：《法官考评制度改革的若干问题探讨》，《法律适用》2004年第8期，第21页；陈传启、王光耀：《论中国检察考核机制的缺失与完善——基于对检察人员考核的视角分析》，《社科纵横》2011年第6期，第63页。

案件质量评估工作的指导意见》及最高人民检察院《关于进一步改进检察业务考评工作的意见》即为各种目标混合之下，以量化的方式“细化”工作实绩指标的产物。还有法官法和检察官法规定的思想品德这项考核内容，语义本身不明确，更不用说规范性的欠缺。思想品德在教育体系中是道德伦理的同义语，同时包含政治教化内容。❶ 从规范体系看，《法官法》和《检察官法》关于考核内容的规定与司法官的权利义务、奖惩条件没有关联，而考核结果则用于司法官的免职和辞退，这也使得《法官法》和《检察官法》规定的考核内容不符合司法官身份保障所要求的规范性，即便予以细化，其所能担当的也仍只是内部管理规则的角色。

故此，司法考核内容之规范化，也需要法律规则的重新安排，约束条件包括：（1）司法考核制度作为司法官身份保障规范的定位；（2）由司法考核目标决定的分项内容；（3）已有的生效法律和规范性文件。兹以表 3－9 所列司法考核分项内容中司法官考核的三个分项，未能遵守司法流程规定的行为、裁判/终局性决定的事实和法律依据是否充分、个人素养能力是否适任司法官为例，分别分析行为、结果、特质三类考核项目的规范化。

第一，司法考核内容中行为项目的规范化。行为项目的考核是将实然行为与应然行为相比较，得出实然行为是否妥当的过程。因而行为项目作为考核内容，规范性的首要条件是要有应然行为的法律规范。实然行为与应然行为相比较，要确定可以允许多大程度的差异。行为项目考核的标准是有或没有该种行为。以未能遵守司法流程规定的行为这一考核项目为例，应然行为即法律规定的司法流程所要求的司法官行为，法律规范为诉讼法。实然行为与应然行为可允许的差异亦在法律规范中规定，体现为对应然行为设置的救济程序，在通常救济程序范围内的实然行为，即符合差异的允许程度。通常救济程序包括异议、复议、上诉等程序，审判监督程序则不属于通常救济。

第二，司法考核内容中结果项目的规范化。结果项目的考核并非对错的简单判断，依然是对司法过程中的司法官行为的评价，只是因为某些过程中行为本身无法测量，只能通过结果来反推行为的妥当性，即将该项结果的实然依据与应然

---

❶ 马莹、阮澎：《建国以来高校大学生思想品德教育回顾与展望》，《海南大学学报人文社会科学版》2011 年第 5 期，第 138 页；王易、彭思雅：《试论思想品德的形成规律》，《教学与研究》2012 年第 9 期，第 61 页。

依据相比较，以判断其妥当与否。结果项目作为考核内容，规范性的条件是首先对于该结果的构成要素有法律规范，其次对于作出该结果的应然程序和实体依据有法律规范，法律规范允许的裁量范围即为允许二者差异的程度。结果项目考核的标准是该项结果对法律规范符合的程度。以法官作出民事一审判决的事实和法律依据是否充分考核项目为例，由于法官推理过程属于思考的范畴而无法测量，只能从判决书这一形式载体来判断。民事诉讼法规定的判决书构成要素包括四项内容和两项形式要件，其中第二项“判决认定的事实和理由、适用的法律和理由”即为考核项目的构成要素规范。而要判断事实和法律依据是否充分，则需要考察判决书中是否载有支持其结论的证据审查和事实认定，所适用法律的理由是否与事实认定匹配。这一判断不包括对事实认定是否正确的判断，只关注判决是否充分依据了事实认定；也无涉法律适用是否正确，只关注判决是否首先充分考虑了法律依据，才考虑其他依据如原则、政策、习惯等。

第三，司法考核内容中特质项目的规范化。表3～9中的特质项目仅有适任性一种，其考核是综合衡量，即有某种行为或出现某种结果达到一定程度时，可以认为司法官不具有适任性。此项考核的规范性在于，依照行为项目和结果项目的考核，按照法律规范设定的对这些行为和结果的容忍度，判断司法官的适任性，考核的标准的适任或不适任。

仍需讨论的是，司法考核各项内容所依据的规范性文件范围问题。根据司法考核制度的定位，司法考核各项内容依据的规范性文件应当以法律法规和司法解释为限，现有的其他规范性文件应予整合。以司法官职业道德准则为例，目前法律之中尚欠缺司法官职业道德准则规范，最高人民法院和最高人民检察院分别制定有若干规范性文件❶，其中的规范包括职业道德准则、行为准则、对司法程序具体操作的解释性规定、规范违反之后果的规定。以司法官身份的结构来看，这些规范属于司法官身份义务规范，应当以法律而非部门法规规定。另外这些规范内容有重叠交叉，也不免有冲突抵触之处，从便于适用的角度来看，也应当予以

❶ 包括最高人民法院制定的《法官职业道德基本准则》(2001年10月18日发布,2010年12月6日修订后重新发布,法发〔2010〕53号)、《法官行为规范》(2005年11月4日发布试行,2010年12月6日修订后发布正式施行);最高人民检察院制定的《检察官职业道德基本准则(试行)》(2009年9月3日最高人民检察院第十一届检委会第十八次会议通过)、《检察官职业行为基本规范(试行)》(2010年9月3日最高人民检察院第十一届检委会第四十二次会议通过)、《检察机关执法工作基本规范(2013版)》(2013年2月1日最高人民检察院第十一届检委会第八十五次会议通过)等。

整合。[1] 整合的方法，这些规范中对司法程序具体操作的解释性规定应当定位为司法官工作参考手册，有关职业道德准则和行为准则的规定应当分别纳入法官法及检察官法，并对具体规定做规范性调整。

三、司法考核的程序

司法考核程序之规范化，一方面是在法律层面，将考核信息获取、信息分析和结果生成予以明确，使司法考核程序具有确定性；另一方面在实践层面，通过程序的规范性改进，可以将目前多重多元考核整合为司法考核信息获取的多元来源，使规范化的司法考核制度具有司法改革过程的适应性。

《法官法》和《检察官法》关于如何考核的规定非常简略，对司法官的考核，应当客观公正，实行领导和群众相结合，平时考核和年度考核相结合，考核结果分为优秀、称职、不称职三个等次。问题在于如何做到客观公正，如何实行领导和群众相结合而又能保证客观公正，平时考核和年度考核的设定是否合理，考核结果等次设定是否符合司法官身份。

如本书之前的分析，司法考核作为一项包括行为、结果、特质多重属性项目的复杂评估，其结果的客观公正有赖于获取多元、充分的信息，采用适当的信息分析和结果生成方法，以程序和信息的客观性和公正性方可保障结果的客观公正。一些地方司法机关采取的创新方法，如借鉴"淘宝网"差评系统、法官当庭评议公诉人、各类法官律师互评机制等，均为多元参与的尝试。但这些尝试缺乏缜密研究和科学方案设计作为基础，不具有规范性，实施也较为随意，例如一项法官和律师互评的调查，结果为互评半数刚刚及格，这个结果很难说是客观的。[2] 仅仅强调多元参与，而不改进司法考核程序的规范性，客观公正的结果很难实现。[3] 考虑到司法信任不足的现状，司法考核程序应当尽量避免权力集中，将信息提供、信息分析、结果生成者在规范上分离，尽管导致流程复杂化，但依然是更能保证客观公正性的合理选择。

---

[1] 中国台湾地区的经验亦表明，此类规范门类过多，会导致定位不明。参见中国台湾地区"司法主管部门"人事处所撰《法官评鉴制度说明》，2011 年 9 月 5 日。

[2] 高园：《调查显示法官律师相互不满 互评半数"刚及格"》，《齐鲁晚报》2006 年 9 月 25 日。

[3] 中国党政领导干部考核中的"民主测评"之现状，可为佐证。刘昕：《当前党政领导干部民主测评的深层困境》，《人民论坛·学术前沿》2014 年第 7 期，第 80 页。

关于考核结果的等次，须以司法官身份法的结构来分析其合理性。司法官不称职即意味着其不再适任司法官，应适用司法官退出之规定，而这一评断属直接决定司法官身份的事项，应为惩戒程序判定，并非司法考核过程所应评估的内容。因而司法官考核结果不宜直接用于评价司法官称职与否，而因此司法官优秀与称职的区分也就显得不合理。中国台湾地区“法官法”的一大成效便是将原来适用于司法官的公务员考绩制度废除，改为单独的司法官考核，其中最大的改变之一是原公务员考绩根据出勤、业务办理等综合考评按比例列甲等乙等❶，新的“法官”考核作为职务评定的参考，而职务评定则分良好与未达良好❷，将适任与否的评断交由评鉴与惩戒程序，不失为可资借鉴的更合理的等次评定方式。

司法考核程序的规范化首先是信息获取环节的规范化，包括对信息来源、获取方式、信息表现形式的规范，只有根据该规范获取的信息才可以作为分析得出司法考核结果的原始资料。如本书第四章所述，司法考核信息来源，包括司法统计信息、个人述职、上级报告、对同事的调查信息、对案件诉讼参与人的抽样调查信息、对法律专业群体的调查信息等，除对法律专业群体的调查信息外，均为司法官行为和司法过程直接相关信息。不具有直接相关性的法律专业群体的调查信息仅用于对省级司法机关内司法官的考核。为保证考核过程中信息的一致性，所有来源的信息均应为书面形式。其中司法统计信息由每个司法机关在业务流程中生成，目前司法机关已采用案件管理软件系统，该项信息即由管理系统生成。个人述职和上级报告由本人撰写，为描述性报告，相当于《法官法》和《检察官法》所言平时考核信息。对案件诉讼参与人的抽样调查信息为对抽样选出案件相关人的定向调查所得信息。对同事的调查信息、对法律专业群体的调查信息属于社会调查信息，采用社会调查方法获取，信息表现形式为问卷信息汇集等书面形式，作为两年一个周期的全面考核信息。可靠的社会调查方法应当是类似调查已验证为成熟可信的方法，如中国台湾地区“司法主管部门”所作“一般民众对司法认知调查”的调查表，即借鉴美国律师协会相关调查 Perception of the U. S. A Justice System，经法律专家及学者论证，调整调查项目重新制成。❸ 为使

---

❶ 中国台湾地区所谓“‘司法主管部门’所属各级法院法官考绩评定参考要点”，2007 年 9 月 17 日。

❷ 中国台湾地区所谓“‘司法主管部门’法官职务评定办法”，2012 年 6 月 26 日。

❸ 2013 年《台湾地区一般民众对司法认知调查报告》，“司法主管部门”统计处编印 2013 年 10 月，第 1 页。

各个来源的信息尽量客观，凡采用访谈或问卷等调查时，均应尽量将问题具体化，避免使用易导致受访者情绪化的字眼和引导式提问；[1] 而采用直接对司法考核项目评分方式时，应当对评分人进行必要的培训，以强化其客观评分的动机。[2] 所有来源的司法考核信息应当一概提交至省级司法人事事务机构。考虑到司法机关与其他党政机关之关系的现状，信访渠道等信息可以作为司法考核的参考信息，但不能直接作为生成司法考核结果的信息来源，此类信息亦应一并由省级司法人事事务机构受理。

司法考核信息分析的规范化，包括各个来源信息审核和分类处理规则，对各类信息进行分析的方法，采用的分析工具，分析结果的检验方法等。各个来源信息的审核是对原始资料完整性、合理性、一致性的检查，筛除明显不合理的资料；分类处理是将获取的信息按照司法考核内容分项归类，以便综合分析。只有采用符合法律规范所要求的标准的方法得出的意见，才能作为生成司法考核结果的依据，因而不论采用何种具体的分析工具，均须有检验方法保证分析所得意见的可靠性。至于具体的分析方法和工具，由于技术发展更替迅速，法律无需规定，应遵守技术中立原则。[3] 司法考核信息分析应当由省级司法人事事务机构委托能够达到信息分析规范标准的机构办理。

司法考核结果生成的规范化。首先要明确的是，任何来源的信息及其分析意见均不能直接作为司法考核结果，司法考核的过程即获取并综合分析各类相关信息以得出对司法官的客观评价的过程。司法考核结果生成须受司法考核信息的约束，即该结果只能基于司法考核信息得出，当司法考核信息不足以得出某项考核内容的结果时，应当做有利于受考核者的推定。司法考核结果由省级司法人事事务机构根据考核信息分析意见得出，分为司法官个人考核结果和司法机关整体考核结果，后者由该机关内全体司法官的考核结果综合得出。由于司法考核并无评断司法官适任与否的权限，因而结果中关于考核等次以良好与否为区分。每份考核结果均包括结论和理由两个部分，结论为该司法官行使职权良好与否的评价或司法机关整体运作状

---

[1] 瞿海源：《调查研究方法》，三民书局 2007 年版，第 138－140 页。

[2] 斯蒂芬·P. 罗宾斯、蒂莫西·A. 贾奇：《组织行为学》（第 14 版），孙健敏、李原、黄小勇，译，中国人民大学出版社 2012 年版，第 486 页。

[3] 技术中立系电子商务法的一项原则，意为法律对服务于某项事务的技术手段一视同仁，不限定使用或不禁止使用何种技术，也不对特定技术在法律效力上进行区别对待。孙占利：《论电子商务法的基本原则——以全球电子商务立法为视角》，《现代法学》2008 年第 3 期，第 114 页。

况良好与否的评价，理由部分为考核信息分析的简要说明和分析意见。

四、司法考核结果的运用

司法考核制度作为过程性制度，其本身不产生决定司法官身份事项的效果，司法考核的法律效果体现在司法考核结果的运用之中。司法考核结果运用于司法官晋升、薪俸保障和惩戒场合，依每项制度各自的程序规范适用，因而司法考核结果运用的规范化须同时考虑司法官晋升、薪俸保障和惩戒制度的规范化问题。

第一，司法考核结果与司法官晋升和薪俸保障。司法官晋升的依据是司法官职务序列或等级规定，法官法和检察官法未直接规定，1997 年《法官等级暂行规定》[1] 和《检察官等级暂行规定》[2] 首次单独列出区别于公务员和其他职业的司法官等级序列，实际适用中，司法官除评定职务等级之外，更重要的是该等级与行政级别的对应。2011 年随着《法官职务序列设置暂行规定》[3] 和《检察官职务序列设置暂行规定》[4] 出台，前两项规定废止，法官法和检察官等级与行政级别调整了对应关系，但一直未能实施，且原来的司法官等级评定亦告暂停。2017 年修订的《法官法》和《检察官法》仍然表述为等级编制、评定和晋升办法由国家另行规定，并未明确规定考核结果如何用于等级晋升，上述文件虽规定了考核为等级升降的条件，实际上司法官的等级也未按照规定升降。《法官法》和《检察官法》规定，考核结果作为奖惩的依据，奖励条件中却没有明确考核的作用，奖励分为嘉奖、记功、授予荣誉称号，亦与等级晋升无关。而根据司法官身份之特征，司法官区别于其他职业的重要表征即为其独有的身份地位，嘉奖、记功、授予荣誉称号通行于党政机关及其他行业。法官法和检察官法所规定的奖励，勤勉尽职恪守职业道德是不足以赢得的，亦不符合适于司法官的激励机制，如本书第四章之分析，此种嘉奖、授予荣誉称号式奖励与司法官主导需求并不相符，不符合司法官的职业特性，对于司法官而言，正常晋升级别及薪俸待遇就是一般意义上的奖励。

---

[1] 中组部、人事部、最高人民法院印发，组通字[1997]50 号。
[2] 中组部、人事部、最高人民检察院印发，组通字[1997]51 号。
[3] 中组部、最高人民法院文件，中组发[2011]18 号。
[4] 中组部、最高人民检察院文件，中组发[2011]19 号。

可以说，目前的法律规范并未建立司法考核与司法官级别晋升的关联。司法考核结果运用于晋升的规范化，于是便应该是法官法和检察官法直接规定司法官的合理等级序列，并规定晋升的条件和司法考核结果于晋升的参考作用。此中需要探讨的问题是何为司法官的合理等级。关于检察官等级的争议较少，而法官等级，研究者多持反对意见，认为法官等级是法院行政化的一个表现。[1] 但两方面的因素决定中国适于采用司法官等级制，其一，科层制的社会结构决定如果司法官不采用科层化的等级制，则无法在社会阶层中获得定位，反而不利于司法官地位的提高，虽然有研究认为司法官可以借用教师职称评定的方式[2]，但在现实当中，教师职称仍然需要参照行政级别方可在社会阶层中定位；其二，中国司法机关相对而言规模较大，如本书第三章第三节的分析，无法做到去科层化，因而司法官仍需要一定程度的科层分级结构。从比较法视角来看，法国的司法官亦有级别制度，并未对其司法独立性造成实质影响。中国社会科层制传统之下，司法官等级合理性问题在于究竟如何设定等级，及晋升的条件。较为合理的改进是减少《法官职务序列设置暂行规定》和《检察官职务序列设置暂行规定》中的等级，使其序列独立，并建立与司法官序列相对应的薪俸制度，总的工资待遇应适当高于同等资历的公务员，建立依序晋级的晋升体系。[3] 在这样的司法官级别及晋升体系之中，司法考核结果作为重要的晋升依据，与年资等条件一起构成司法官晋升条件，由省级司法人事事务机构审核决定司法官的晋级。

第二，司法官考核结果与司法官惩戒。司法官惩戒是司法身份保障法最重要的组成部分，司法官身份之保障，一方面在于有关其权利、地位之规定的完备，另一方面则在于这些权利和地位不会被任意侵夺。司法官惩戒是司法官因违反身份义务规范、经法定程序丧失其职务或身份的制度。因而法官法和检察官法所规定的司法官“非因法定事由、非经法定程序，不被免职、降职、辞退或者处分”，实质上就是对惩戒制度的约束。法官法和检察官法规定了惩戒事由和处分种类，另有《人民

---

[1] 谢佑平、万毅：《司法行政化与司法独立：悖论的司法改革——兼评法官等级制与院长辞职制》，《江苏社会科学》2003 年第 1 期，第 139 页；李蓉：《法官等级制度与法官等级化》，《广西社会科学》2013 年第 6 期，第 64 页。

[2] 侯学宾：《我国法官等级制之检讨——以大法官群体为例》，《法商研究》2013 年第 4 期，第 95 页。

[3] 甄贞：《司法机关的“官本位”观念应当革除》，《同舟共进》2013 年第 9 期，第 45 页；侯学宾：《我国法官等级制之检讨——以大法官群体为例》，《法商研究》2013 年第 4 期，第 95 页。

法院工作人员处分条例》和《检察人员纪律处分条例（试行）》[1] 作为实施细则。以司法官身份法的规范性要求来看，法官法和检察官法未将免职、辞退作为惩戒的形式，关于惩戒之规定的性质为对司法官进行行政处分，既缺乏惩戒事由与司法官身份义务规范的对应关系，更缺乏必要的程序规范。更为严重的问题是，现行多重多元的绩效考核可以任意设定如末位淘汰等惩戒，还有错案追究等没有规范依据的惩戒事由存在。[2] 关于建立司法官惩戒制度的研究认为，应当借鉴域外经验，建立相对独立的惩戒机构，并确立正当的惩戒程序[3]，诚为中肯之论。司法官惩戒的规范化首先要整合惩戒事由，使之与司法官身份义务规范对应，并规定于法官法和检察官法之中。惩戒机构设立在省级人大，惩戒程序应当司法化。省级司法人事事务机构根据司法考核结果和其他渠道的申诉等信息，审查决定是否移送司法官惩戒机构。

综上，司法考核结果作为司法官晋升的主要依据，以及启动司法官惩戒程序的一个渠道，在司法官身份法体系中起着过程性、辅助性的作用，如图 4－1 所示。

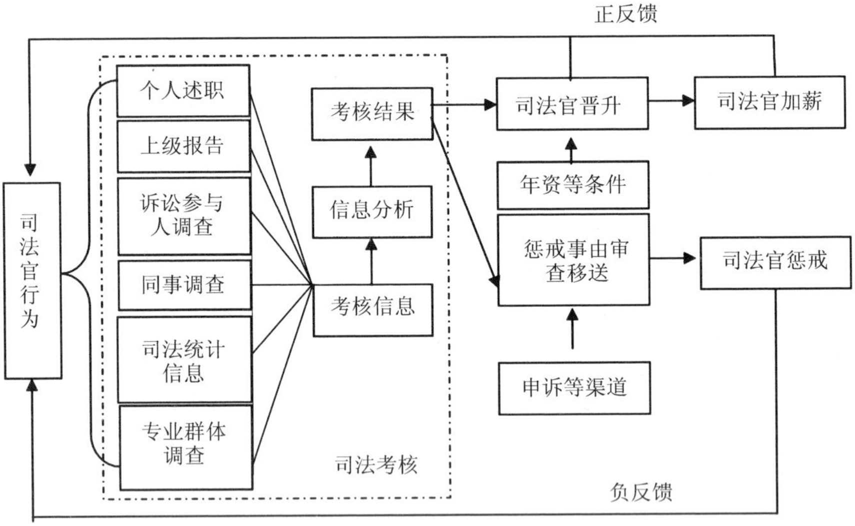

图 4－1　司法考核流程及其作用

---

[1] 2004 年 6 月 1 日经第十届第十三次最高人民检察院检察长办公会讨论通过。

[2] 汪贻飞：《论法官惩戒之事由》，《合肥工作大学学报（社会科学版）》2010 年第 4 期，第 124 页。

[3] 邓辉、谢小剑：《责任与独立：检察官纪律惩戒的双重维度》，《环球法律评论》2010 年第 5 期，第 100 页；马进保：《我国建立法官、检察官惩戒机制的可行性研究》，《法律科学》1998 年第 4 期，第 37 页。

司法考核制度并不单独产生法律效果，因而也就不应存在为考核进行的司法考核。司法考核制度最大的价值并不在于晋升或惩戒本身，而在于能够给予司法过程一个尽量客观的符合司法权性质的评估，通过规范性的晋升和惩戒制度形成对司法官行为的有效反馈，促进司法官勤勉尽职，亦增强公众对司法的信任度。

第四节 小结

运行不当的司法考核会带来宪法规范实施的问题，而应然的司法考核制度是司法官身份法的组成部分，属于宪法相关法，因而司法考核是一个关乎宪法的问题。司法考核规则之改进也就需要从保障宪法规范的实施入手，通过司法官身份法的规范分析，得出司法考核制度的定位。

比较研究可知，司法考核并非通行制度，其产生有一定的制度背景，其与司法独立性的关系揭示了司法考核的基本角色。而司法官身份的特殊性则限定了司法官身份法的立意宗旨。作为司法官身份法之中的保障规范之一部分，司法考核制度具有过程性和从属性。司法考核服务于司法官晋升、薪俸保障、惩戒等制度，其本身并不直接产生决定司法官身份事项变动的法律效果。

司法考核法律规则之改进，须根据司法考核目标实现之方式的分析、司法考核制度之性质及定位以及规范性条件进行。司法考核的主体、内容、程序、结果运用均须依照法律规范性条件予以改进，现行法律法规、规范性文件及政策规定中合理部分应整合为能够保障司法官身份的法律规范。

司法考核制度的功能在于能够给予司法过程一个尽量客观的符合司法权性质的评估，通过规范性的晋升和惩戒制度形成对司法官行为的有效反馈，促进司法官勤勉尽职，亦增强公众对司法的信任度。

第五章　司法考核关联制度之完善

第一节　司法改革中的司法考核关联制度

一、司法改革中的司法官角色

司法考核制度作为评估司法过程中司法官行为的一项机制，司法官身份法之中的一项过程性、从属性制度，处于与制度系统内关联制度的互斥、耦合等互动关系中。[❶] 关联制度不同步完善，司法考核制度很难独善其身。若不讨论关联制度的完善，司法考核制度本身的改进所能做到的，只是不因为司法考核的不当而使司法职能无法实现其功能、司法官行为异化、司法官身份保障劣化。而不令其异化劣化，便是相对优化，这便是理想意义上最低限度、现实层面可立即实现的改良。这种最低限度的改良虽也有价值，但当然远非理想，尤其是在司法改革背景之下，至少应当追求与司法改革目标相适应的改良。

司法改革虽系复杂过程，但以比较视角来看，其目标不外乎更优化的司法制度。例如日本于 1999 年开始的司法改革，其目标是能起到 21 世纪的日本社会所期待的司法作用的司法制度；[❷] 由中共十八届三中全会启动的新一轮司法改革，目标是推进法治中国建设，将司法体制改革作为建设法治中国的重要举措。[❸] 司法制度的优化包括三个方面，第一是素质更高的司法官及在司法过程中担当角色

---

❶ 张旭昆：《制度系统的关联性特征》，《浙江社会科学》2004 年第 3 期，第 79 页。

❷ 《支撑 21 世纪日本的司法制度——日本司法制度改革审议会意见书》，最高人民检察院法律政策研究室组织编译，中国检察出版社 2004 年版，第 3 页。

❸ 《中共中央关于全面深化改革若干重大问题的决定》，2013 年 11 月 12 日中国共产党第十八届中央委员会第三次全体会议通过。

的其他法律专业人士，第二是更能实现社会正义的诉讼制度，第三是对司法人员及司法程序的各项保障。日本的司法制度改革有三大支柱❶，其中两大支柱有关诉讼制度的优化，另一支柱为以司法官为主体的司法工作者队伍的改革。中国台湾地区“司法改革”的重点内容之一是优化司法人事制度以提高司法官的适任性。❷ 新一轮司法体制改革的重点内容为完善确保依法独立公正行使审判权和检察权的制度，优化司法职权配置，推进严格司法、保障人民群众参与司法，加强人权司法保障，加强对司法活动的监督❸，亦包含了上述三个方面的优化。

而虽同为司法改革，社会状况的差异决定了其中各方面内容的相对重要程度不同，其中司法官的作用也不同。日本 1999 年进行司法改革之时，其司法制度在权力结构中已经有相当高的地位，法院作为立法、行政的监督机关而存在❹，司法改革优化的重点在于使国民满意❺，改革的实质是“转化法治”，即扩大司法供给，让国民更便捷地利用司法，使司法由“官僚的司法”转变为“市民的司法”。❻ 从更长的时间坐标来看，日本的司法制度是先建立法治、实现司法独立并建立其公众信任，而后走向封闭，司法改革就是要让封闭的司法机关面向国民的需求。❼ 其中司法官的角色是作为支撑司法制度的司法队伍的成员，检察官应在保持其严正、公平性的同时重视听取国民声音，法官则要通过来源多元化、人事制度透明以保持其稳定的队伍。中国台湾地区进行的“司法改革”，伴随着政治转型，首先是建立“独立的司法体系”、深化法治的诉求，而“司法独立”之后，“司法相关部门”逐渐走向封闭；❽ 从社会层面来看，法治作为理想生活

---

❶ 《支撑 21 世纪日本的司法制度——日本司法制度改革审议会意见书》，最高人民检察院法律政策研究室组织编译，中国检察出版社 2004 年版，第 7 页。

❷ 刘孔中、王红霞：《台湾地区“司法改革”60 年：“司法独立”的实践与挑战》，《东方法学》2011 年第 4 期，第 69 页。

❸ 《中共中央关于全面推进依法治国若干重大问题的决定》，2014 年 10 月 23 日中国共产党第十八届中央委员会第四次全体会议通过。

❹ 季卫东：《法律职业的定位——日本改造权力结构的实践》，《中国社会科学》1994 年第 2 期，第 63 页。

❺ 《支撑 21 世纪日本的司法制度——日本司法制度改革审议会意见书》，最高人民检察院法律政策研究室组织编译，中国检察出版社 2004 年版，第 8 页。

❻ 苏永钦：《飘移在两种司法理念间的司法改革——台湾“司法改革”的社经背景与法制基础》，《环球法律评论》2002 年春季号，第 47 页。

❼ 季卫东：《世纪之交日本司法改革的述评》，《环球法律评论》2002 年春季号，第 23 页。

❽ 刘孔中、王红霞：《台湾地区“司法改革”60 年：“司法独立”的实践与挑战》，《东方法学》2011 年第 4 期，第 69 页。

方式的理念并未植入，公众对司法信任不足，社会经济的发展又使得公众不得不将司法制度作为纠纷解决工具，从而产生一方面司法令人不满，另一方面司法机关又背负过重的负荷的矛盾情形[1]，因而其后期司法改革的重点成为如何令司法机关及司法官应对不断增长的诉讼负荷的情形下，又能获得公众更多的信任与支持。[2] 日本和中国台湾地区“司法”制度的发展过程均为获得“司法独立”而后走向封闭，随后需要面向社会需求进行改革。不同之处则在于日本是在公众对司法信任的前提之下，让司法制度为国民满意，中国台湾地区则是在公众信任不足的情形下回应社会期望。

而由于司法本身的被动性，司法改革的条件则是更为基础更为根本的制度保障。[3] 以日本的司法改革经验来看，在社会格外关注之下，司法改革一时可以获得显著成果，但绝不可能离开政治改革、行政改革而实现目标。[4] 日本司法改革之时，政治、行政、经济改革已先行一步，司法制度改革则与这些改革关联推进。[5] 中国大陆的司法改革的历程也表明，缺乏统一布局与整体推进，所收获的只是技术层面的局部改良。[6] 新一轮司法改革作为国家治理体系改革的一部分，其与行政改革、经济体制改革、社会体制改革同列[7]，并作为依法治国的重点举措先行实施[8]，有关司法改革的研究也将政治与司法关系作为重要议题。[9] 而各

---

[1] 苏永钦:《飘移在两种司法理念间的“司法改革”——台湾“司法改革”的社经背景与法制基础》,《环球法律评论》2002 年春季号,第 47 页。

[2] 刘孔中、王红霞:《台湾地区“司法改革”60 年:“司法独立”的实践与挑战》,《东方法学》2011 年第 4 期,第 69 页。

[3] 苏永钦:《飘移在两种司法理念间的“司法改革”——台湾“司法改革”的社经背景与法制基础》,《环球法律评论》2002 年春季号,第 47 页。

[4] 季卫东:《世纪之交日本司法改革的述评》,《环球法律评论》2002 年春季号,第 23 页。

[5] 《支撑 21 世纪日本的司法制度——日本司法制度改革审议会意见书》,最高人民检察院法律政策研究室组织编译,中国检察出版社 2004 年版,第 11 页。

[6] 夏锦文:《当代中国的司法改革:成就、问题与出路》,《中国法学》2010 年第 1 期,第 17 页。

[7] 《中共中央关于全面深化改革若干重大问题的决定》,2013 年 11 月 12 日中国共产党第十八届中央委员会第三次全体会议通过。

[8] 《中共中央关于全面推进依法治国若干重大问题的决定》,2014 年 10 月 23 日中国共产党第十八届中央委员会第四次全体会议通过。

[9] 徐昕:《司法改革的顶层设计及其推进策略》,《上海大学学报(社会科学版)》2014 年第 6 期,第 1 页;廖奕:《当代中国司法改革窘境与均衡路径》,《南京社会科学》2014 年第 3 期,第 115 页。

地司法机关纷纷推出创新试点的同时[1]，有关法院检察院人财物保障的改革举措却鲜见报道[2]，基层法官检察官调离或辞职的数量之多不免令人疑虑[3]，司法改革中司法官的角色是什么？

中国司法改革中司法官的角色一方面是为社会提供更多的司法服务，另一方面则要在司法公信力严重不足的情况下努力赢得公众信任。此种情形之下，司法官在司法改革中就起到支撑性作用，不断改革的司法程序需要司法官迅速适应且顺畅运行以完成纠纷解决的目标，公众的各种怀疑及期望也需要司法官以其行动予以回应，并在这一过程中建立公众对司法制度的信任。域外司法改革经验之中，将司法官保障列为优先事项是较为普遍的做法[4]，即便中国台湾地区屡有法官、检察官因涉嫌犯罪被起诉，改革的呼声仍集中在加强问责惩戒机制，而非降低其地位和保障水平。[5] 正如本书第五章的分析，司法官身份的特殊性决定，地位与保障必须优先，义务及惩戒作为地位与保障的对价，而非相反，司法官才可能是具有高品格的群体。亦如本书第四章对司法官行为动机的分析，当司法官被迫以薪水作为最大动机时，将丧失其职业成就感和荣誉感[6]，问责惩戒等制度也无法起到确保司法官队伍素质的退出机制作用，因为优秀的司法官或许早已离职而去了。因而，推进司法改革需要优先考虑的是司法官的身份保障，以吸纳更多优秀人才进入司法官队伍并保持稳定性，满足公众对司法官角色的期待[7]，而非以各种对司法官的禁令显示促进公正司法的决心。故此关注司法改革中有关司法

---

[1] 温红彦、张毅、王比学、徐隽：《深化司改提升公信力——来自司法体制改革试点省份的调研与思考（上）》，《人民日报》2015 年 6 月 23 日；温红彦、张毅、彭波、张洋：《凝心聚力勇闯深水区——来自司法体制改革试点省份的调研与思考（下）》，《人民日报》2015 年 6 月 25 日；孙春英：《十八大以来我国深入推进司法改革取得新进展新成效 九项改革给百姓带来看得见的正义》，《法制日报》2014 年 1 月 7 日。

[2] 中央政法委、中央综治委主办的"中国长安网"司法体制改革专题页面汇集的近千篇报道和文章中，提及人财物保障和司法官地位立法保障的仅有 4 篇。http://www.chinapeace.gov.cn/node_53406.htm，最近访问日期 2017 年 8 月 23 日。

[3] 韩振、毛一竹：《基层法官 为何离开?》，半月谈网 2014 年 5 月 7 日，http://www.banyuetan.org/chcontent/jrt/201457/100903.html，最近访问日期 2017 年 8 月 23 日。

[4] 涂云新、秦前红：《司法改革的组织和保障程序——论〈欧洲司法改革报告 2011—2012〉对中国的借鉴和启示》，《河南财经政法大学学报》2013 年第 6 期，第 31 页；《支撑 21 世纪日本的司法制度——日本司法制度改革审议会意见书》，最高人民检察院法律政策研究室组织编译，中国检察出版社 2004 年版，第 50 页。

[5] 刘孔中、王红霞：《台湾地区"司法改革"60 年："司法独立"的实践与挑战》，《东方法学》2011 年第 4 期，第 69 页。

[6] 艾佳慧：《法律和社会科学》第三卷，法律出版社 2008 年版，第 98 页。

[7] 张建伟：《统一司法资格考试：观察与省思》，《政法论坛》2011 年第 1 期，第 61 页。

考核的内容就不仅仅应当关注司法考核制度本身如何改进，更应考量司法考核关联制度的完善，方能使此项制度的改进真正发挥效用，实现其目标。

二、与司法目标相适应的司法考核关联制度

最高人民法院《关于全面深化人民法院改革的意见》和最高人民检察院《关于深化检察改革的意见》两份新一轮司法改革方案中，明确提出要完善包括案件质量评估和司法官业绩考核机制在内的司法考核机制。而司法考核机制如何完善，除了其自身规则的改进，则还需要关联制度的同步完善。司法改革文件中有关司法职能保障条件的事项包括以诉讼制度改革、司法机关内部职权配置、司法公开制度、司法机关人员分类管理、司法机关人员选任晋升及退出机制、财物统一保障、防止外部干预司法的机制等，以司法考核制度的视角来看，这些事项属于司法考核的外部条件及司法官行为影响因素等司法考核实现机制效用关联制度，或作为司法考核结果运用途径的规范关联制度，其关联关系如表5－1所示。

表5－1 最高人民法院和最高人民检察院司法改革文件中的司法考核关联制度

司法考核制度关联要素		最高人民法院司法改革内容	最高人民检察院司法改革内容
外部条件	实体和程序法律规范	建立以审判为中心的诉讼制度；优化法院内部职权配置	完善检察机关行使监督权的法律制度
	足额司法官及辅助人员	推动法院人员分类管理制度改革、建立法官员额制度	实行检察人员分类管理、建立检察官员额制度
	司法场所及经费	推动人民法院财物管理体制改革	推动省以下地方检察院财物统一管理改革
	司法公开的渠道	构建开放、动态、透明、便民的阳光司法机制	构建开放、动态、透明、便民的阳光检察机制
	社会征信及诉讼参与人对司法程序的配合	完善司法权威保障机制；强化诉讼诚信保障机制	—

续表

司法考核制度关联要素		最高人民法院司法改革内容	最高人民检察院司法改革内容
效用关联	劳动收益/满足主导需求	完善法官工资制度、完善司法荣誉制度	建立检察官专业职务序列及与其相配套的工资制度
	司法环境/组织公平	推动省级以下法院人员统一管理改革	推动省以下地方检察院人员统一管理改革；完善检察人员职业保障体系
	受众关系	建立防止干预司法活动的机制；发挥庭审公开、文书说理、案例发布的普法功能；完善律师执业权利保障机制；规范法院人员与当事人、律师等的接触、交往行为	完善防范外部干预司法的制度机制和防止内部干预制度；加强法律文书释法说理；完善律师执业权利保障机制；规范检察人员与当事人、律师等的接触、交往行为
规范关联	司法官晋升	改革法官选任制度	完善检察官选任制度
	司法官惩戒、退场	健全法官履行法定职责保护机制	建立健全检察人员履行法定职责保护机制

上述关联要素与司法考核制度的关系：司法考核外部条件诸要素构成司法官行为应当遵循的规范及司法官能够按照规范要求行为的保障，是规范化的司法考核制度运行的基础条件；司法考核机制效用关联诸要素影响司法考核机制的有效性，司法考核机制要实现司法考核目标，需要这些效用关联要素的作用形态至少不能是负向作用，如此方不至于产生越是强化司法考核，司法行为背离司法目标越远的困境；司法考核制度规范关联要素决定着司法考核结果能否实现法律效果，在司法官晋升和退场制度不与司法考核结果相关时，即便司法考核制度本身是完美的，也不能称之为有效的制度。

表5－1虽依据与司法考核制度的关系对这些要素进行分类，但其相互之间亦有关联性。如诉讼制度改革与司法人员分类管理制度密切相关，司法职业保障体系之中的财物保障与司法官身份保障关联，司法官履行法定职责保护机制与防止干预司法活动的机制相关。司法考核及其关联制度的完善均需以司法目标之实现为导向，每一项制度都不应当单独设计，尤其不应以追求创新为目的。[1] 司法

[1] 刘松山：《再论人民法院的“司法改革”之非》，《法学》2006年第1期，第5页。

制度本身是受其性质、目标、原则等约束的[1]，因而司法改革中制度设计的创新性并非凭空创造意义上的创新，而是使现有制度朝向应然理想制度意义上的创新，这种创新亦受到司法规律的约束[2]，与其说是创新，不如说是在通往目的地的不同可能路径之间做出的选择。[3]

司法改革应当是整体规范推进的，整体性首先体现在司法改革不应成为地方创新政绩，而是国家事务，应当对地方探索做出限制；[4] 除此，整体性还体现在司法改革所有项目任务相互关联，应当根据其关联关系制订实施方案，有序推进。而后一种整体性是以部门任务包干、分项分地域试点为特点的改革模式易于忽视的。[5] 司法改革的规范性更为重要，尽管其政治定性被认为是首要问题[6]，但司法改革的成效却最终要以规范性来体现，即司法改革不仅仅是对一些制度的完善，而且这种完善应当依据规范推进，其成果也应当是法律规范的建立和改进。[7] 以下以制度关联性[8]，和规范性的视角，探讨司法改革任务中与司法考核密切相关的部分制度之完善。

第二节　司法考核关联制度之关联性分析

一、次序关联性：立案登记制与法官员额制

立案登记制在最高人民法院《关于全面深化人民法院改革的意见》中于

[1] 陈光中、龙宗智：《关于深化司法改革若干问题的思考》，《中国法学》2013 年第 4 期，第 5 页。

[2] 虽然关于司法规律的观点尚未有通说，但独立性、中立性、公正 性、亲历性和被动性是多数学者认同的司法规律的内容。罗梅、寻错：《司法规律的理论和现实问题——十八大以来的司法规律研究文献综述》，《法制与社会发展》2015 年第 3 期，第 129 页。

[3] 江国华：《论司法改革的五个前提性问题》，《政治与法律》2015 年第 3 期，第 2 页。

[4] 中央主导和地方探索是一直以来并行的司法改革路径。徐子良：《地方法院在司法改革中的能动性思考》，《法学》2010 年第 4 期，第 153 页。

[5] 2014 年 2 月 28 日，中央全面深化改革领导小组《关于深化司法体制和社会体制改革的意见及贯彻实施分工方案》为政法各机关设定了任务，6 月 6 日通过的《关于司法体制改革试点若干问题的框架意见》则分配了分项分地域试点任务。

[6] 张文显：《司法改革的政治定性》，《法制与社会发展》2014 年第 6 期，第 5 页。

[7] 江国华、周海源：《＜司法基本法＞与中国司法改革》，《哈尔滨工业大学学报（社会科学版）》2014 年第 1 期，第 56 页。

[8] 制度关联性包括制度系统中各类正式、非正式制度间的互动关联。郇雷：《民主巩固过程中的制度因素：发展、设计及其关联性》，《国外社会科学》2012 年第 2 期，第 76 页。

“优化人民法院内部职权配置”项下提出，表述为“变立案审查制为立案登记制，对人民法院依法应该受理的案件，做到有案必立、有诉必理，保障当事人诉权。”2015 年 5 月 1 日实施之后的状况，地方法院官方反映为“平稳有序”❶，法官则更多地表达着“案多人少”状况加剧、虚假诉讼等案件的增多导致案件审理难度加大、法官负担过重、工作质量难以保障的忧虑。❷

立案登记制作为合乎诉权保障的案件受理制度，一直以来为研究者极力呼吁❸，但任何制度的建立除了其理论合理性支持之外，应考虑现实合理性，即建立该制度所需要的先行条件。立案登记制的先行条件是，法院有能力处理受理的案件，即首先有能力处理各种类型各种案情案件，其次无论受理了多少案件均能及时处理。此外，还要有行之有效的诉讼外纠纷解决机制作为辅助。广受诟病的“立案难”问题反映的正是这些条件的缺失。由于一些案件涉及事项超出法院处理能力之外，而以不予立案拒之门外，避免难以处理的困境，是没有能力处理某些案件之下的选择。❹ 由于案件太多无法按期处理而在特定时间段停止立案，是没有能力及时处理案件又没有有效案件分流途径之下的选择。❺

从先行条件来看立案登记制改革，两项无一具备。而与之关联的法官员额制则早已进行试点。法官员额制的首要问题是何为员额，以什么标准确定员额，而后才是以什么条件决定谁进入员额的问题。以第一批试点省份公布的员额制改革方案来看，均为划定比例确定员额的方式，如 S 市确定的法官员额比例为 33%，L 省、G 省均控制在 39%❻，最高人民法院的态度也表明，是以比例确定员额的❼，虽然按照各地的方案，员额比例不是一刀切而是可调整的。❽ 员额的字面

---

❶ 孙万莲：《立案登记改革：平稳有序 各种点赞》，《上海人大》2015 年第 7 期，第 37 页。

❷ 李腾：《立案登记制改革：力戒“镜花水月”》，《上海人大》2015 年第 5 期，第 43 页；李志斌：《浅谈立案登记制的挑战及应对》，《上海人大》2015 年第 5 期，第 42 页。

❸ 张卫平：《民事案件受理制度的反思与重构》，《法商研究》2015 年第 3 期，第 3 页。

❹ 许尚豪、欧元捷：《有诉必案——立案模式及立案登记制构建研究》，《山东社会科学》2015 年第 7 期，第 67 页。

❺ 姜大伟：《困境与进路：年终法院立案难现象之反思》，《西部法律评论》2013 年第 6 期，第 87 页。

❻ 王殿学：《法官员额比例过低易致法官离职，最高法作出适当让步 法官员额改革 提高法官比例》，《南方都市报》2015 年 3 月 13 日。

❼ 王茜：《最高法：法官员额制改革将严格执行员额比例》，新华网 2015 年 7 月 2 日，http://news.xinhuanet.com/legal/2015-07/02/c_127978578.htm，最近访问 2015 年 8 月 23 日。

❽ 何帆：《做好法官员额制的“加减法”》，《人民法院报》2014 年 7 月 17 日。

含义是人员数额而非比例[1]，法官员额制改革要解决的问题是分离审判工作与法院行政事务，让法官真正从事审判，进入员额制的法官就是从事审判的法官；同样检察官员额制改革的目的也是要让检察官担负起独立办案责任，改变原有的三级审批制。[2] 暂且不论司法官员额制改革这一目标设定是否合理，仅以法官员额制实施的具体环节而言，确定法官员额的基础是一个法院的审判工作量和每名法官的合理工作负担[3]，即及时处理一定数量的案件究竟需要多少名法官，每名法官应该配置多少辅助人员。

但一个法院的审判工作量如何确定呢？首先取决于有多少案件进入法院，其他因素包括案件的复杂程度、审判工作与辅助工作的区分等。[4] 如果司法改革方案同时包括了案件受理制度的改革和员额制改革，则案件受理制度改革理应先行，同理，其他会导致审判工作量变动的制度也应先行，例如级别管辖制度的改革会影响案件在上下级法院之间的分布，也是审判工作量影响因素。法官员额测算的难度究竟有多大，2002 年就提出的“法官员额制”一直未能落实，一个原因就是最高人民法院也并不清楚全国究竟需要多少法官才够用。[5] 以制度的关联性来看，法官员额制应当是审判权运行机制改革的结果而非前提[6]，不仅诉讼制度改革要先于员额制改革，法官职业保障各项制度也应当先于员额制改革，否则，进入员额的法官应付工作负担已然不易，更无法对案件质量终身负责。[7]

立案登记制和法官员额制改革还涉及许多问题[8]，此处仅以二者的相互关系说明制度之间的次序或因果关系关联性对于制度实施有效性的影响。中国司法改

---

[1] 胡道才:《推行法官员额制改革的两个基础问题》,《唯实》2014 年第 11 期,第 7 页。

[2] 张媛:《上海司改实施一年:检察官独立办案超八成》,《新京报》2015 年 7 月 22 日。

[3] 傅郁林:《以职能权责界定为基础的审判人员分类改革》,《现代法学》2015 年第 4 期,第 12 页。

[4] 王静、李学尧、夏志阳:《如何编制法官员额——基于民事案件工作量的分类与测量》,《法制与社会发展》2015 年第 2 期,第 29 页;傅郁林:《以职能权责界定为基础的审判人员分类改革》,《现代法学》2015 年第 4 期,第 12 页。

[5] 何帆:《法官多少才够用》,《人民法院报》2014 年 1 月 22 日。

[6] 傅郁林:《以职能权责界定为基础的审判人员分类改革》,《现代法学》2015 年第 4 期,第 12 页。

[7] 王吟逸:《中央政法委出台首个防止冤案指导意见 办案人员对案件质量终身负责》,《光明日报》2013 - 8 - 15;《习近平:法官检察官要对案件质量终身负责》,《齐鲁晚报》2015 年 3 月 26 日。

[8] 如立案登记制可能带来的虚假诉讼、恶意诉讼增长问题。孔德婧:《北京立案登记制因门槛降低致虚假恶意诉讼增多》,《北京青年报》2015 年 6 月 13 日;徐隽:《立案登记制实施满月 虚假诉讼滥用诉权情况增多》,《人民日报》2015 年 6 月 10 日。法官员额制改革还涉及司法精英化与亲民司法间的矛盾。傅郁林:《以职能权责界定为基础的审判人员分类改革》,《现代法学》2015 年第 4 期,第 12 页。

革方案较多关注目标导向、总体思路、主要任务，较少关注制度间因果次序关联等实施技术问题❶，最高人民法院《关于全面深化人民法院改革的意见》虽写明各项主要任务的完成时间，并没有对具体改革内容的实施次序有所安排。S市作为本轮司法改革最重要的试点地区，其司法改革试点方案虽然亮点颇多❷，但确定从司法人员分类管理破题，并未见对其与其他改革事项关联性的论证，实施次序上亦未见计划性安排❸，是以法官员额制已然推行之后❹，本应用于测算工作量以确定员额的"案件权重系数考评"才告出台。❺ 对照日本1999年司法改革的实施方案，司法改革的各项内容推进之先后顺序有严谨的计划。例如将民事诉讼案件审理时间缩短一半这项内容，涉及三项措施：推进计划审理、扩充证据收集程序、扩展人员基础；❻ 这三项措施的落实则以扩展人员基础为先，具体做法为增加司法考试合格人数❼，两项措施则限期制订法案，再行实施。❽ 对于司法改革各项内容推进次序严谨计划，使得改革有序有效，也有助于公众对司法改革的全面了解，增强对改革成效的信心❾，应为中国司法改革借鉴。

二、因果关联性：诉讼诚信保障与司法受众关系

最高人民法院《关于全面深化人民法院改革的意见》在"确保人民法院依法独立公正行使审判权"项下提出建立诉讼诚信记录和惩戒制度，对虚假诉讼、恶意诉讼、无理缠诉行为三类行为进行惩戒，并将信息纳入社会征信系统。最高

---

❶ 以司法改革为主题的研究亦如此，中国期刊全文数据库"司法改革"为主题词的文章6343篇，大多研究的也是目标、思路、主要内容等。

❷ 冀祥德、邓超：《司法改革"上海方案"价值评析》，《政法论丛》2014年第6期，第65页。

❸ 郝洪：《司法改革上海方案瞄准去行政化（政策解读 · 改革发布厅）》，《人民日报》2014年7月13日。

❹ 郝洪：《上海司法改革试点九个月 人怎么动 心怎么稳（深阅读 · 追踪上海司法改革①）》，《人民日报》2015年3月23日。

❺ 刘栋：《上海法院首创案件权重系数考评》，《文汇报》2015年5月9日。

❻ 《支撑21世纪日本的司法制度——日本司法制度改革审议会意见书》，最高人民检察院法律政策研究室组织编，译，中国检察出版社2004年版，第13页。

❼ 《支撑21世纪日本的司法制度——日本司法制度改革审议会意见书》，最高人民检察院法律政策研究室组织编，译，中国检察出版社2004年版，第142页。

❽ 《支撑21世纪日本的司法制度——日本司法制度改革审议会意见书》，最高人民检察院法律政策研究室组织编，译，中国检察出版社2004年版，第134页。

❾ 潘剑锋：《从日本第三次司法改革看我国司法改革存在的问题》，《法学》2000年第8期，第14页。

人民检察院《关于深化检察改革的意见》虽未直接提出相关措施，但对虚假诉讼、恶意诉讼实施检察监督是“完善民事行政诉讼监督机制”的重要内容。[1]《关于人民法院推行立案登记制的意见》[2]及随后最高人民法院出台的司法解释[3]在规范法院立案行为的同时，明确规定了对滥用诉权行为的民事、行政和刑事制裁措施，以培育诚信诉讼观。对滥诉行为的防范和规制，有助于平衡诉权保障与依法诚信处分之间的关系，避免宝贵的司法资源被恶意或不当利用。[4]司法改革将遏制恶意诉讼、虚假诉讼作为重要内容，足以说明问题的严重性。关于恶意诉讼、虚假诉讼等诉讼不诚信问题日益严重的原因，近年来的研究多有表明[5]，诉讼诚信保障与司法受众关系之间互为因果的关联性亦值得关注。

中国的司法受众关系具有明显的司法工具主义倾向，不仅司法者与其他党政机关、上级机关等的干预型司法受众关系如此，[6]司法者与律师、公众等互动型司法受众关系亦如此，“窝案”“串案”中当事人、律师、法官形成的司法腐败博弈关系即为将司法过程作为谋取利益之工具利用的一个表现。[7]基于司法受众关系的类别，不同的司法受众获得并将司法作为实现其目的的工具加以利用的方式可以分为三种情形：权力驱使型、寻租购买型、欺骗利用型。权力驱使型是司法受众握有干预司法的权力之时，直接运用权力干预的方式将司法作为工具，其典型即服务大局、为经济发展保驾护航的司法地方化或司法地方保护主义[8]，上级司法机关干预下级具体案件，以及政法委协调之下产生的“政法冤案”[9]，主体为地方党政机关负责人；寻租购买型是司法受众并不拥有直接干预司法的权

---

[1] 王治国、徐盈雁、戴佳：《以习近平总书记系列重要讲话精神为指导 在“四个全面”战略布局中谋划推进检察工作》，《检察日报》2015年7月8日。

[2] 2015年4月1日，中央全面深化改革领导小组第十一次会议审议通过。

[3] 最高人民法院《关于人民法院登记立案若干问题的规定》（2015年4月13日最高人民法院审判委员会第1647次会议通过）法释〔2015〕8号。

[4] 潘剑锋：《立案登记制与理性诉讼观的培育》，《人民法院报》2015年4月23日。

[5] 李浩：《虚假诉讼中恶意调解问题研究》，《江海学刊》2012年第1期，第136页；钟蔚莉、胡昌明：《关于审判监督程序中发现的虚假诉讼的调研报告》，《法律适用》2008年第6期，第55页。

[6] 周永坤：《法律工具主义及其对司法的影响》，《学习论坛》2006年第7期，第75页。

[7] 何远琼：《站在天平的两端——司法腐败的博弈分析》，《中外法学》2007年第5期，第564页。此类案件多有报道，如陈宝成：《虚假诉讼引发北京法院系统最大窝案》，财新-新世纪2012年8月27日，http://china.caixin.com/2012-08-28/100428136.html，最近访问日期2015年8月24日。

[8] 韦群林：《从“经济”到“秩序”：论司法对市场经济秩序的保障作用》，《中国市场》2007年第10期，第45页；张千帆：《司法地方保护主义的防治机制》，《华东政法大学学报》2012年第6期，第3页。

[9] 刘涛：《“政法冤案”的政治背景阐释》，《环球法律评论》2012年第3期，第54页。

力，而采用关系资源、金钱寻租等方式利用司法，表现为“人情案”“关系案”“金钱案”[1]，主体包括企业等市场主体、作为中间人的律师、有关系资源的诉讼当事人等；欺骗利用型是既无干预权力又无关系或金钱资源或虽有资源而不用之时，利用司法程序本身提供的空间，以欺骗的方式利用司法，其典型代表是通过恶意诉讼、虚假诉讼利用司法程序获取利益，主体主要是企业和没有权力资源的诉讼当事人。[2] 这三种将司法作为工具利用的类型各自有其特征，但相互亦有关联性。权力驱使型与寻租购买型主体的结合，是领导干部干预案件的一种表现形式；寻租购买型主体采用欺骗利用的方式降低成本，成为欺骗利用型主体；欺骗利用型主体也会通过寻找关系资源，借由寻租利用型主体与权力驱使型主体结合，以增强其利用司法程序以获取利益的效果。[3] 以司法工具主义的成因来看[4]，权力驱使型主体在其间起着主导作用。当权力可以驱使司法时，要求社会公众具备诉讼诚信的观念是不现实的，“浸润在人情世故，差序格局的伦理有一两千年的中国社会，对于法律的不近人情、不分内外，基本上是排斥的。”[5]

司法改革方案也有较大篇幅涉及司法受众关系，将“建立防止干预司法活动的机制”作为完善干预型司法受众关系的措施，对于互动型司法受众关系，则一方面保障律师诉讼权利的同时防止其对司法过程产生负面影响，另一方面通过加强释法说理等对公众进行普法教育。孤立来看这些措施都是很有针对性的，但考虑到从 1986 年起，每五年一个普法周期已至“六五普法”的末段，[6] 就需要讨论司法改革方案之中司法机关以司法公开、裁判文书、释法说理的形式进行普法

[1] 马学玲：《最高法：以解决关系案人情案金钱案为重点 坚决惩腐》，中国新闻网 2014 - 1 - 16，http://www.chinanews.com/gn/2014/01 - 16/5747057.shtml，最近访问日期 2015 年 8 月 24 日。

[2] 魏新璋、张军斌、李燕山：《对虚假诉讼有关问题的调查与思考——以浙江法院防范和查处虚假诉讼的实践为例》，《法律适用》2009 年第 1 期，第 64 页。

[3] 利用法院裁判私分国有资产的案件中，权力寻租和虚假诉讼是主要形式，二者多有结合。李轩甫：《从三起案件揭开国有资产流失黑幕》，《检察日报》2003 年 4 月 2 日；陈健、龚韶华：《宁夏高院原副厅长徐福荣涉嫌枉法裁判受审》，新华网-宁夏频道 2009 年 2 月 4 日，http://news.xinhuanet.com/legal/2009 - 02/04/content_10761910.htm，最近访问日期 2017 年 8 月 24 日；江舟：《他们虚假诉讼侵吞国有资产》，《检察日报》2012 年 10 月 9 日。

[4] 蒋人文、黄竹胜：《司法工具主义功能观剖析》，《广西大学学报（哲学社会科学版）》2002 年第 6 期，第 47 页。

[5] 苏永钦：《飘移在两种司法理念间的司法改革——台湾“司法改革”的社经背景与法制基础》，《环球法律评论》2002 年春季号，第 47 页。

[6] 中共中央、国务院转发《中央宣传部、司法部关于在公民中开展法制宣传教育的第六个五年规范（2011—2015）》的通知，2011 年 3 月 23 日。

的真正目的。如果只是普法责任主体的改变，而非司法机关将司法过程与普法责任的结合具有不同于已有普法宣传的价值，则这样的改革措施就值得商榷了。

以制度关联性来看，只有在防止干预司法活动机制良好运行，权力无法驱使司法，司法亦不再是可购买的定制服务之时，司法机关通过司法过程让公众对司法权形成新的认知，从而扭转人情社会中司法工具主义的观念，才是司法机关担当普法责任的价值所在。如果一面是法官检察官苦苦说理，另一面公众始终认为有了关系好办事，每一个案件背后可能都隐藏着公开信息之外的内容，再完美的释法说理亦是无济于事的，而诉讼诚信也很难通过制裁措施建立。诉讼诚信的真正保障是公众对司法功能、司法观念的认知。与中国台湾地区“司法”疏离公众的情形不同，[1] 中国大陆的司法机关特别是基层司法机关是高度人民性的，[2] 人民恰恰因为洞悉司法实际运行秩序和法律的实际利用方式，才选择诸如上访、缠诉等行为。因而要解决诉讼诚信问题，必须至少考虑到改造干预型司法受众关系的重要性，恰如党建工作中经常提到的，领导干部要率先垂范[3]，在中国这一差序格局传统的社会[4]，是极有实际意义的。

诉讼诚信保障与司法受众关系之因果关联性，是司法考核关联制度间关联性的一例，具有此种关联性的制度改革，在设计和实施时须充分考量其相互作用关系，避免各自为政致使改革措施无法落实或即便形式上实施却没有实际效果。

三、目标关联性：司法官员额制与选任及退出机制

司法官员额制由于其直接的利益关涉[5]，是本轮司法改革启动以来引发最多关注的制度之一。司法官员额制改革的主要目标是通过精简司法官规模，实现专

---

[1] 苏永钦：《飘移在两种司法理念间的司法改革——台湾“司法改革”的社经背景与法制基础》，《环球法律评论》2002 年春季号，第 47 页。

[2] 刘思达：《法律移植与合法性冲突——现代性语境下的中国基层司法》，《社会学研究》2005 年第 3 期，第 20 页。

[3] 杨铎：《领导干部要率先垂范敢于担当》，人民网-中国共产党新闻网 2014 年 8 月 19 日，http://dangjian.people.com.cn/n/2014/0819/c117092-25494142.html，最近访问日期 2017 年 8 月 24 日。

[4] 阎云翔：《差序格局与中国文化的等级观》，《社会学研究》2006 年第 4 期，第 201 页。

[5] 傅郁林：《以职能权责界定为基础的审判人员分类改革》，《现代法学》2015 年第 4 期，第 12 页。

业化精英化[1]，这一目标与学界提出的司法改革关键目标吻合。[2] 伴随试点省份员额制方案的制订及实施，司法官离职成为无法回避的现象[3]，以减少规模来看，司法官离职当然也是一个方式，但是否留下来进入员额的人都是精英呢？事实上，司法官精英主义需要更多的条件保障，因而如何避免员额制反而误伤精英[4]，就成为一个问题。

司法官精英化乃至整个法律职业精英化已不是新提法，2002 年起实行的国家统一司法考试作为第二轮司法改革的重要举措，在形式上统一了法官、检察官和律师职业的准入资格，即被认为是造就法治精英的重大改革。[5] 但在实践中，报名条件和分数线放宽地区不断扩张，ABC 三类证书的并存，使得统一司法考试在事实上呈现多元化的特点。[6] 报名条件和分数线在一些地区放宽的原因是司法考试实施后，基层司法官发生断档，西部和少数民族地区尤为严重。[7] 而 B 类和 C 类证书并未终结统一性的打破，2009 年"小司考"在一些民族自治地方单独组织的在职法律职业人员司法考试，在 2011 年扩张至更多贫困地区后被媒体披露[8]，引发考试公平性的广泛批评。[9] 但放宽条件等措施并未彻底解决西部司法官断层问题，原因主要在于通过司法考试者多数选择律师职业，而法院、检察院在职人员通过司法考试获得司法职业资格者流失又相当严重。[10] 另一方面的问题则是部分有意愿成为司法官的司法考试通过者，被公务员考试和招聘挡在法院、检察院大门外，通过公务员考试和招聘进入司法机关的许多人却又因为没有通过

---

[1] 赵蕾、任重远:《二十万法官大过滤:谁能留下 精英化改革拉开序幕》,《南方周末》2014 年 7 月 17 日;杨金志、黄安琪:《检察官"员额制":专业化、职业化,最终是精英化》,新华网 2015 年 4 月 16 日,http://news.xinhuanet.com/legal/2015-04/16/c_1114996516.htm,最近访问日期 2017 年 8 月 24 日。

[2] 季卫东:《司法体制改革的关键》,《东方法学》2014 年第 5 期,第 110 页。

[3] 邹坚贞:《法官离职为哪般》,《中国经济周刊》2015 年第 20 期,第 48 页。

[4] 秦前红:《推行法官员额制如何最大化减少"误伤"?》,共识网 2014 年 7 月 23 日,http://www.21ccom.net/articles/zgyj/fzyj/article_20140723109928.html,最近访问日期 2017 年 8 月 24 日。

[5] 徐鹤喃、郭立新:《统一司法考试研讨会综述》,《环球法律评论》2002 年春季号,第 88 页。

[6] 郭春涛:《统一性为核心的国家司法考试制度改革研究》,《中国司法》2015 年第 2 期,第 58 页。

[7] 陈有贤:《基层司法官断档与司法考试制度改革》,《国家检察官学院学报》2006 年第 3 期,第 153 页。

[8] 曾向荣:《直击"小司考"》,《南都周刊》2011 年 12 月 2 日。

[9] 周慧蕾:《从"小司考"到"特许律师"——国家司法考试统一性的反思》,《温州大学学报(社会科学版)》2013 年第 6 期,第 103 页。

[10] 《西部法官流失困局 门槛过高是断层重要原因》,《光明日报》2010 年 12 月 2 日;李娜:《解开"西部检察官短缺问题"之困局》,《检察日报》2010 年 8 月 16 日。

司法考试而不能取得正式的司法官身份[1]，造成了奇特的围城景象。至少从司法官选任来看，不能说统一司法考试实现了司法专业化、精英化，否则新一轮司法改革就不必再提出专业化、精英化的目标。

以制度关联性分析，统一司法考试制度的现实问题与司法官员额制改革面临的问题相似，均为忽视了具有目标关联性的相关制度的同步实施或完善。司法官专业化、精英化从制度上来说，不仅仅是选拔高素质人才进入司法官队伍，还要通过身份保障制度保持队伍的稳定性，并且有合理的退出机制淘汰不适任者，需要司法官选任、身份保障、退出机制的配合。制度之外，还需要司法品格的塑造，包括司法经验的培养、社会历练、司法人格塑造和人文素养的内在强化。[2]这些方面必须同步设计，保障机制优先落实，才能使司法官基于高标准选任、充分的职业保障、严格的推出机制，实现专业化、精英化。

虽然司法改革主要任务中也提出了要建立法官、检察官的职业保障制度，但具体内容中制度目标关联性并未明确体现。首先这些具有目标关联性的制度并未置于同一任务主题之下，最高人民法院《关于全面深化人民法院改革的意见》"推进法院人员的正规化、专业化、职业化建设"之下是人员分类管理、法官员额制、法官选任制度、业绩评价体系和培训、工资制度，法官履行职责保护机制和惩戒退出机制则在"确保人民法院依法独立公正行使审判权"项下，最高人民检察院《关于深化检察改革的意见》相关内容排列与之类似。可见司法改革方案并未将司法官履职保护和惩戒退出机制看作与员额制、选任制度等指向同样目标的关联制度。如本书此前的分析，整个司法官身份法制度是保障司法官公正履职的条件，并非只有履职保障机制和惩戒退出机制。最高人民法院司法改革方案中"确保人民法院依法独立公正行使审判权"主要涉及司法权运行的外部环境因素，而根据制度逻辑，首先是界定审判权行使的规范，而后是需要怎样的人员保障，最后是审判权行使和人员队伍需要什么样的外部条件。将这三个有逻辑关系的制度群混合，结果就是看上去"推进法院人员的正规化、专业化、职业化建设"本身构成了一个独立的司法改革内容。尽管司法官对于司法制度至为重要，但毕竟司法官的选任等都是以履行司法职能为目的，以司法改革而论，司法

---

[1] 潘剑锋:《司法考试改革导向初步研究——以法律职业为视角》,《法律适用》2008 年第 4 期，第 59 页。

[2] 张建伟:《统一司法资格考试:观察与省思》,《政法论坛》2011 年第 1 期,第 61 页。

制度的改革方向决定了司法官身份制度的改革方向，因而“推进法院人员的正规化、专业化、职业化建设”应当服务于“确保人民法院依法独立公正行使审判权”这一主题。

司法官员额制试点改革在没有司法官职业保障和惩戒退出机制同步的情形下进行，一个结果便是部分司法官主动选择不进入员额而成为事实上的退出渠道。[1] 这种退出虽然在形式上使得员额制顺利推行，即的确控制了司法官员额，但其带来了更多的实质问题，例如司法机关内部矛盾凸显，未进入员额者消极怠工等。[2]

司法改革内容众多，最高人民法院和最高人民检察院的方案分项列出的内容，究竟哪些在制度目标上具有一致性而应当归入统一项下，是需要缜密分析的。应当依据制度之间的关联性而非因循惯性进行类目划分，以避免本应具有目标关联性的制度不能同步设计同步实施，导致每个单独的措施均无法实现其目标。司法考核与司法官选任、晋升、职业保障、惩戒退出等同为司法官身份法之组成，具有目标关联性，应一体考量方能使制度改进有效。

第三节　司法考核关联制度的规范性分析

一、司法考核关联制度之规范性问题

本轮司法改革与以往司法改革最大的不同在于其注重了每一项措施之方案制订和实施的规范性[3]，虽然在改革主体和总体方案上仍为政治性而非宪法性。[4] 司法改革措施方案制订和实施有五条路径，其一是由责任部门起草方案，经中央深化体制改革领导小组（以下简称“深改小组”）审议通过，再由最高人民法院、最高人

---

[1] 笔者 2015 年 2 月对 50 名不同地域和层级法官、检察官的进行了对员额制改革态度的调查，普遍反映是只看到更严格的要求，看不到职业保障的落实，对未来缺乏信心，没有离职想法的仅有 8 人，至本书完稿时，实际离职的已有 5 人。

[2] 据笔者 2015 年 6 月对两位试点地方基层检察院检察长的访谈，员额制带来的内部矛盾、消极怠工等问题已经出现，一些部门的工作已经受到影响。

[3] 宋识径：《习近平：凡属重大改革都要于法有据》，《新京报》2014 年 3 月 1 日。

[4] 江国华：《论司法改革的五个前提性问题》，《政治与法律》2015 年第 3 期，第 2 页；姜小川：《中国司法改革主体审视》，《时代法学》2006 年第 5 期，第 15 页；左卫民：《十字路口的中国司法改革：反思与前瞻》，《现代法学》2008 年第 6 期，第 60 页。

民检察院制定司法解释，成为实施规范。如立案登记制改革，即由最高人民法院起草方案，2015 年 4 月 1 日经深改小组第十一次会议审议通过，随后最高人民法院于 4 月 13 日通过《关于人民法院登记立案若干问题的规定》的司法解释。第二条路径是责任部门起草的方案经深改小组审议通过后，责任部门报请全国人大常委会授权后制订实施方案再行实施，例如人民陪审员改革试点，根据深改小组第十一次会议审议通过的《人民陪审员制度改革试点方案》，第十二届全国人大常委会第十四次会议作出了《关于授权在部分地区开展人民陪审员制度改革试点工作的决定》，最高人民法院会同司法部制定《人民陪审员制度改革试点工作实施办法》;[1] 检察机关提起公益诉讼试点，也为这一路径。[2] 第三条路径是深改小组及中央政法委直接制定规范，责任部门制定实施办法予以贯彻。例如《领导干部干预司法活动、插手具体案件处理的记录、通报和责任追究规定》[3] 和《司法机关内部人员过问案件的记录和责任追究规定》[4]（以下称“两个规定”）。最高人民检察院随后制定检察机关贯彻执行“两个规定”的实施办法予以推行。第四条路径是责任部门起草的改革方案经深改小组审议通过，责任部门再制订细化方案实施，如《深化人民监督员制度改革方案》由深改小组第十次会议审议通过后，最高人民检察院与司法部联合下发《人民监督员选任管理办法》，最高人民检察院修订《关于实行人民监督员制度的规定》予以实施。[5] 第五条路径是试点地方提出方案，经深改小组审议通过，再由地方制订实施方案，责任部门执行，司法官员额制改革即遵循这一路径。例如深改小组第三次会议审议通过了《S 市司法改革试点工作方案》，S 市委原则通过《〈S 市司法改革试点工作方案〉实施意见》，随后 S 高级法院和 S 检察院各自出台实施方案实行员额制改革。[6]

上述五条路径，责任部门起草方案经深改小组审议通过后，再以司法解释或

[1] 《人民陪审员制度改革试点工作实施办法》(法[2015]100 号)，最高人民法院、司法部 2015 年 5 月 20 日印发。

[2] 2015 年 5 月 5 日中央全面深化改革领导小组第 12 次会议审议通过《检察机关提起公益诉讼改革试点方案》，随后 7 月 1 日十二届全国人大常委会第十五次会议表决通过《全国人民代表大会常务委员会关于授权最高人民检察院在部分地区开展公益诉讼试点的决定》，具体实施办法由最高人民检察院和最高人民法院制定。

[3] 2015 年 2 月 27 日由中央全面深化改革领导小组第十次会议审议通过。

[4] 2015 年 3 月 26 日由中央政法委审议通过。

[5] 《最高人民检察院、司法部关于印发 <深化人民监督员制度改革方案> 的通知》，《检察日报》2015 年 3 月 11 日。

[6] 徐昕、黄艷好、卢荣荣：《中国司法改革年度报告(2014)》，《政法论坛》2015 年第 3 期，第 126 页。

全国人大常委会授权的方式实施，在规范性上基本符合现行法律制度，特别是司法改革中首次将全国人大常委会授权作为规范性来源，较之以往司法机关自行其是，可谓重大突破。但其他三条路径均存在规范性问题。分析五条路径适用的情况，与司法改革内容的性质有关。有关诉讼制度改革和审判权力、检察权运行机制的内容，原本法律就有相关规定或有司法解释规定，实践中也有一定的经验积累，因而采用司法解释或全国人大常委会授权方式实施；司法改革内容原来为责任部门改革探索措施的，仍然由责任部门基于深改小组通过的方案继续探索，检察机关的人民监督员制度即为此类原本就是探索改革制度的情形；涉及党政领导干部责任追究的内容，则贯彻党管干部原则，“两个规定”即为这一性质的改革措施；由中央提出框架意见，地方试点的内容，主要是司法人事制度改革内容，带有很强的探索性质，因而具体方案由各地方提出。从规范性强弱与改革实施难度的预测来看，规范性越弱的内容正是改革难度最大的部分。[1]

与司法考核关联的司法改革内容之中，除作为外部条件的诉讼制度改革之外，所涉均为存在或预计将存在规范性问题的司法人事制度、司法财政制度、党政干部责任追究制度等内容。司法改革方案中司法考核制度本身的内容就缺乏规范性，可以说司法考核及其关联制度均存在规范性问题，一个原因是司法人事制度、司法财政制度等本身规范供给有限，不足以通过人大授权或司法解释的方式实施，另一合理原因则是由于利益关涉，改革难度较大，虽有规范而难以实施，还需要更多的试点探索。

细究司法改革中司法考核关联制度的规范性问题，首先依然是《法官法》《检察官法》及与其配套的法官、检察官职务序列规定的落空。司法官员额制另起炉灶，既未考虑员额制改革与法官法和检察官法已然规定的司法官身份之关系，也未顾及司法官准入条件与晋升、遴选条件的合理关系，员额制究竟是作为司法官准入选任还是晋升，亦不明确。[2] 虽然《法官法》和《检察官法》本身规范性严重不足，但另起炉灶的司法官员额制改革试点作为司法人事改革的破局措施，是否就是最合理的选择，依然值得探究。其次，司法财政制度等保障条件的规范性缺失。由于国家层面的财政预算制度长期以来规范性不足，2014 年修改

---

[1] 徐昕、黄艷妤、卢荣荣:《中国司法改革年度报告(2014)》,《政法论坛》2015 年第 3 期,第 126 页。

[2] 马永平:《员额制改革应处理好十大关系》,《法制日报》2015 年 7 月 22 日。

2015 年 1 月 1 日实施的预算法才体现出管理法向控权法的转变❶，人大和政府的预算权规范化、程序化欠缺❷，预算公开的法治化程度不足❸，在此条件下讨论司法预算独立或司法财政制度规范化，自然是缺乏基础依据的。无论司法改革提出的省以下司法机关财物由省一级统管，还是现有的政法经费分类保障制度，也没有足够的依据预先设定哪一种更具优越性。❹ 况且司法财政制度涉及人大、政府与司法机关的关系这一宪法问题，其列为探索试点项目也就是顺理成章的选择。第三是防止司法机关行使权力受内外部干预制度的规范性问题。由于涉及党政领导干部责任追究，以此一领域适用规范的发展来看，由中共中央制定规范性文件，将党政机关领导干部一并纳入问责范围是现阶段的体制选择。2009 年 5 月 22 日《关于实行党政领导干部问责的暂行规定》由中共中央政治局审议通过，被认为是党政领导干部问责步入法制化的重要步骤❺，该规定依据党内法规和国家法律制定，成为党政领导干部责任追究规范的新模式。❻ 从司法考核关联制度的角度来看，虽然这一模式仍存在规范性问题，但这种"法制化"对于改进干预型司法受众关系预期可以起到的作用可能超过真正意义上的立法。本节讨论司法考核关联制度的主旨仍是司法考核制度的效用问题，因而以下仅讨论前两类制度的规范化。

二、司法考核关联制度之规范化

以司法考核制度效用的角度考量，司法考核关联制度之规范化首先是根据制度关联性确定各项制度实施的次序，而后是各项制度本身的规范化。确定各项制

---

❶ 刘剑文:《预算法治的三维建构:观念、原则和机制——兼论新〈预算法〉的突破》,《法学杂志》2015 年第 4 期,第 15 页。

❷ 蒋悟真:《中国预算法实施的现实路径》,《中国社会科学》2014 年第 9 期,第 125 页。

❸ 蒋悟真:《预算公开法治化:实质、困境及其出路》,《中国法学》2013 年第 5 期,第 42 页。

❹ 张洪松:《司法预算中的府院关系:模式评估与路径选择》,《四川大学学报(哲学社会科学版)》2014 年第 1 期,第 149 页。

❺ 艾超、秦涛:《党政领导干部问责法制化的重大举措》,《光明日报》2009 年 8 月 17 日;《〈关于实行党政领导干部问责的暂行规定〉问答》,新华网 2009 年 7 月 22 日,http://news.xinhuanet.com/banyt/2009-07/22/content_11752138.htm,最近访问日期 2015 年 8 月 24 日。

❻ 《关于实行党政领导干部问责的暂行规定》第一条写明,根据《中国共产党章程》《党政领导干部选拔任用工作条例》等党内法规和《中华人民共和国行政监察法》《中华人民共和国公务员法》等国家法律法规,制定本规定。

度实施的次序也是一个成本考量，避免改革措施因制度关联性问题而出现实施效果不良的情形。司法考核关联制度之中，诉讼制度的改革为司法考核提供合理的评估基础，因而是第一位次的。其次是司法人事制度改革，是司法考核所属的制度，涉及司法考核如何运行以及结果的运用，包括司法官的选任、晋升、惩戒、薪俸保障、履职义务及保障等。而后是影响司法考核效用的各项制度，包括防止干预司法权运行的机制、司法财政保障等。

各类制度的具体措施的实施仍有次序问题，如司法人事制度改革，员额制先行就并不合理。司法官员额制的实施需要基础条件，“在完成重新定位四级人民法院职能、科学改造审判权力运行机制、合理调配综合部门人力资源、探索进行法官分类管理四项工作的基础上，通过构建科学的测算方法，可以大体确定我国各级人民法院的法官员额。”❶ 更需要重申的是，司法人事制度改革无论具体方案如何设计，都要能够保证司法官队伍的高素质和稳定性。因而考虑到制度关联性和现实可行性，合理的次序是，首先落实依据法官法和检察官法制定的现有司法官职务序列和与之相适应的薪俸等级，使在任司法官能够有基本的职务保障。其次，规范晋升和退出机制，使勤勉尽职的司法官能依序晋升且依法履职有切实保障，而不符合司法官行为规范者能够一概退出，使司法官队伍保持一定的规模和较为稳定的素质。在此基础上，根据诉讼制度改革和公众对司法机关的要求，进行司法官选任、晋升等制度改革，诸如司法官遴选委员会等制度也是在这一环节应当考虑的改革措施。考虑到司法官与律师等法律职业的应然区分❷，在统一司法考试作为资格条件的基础上，司法官员额制应当重新定位为司法官选任的二次考试制度，而非目前试点的在任人员的遴选制度，相应地，司法官选任不应再以通过公务员考试为条件，统一司法考试制度也应进行规范化改革❸，使司法官选任制度具有整体性和规范性。

关于司法财政制度的改革，也应以制度关联性和现实可行性来考量其规范化问题。于司法财政制度规范化以国家财政预算制度的规范化为条件，因而以保障司法机关独立行使职权为目标提出的省级以下司法机关财物统管❹，其正当性合

❶ 何帆:《法官多少才够用》,《人民法院报》2014 年 1 月 22 日。

❷ 李翔:《中国法律职业资格同质化质疑》,《华东政法大学学报》2007 年第 4 期,第 20 页。

❸ 韩大元、林鸿潮:《对国家司法考试制度的宪法学思考》,《时代法学》2005 年第 3 期,第 9 页。

❹ 谢小剑:《省以下地方法院、检察院人财物统一管理制度研究》,《民主与法制》2015 年第 1 期,第 153 页。

理性就值得探讨。首先，现有的政法经费分类保障制度本身是改革的成果。司法机关的地方化，其根源在于长期以来司法机关人事权、财权均隶属地方，在财政保障不充分的情况下，经费问题就会成为地方政府干预司法机关的一个重要方式。但2009年以来政法经费保障改革不断强化，在“明确责任、分类负担、收支脱钩、全额保障”的政法经费保障体制之下，司法机关办案经费经由中央、省级财政转移支付得到保障，政法机关人员经费、日常运行公用经费、办公基础设施建设经费和各类基础设施维修经费仍由同级政府负担。❶ 对于经济发达地区，司法机关经费本来就比较充足，专项经费改革没有多少影响；对于欠发达地区，专项经费保障则足以解决温饱问题。从各地司法机关总体情况来看，与2009年之前的司法机关受经费短缺制约的状况不同，亦不同于2009年前后政法经费分类保障刚刚实施之时的状况❷，经费短缺的状况已基本得到解决❸，地方司法机关因为经费问题受制于地方的现象已极为少见。❹

再看省级以下司法机关财物统管，其对于司法公正、司法权独立行使的保障是否就是“一抓就灵”的改革措施，也值得考量。司法财政制度改革最低限度的目标是不让经费问题成为干预司法权的因素，目前的政法经费分类保障制度基本可以满足这一目标。而通过财物省级统管以改变司法机关地方化的现状，是否就能保障司法权独立行使和司法公正，还需要考虑司法行政化的因素。所有制度都各有利弊，所有选择都要付出代价。❺ 从基层实践来看，司法机关的地方化和行政化互为牵制。司法机关行政化有利于基层司法机关一定程度抗拒地方干预和

---

❶ 2008年12月5日，《中共中央转发〈中央政法委员会关于深化司法体制和工作机制改革若干问题的意见〉的通知》，对政法经费保障体制改革提出总体要求；2009年7月23日，中共中央办公厅、国务院办公厅正式下发了财政部起草的《关于加强政法经费保障工作的意见》。财政部也下发了《政法经费分类保障办法（试行）》，对加强和改革政法经费保障作出明确规定，并且建立了“明确责任、分类负担、收支脱钩、全额保障”的政法经费保障体制。将政法经费划分为“人员经费、公用经费、业务装备经费和基础设施建设经费”四大类。在此基础上，又建立了分项目、分区域、分部门的政法经费分类保障政策。

❷ 葛琳：《经费保障视野下的检察院运转——基于两个基层检察院不同经费状况的分析》，《云南大学学报法学版》2013年第1期，第113页。

❸ 支振锋：《“体制决定论”的力度与限度——从司法机关人财物省级统管切入》，《法学杂志》2014年第4期，第114页。

❹ 据笔者2014—2015年对贵州、宁夏、陕西、青海四省区三个市级检察院和1个基层检察院检察长的访谈，经费已不再是制约检察院工作的主要问题，财政经费能够得到保障。

❺ 根据凌斌的观点，此系法律经济学的一个基本观念。凌斌：《法治的代价——法律经济学原理批判》，法律出版社2012年版，“序言”第2页。

司法政策的统一执行；司法机关地方化的好处则是可以通过地方党委、政府分担解决社会矛盾的压力，也有利于通过案件处理保护合理合法的地方利益，一定程度削减上级机关的绩效压力和利益干预。司法机关财物管理去地方化可能带来的问题包括：第一，区域间资源重新分配带来的司法机关间竞争关系，经济发达地区由于经费状况反而变差，相应职位减少吸引力导致人才流失；第二，去除地方保护主义的同时，司法机关也减少了维护地方合理利益的动机；第三，省级直管意味着弱化地方性，但同时可能导致行政化的加强。[1]

因而合理的司法财政制度并非推行省以下财物统管就能实现，司法机关固然应当有独立性，应当独立行使职权，不受不当干预[2]，但司法机关所承担的地方治理功能亦应重视，一个去地方化的司法机关仍然应当对地方负责，也可以说基层司法机关本身就有很强的地方性，司法机关的双轨制设置也是一种去地方化的路径。[3] 在整个国家财政预算制度处于法治化进程中之时，对于司法财政制度的改革似不宜有太多期望，司法公正需要很多条件保障，司法机关的相对独立性仅为其一。[4] 以本书对司法官行为的影响因素和动机理论分析来看，司法机关对于经费等财物保障的需求在于有足额保障，而省以下财物统管试图解决的问题是谁来保障，这一问题的解决是否会带来新的问题，从制度关联性的角度来看，至少是应当思考的。

第四节　小结

在一个制度系统中，各个制度之间存在关联性，司法考核制度的改进需要以若干关联制度的完善为保障。司法考核制度本身的改进所能做到的，只是不因为司法考核的不当而使司法职能无法实现其功能、司法官行为异化、司法官身份保障劣化。

比较视角来看，司法官在司法改革中有着极为重要的角色。中国司法改革中

---

[1] 支振锋：《“体制决定论”的力度与限度——从司法机关人财物省级统管切入》，《法学杂志》2014 年第 4 期，第 114 页。

[2] 陈卫东：《司法机关依法独立行使职权研究》，《中国法学》2014 年第 2 期，第 20 页。

[3] 焦洪昌：《从法院的地方化到法院设置的双轨制》，《国家行政学院学报》2000 年第 1 期，第 70 页。

[4] 支振锋：《“体制决定论”的力度与限度——从司法机关人财物省级统管切入》，《法学杂志》2014 年第 4 期，第 114 页。

司法官的角色一方面是为社会提供更多的司法服务，另一方面则要在司法公信力不足的情况下努力赢得公众信任。司法改革将司法考核及其关联制度列为重要内容，就需要考量司法考核及其关联制度如何合理完善的问题。

司法考核关联制度的完善首先要考虑制度关联性，包括各项制度之间实施次序的关联性、在实施效果上互为因果的关联性以及制度目标的关联性。司法改革方案中司法考核关联制度之中的立案登记制、司法官员额制、防止干预司法权运行机制、司法官履职保障等制度均存在方案设计的关联性问题，应当予以改进。

司法考核关联制度的完善也要考虑规范性问题。虽然司法改革方案制订和实施对于规范性的重视是空前的，但与司法考核关联的司法改革内容之中，除作为外部条件的诉讼制度改革之外，所涉均为存在或预计将存在规范性问题的司法人事制度、司法财政制度、党政干部责任追究制度等内容。这些关联制度的规范化，一方面要合理安排各项制度实施的次序，以降低制度完善的成本，提升制度改进的效能；另一方面从各项制度本身的目的出发，考虑制度实施的合理性和现实可行性。以制度关联性和规范性的视角来看，司法改革方案及实施仍有许多值得探讨的问题，司法考核及其关联制度之改进和完善在现实层面仍需要更多的努力。

第六章　结论

一、本书结论

多重多元司法考核带来的司法机关的困境之复杂现象，与司法考核制度在性质为宪法相关法的司法官身份法之中的过程性、从属性应然定位相对照，不能不说是实然与应然的巨大反差。本书的讨论是由司法考核实然现象分析到应然规则改进的过程，本书的努力始终是试图弥合实然与应然的反差，寻求能令制度合理构建及实施的适当约束条件。基于这一讨论过程，本书结论如下。

（一）司法考核是法律制度而非内部管理机制

无论从理论、实践抑或比较的立场来看，司法考核的性质均系法律制度而非内部管理机制，虽然考核常常作为各类组织机构的管理机制运用，但司法权及司法机关的性质决定了司法考核的法律属性。

理论立场而言，司法考核的制度基础是司法独立与民主问责的平衡，在司法独立程度不足以带来足够程度的公众信任，或司法制度本身的架构需要更多回应民主问责需求时，司法考核制度作为替代及补充功能的制度出场。这一制度背景决定了司法考核并非因为有权力就要有监督这样的观念而设置，而是在司法权威与公众信任的良性互动中发挥作用，因而司法考核并不是内部的随时变动的管理机制，而是有确定目标和功能的制度。

实践层面来看，司法考核关涉司法过程的顺畅运行，司法职能的稳妥行使，司法官行为的勤勉尽职。由于司法过程、司法职能、司法官行为本身的规范性，司法考核规则亦应当具有规范性，其对司法过程及司法官行为应当提供确定、可预期、客观的的评估。因而司法考核若作为政策性的内部管理机制，就与其评估的对象不匹配。从司法考核的效用来看，司法考核应为法律规范。

在建立有司法考核制度的成文法国家和地区，司法考核制度在法律规范中的定位是司法官身份法。司法官身份法的主要规范包括，对司法官身份的界定，司法官地位的保障，对司法官行为的限制，司法官等级和任职条件，司法官选任、晋升、迁调条件及程序，司法官职业道德准则及惩戒机制。司法考核作为一种评估，本身不具有决定司法官身份事项的法效果，是一项过程性、从属性制度，须服务于司法官身份保障的其他制度，如晋升、薪俸保障、惩戒等制度，通过考核结果的运用产生法律效果。

中国司法制度虽有自身特色，亦为具有司法权基本性质和特征的制度，司法考核也应是司法制度的组成部分，是属于司法官身份法范畴并与诉讼制度等相关联的一项法律制度，其制度目标、规则属性、改进路径均应是法律的而非政策的。

（二）司法考核目标错置将导致制度失效或产生负效用

揭示司法考核之实然现象的一个目的是改进规则，使这一制度即便受制于许多外部条件，仍可以发挥符合司法规律、司法目标的作用。改进规则的进路是由分析司法考核实然现象的成因切入，以司法考核制度之目标、目标实现机制之效用原理、司法考核制度本身的法律定位为约束条件，进行规则之完善。而关于现有司法考核目标之错置的分析，以及根据制度性质重置司法考核的目标，对于规则改进的作用是导向性的约束条件。

司法考核规则改进必须以目标的重置为导向，是因为这项制度并非演化产生，而是构建植入的，制度设计的理性就决定了制度的效用。[1] 司法考核是营利部门绩效评估系统全面引入公共部门，在地方政府公司化、司法机关行政化、司法机关其他党政机关行为模式混同的情况之下，成为司法内部行政的一项制度的。虽然司法考核呈现多元多重交叠的现象，但多重多元的司法考核总体特征一致表现为竞争性绩效考核，而司法权本身的中立、被动、注重程序正义的性质与竞争性的目标是根本冲突的，司法考核尽管是一项植入的制度，亦应服从于司法权的性质和司法制度的目标，竞争性绩效考核引入司法制度不可避免地造成了制度目标的错置。

---

[1] 苏力:《制度是如何形成的》(增订版),北京大学出版社 2007 年版,第 45 页。

目标错置导致制度误用。一项制度如果目标不明确，或虽有目标但该目标设定并不符合制度的性质，则无论技术方面如何精细，因其南辕北辙的导向，制度越是得到忠实执行，其失效或负效应越显著。多元多重司法考核导致司法机关的一些职能无法正常行使的弊端早已显现，但由于缺乏对制度性质和应然定位的反思，虽然有关司法考核制度完善的讨论并不鲜见，司法考核制度在实践中的“改进”方向始终停留在技术层面，表现为考核方式的复杂化和考核指标的精细化。即便由于冤案等原因，政法委宣布取消数项不合理的司法考核指标，也仍然属于技术层面的改良，更多的保留下来的考核指标也并不合理。相较之下，最高人民法院和最高人民检察院取消对省一级司法机关的考核排名，更符合目标重置意义上的改进，但在司法考核制度缺乏总体目标重置的背景下，其作用是有限的。

司法改革将建立符合司法规律的考评考核机制作为一项内容，这一改革目标能否实现，首先取决于能否重置符合司法规律的司法考核目标。而司法考核目标的重置以实践层面的司法目标之设定为基本条件，司法目标对于司法机关实际功能而言，亦为导向性作用。当司法目标跟随政治话语变动而非固守司法权在政治权力结构中应然的使命时，司法机关的实际功能亦会偏离司法规律，服务地方社会经济发展大局的口号使司法机关忘却通过司法权的行使守护社会正义，本身也是一个国家和社会的大局。

在社会正义这一理想层面的价值之下，规则治理、纠纷解决和公众信任是司法机关在实践层面的应然目标，服膺这一目标的司法考核制度，其目标在于通过客观合理的评估以保障司法职能的履行，而非以司法考核为工具促使司法机关去实现其他目标。在重置的司法考核目标之下进行规范分析，司法考核制度本身的限度是显而易见的。司法考核制度仅仅是司法官身份法之中一项过程性、从属性制度，其功能在于通过对司法过程中司法官行为的客观评估，为司法官晋升、惩戒等提供符合公平原则的参考。而在目标错置之下，司法考核既无法对司法官行为客观评估，更无法为司法官晋升、惩戒提供符合公平原则的参考。

目标设定的合理性虽不能直接产生制度实施的积极效果，但至少可以避免由于目标错置导致的制度实施的无效和负效应。因而一切制度之设定或改进，不论其是否付诸实施，均需对目标设定进行缜密严谨的考量，使之在理想层面有适当的价值取向，在实践层面有可实现的合理设置，使制度具有实现其效用的基础。

（三）司法考核制度效用的实现须考量制度关联性

处于制度系统内的任一单项制度都不是孤立的，制度关联性影响制度效用的实现。对于一项制度而言，关联制度可能构成外部条件，或制度实现机制的效用因素，或作为制度实现其效果的途径。当外部条件缺失，一项制度无法单独实施；当制度实现机制的效用因素均呈现负向作用形态时，一项制度无法达到其目标；当制度实现其效果的途径不具备时，该项制度的实施无法具有实际效用。制度关联性的考量，即便对于保障制度系统的总体合理架构仍不充分，至少可以减少因制度互斥或冲突带来的负效应，避免因关联制度条件不具备而贸然实施某项制度造成的效用落空。

司法考核制度首先是司法制度的组成部分，无论其建构的基础是什么，作为司法制度系统的组成，与司法制度之中的其他制度以及司法制度相关制度之间具有关联性。司法考核目标实现机制的效用受到多方面因素影响，司法官及司法组织行为呈现出的复杂行为动机反馈关系，是司法考核与其他制度之间关联性的一个体现。

对司法考核制度现状及应然规则的分析表明，在司法制度这一复杂系统中，各项具体制度的实施，若不能充分考量制度间的次序关联、因果关联、目的关联和制度间的互斥关联，也有可能失效或产生负面效应。而在复杂制度系统中全面考量制度关联性，却又是相当困难的事情，这使得许多单项制度的实施面临困境。制度关联性的考量也使单项制度的改进或完善不得不由应然理想回到合理的现实可行性，毕竟在目标设定合理的情形下，只有实施才能让制度真正有效。

但这种制度关联性考量并非法律还原主义的服从现实进路❶，正如对司法官行为的动机理论分析并非以动机导向制度建构，对于制度效用的追求是为了选择总体而言收益更大、代价更小的实践方案❷，该实践方案仍须服从制度应然的价值导向。制度关联性进路提供了在制度目标约束之下，如何通过制度间关系的比较分析，得出在制度系统内具有最大可行性的方案的方法。与政策导向的司法制度完善探索相较，司法目标约束之下的制度关联性考量更具有体系性，也更易于实现规范性。

司法考核目标效用实现中的制度关联性考量，最低限度的效果是减除现有多重司法考核中对其他制度造成不良影响的部分，使司法考核制度不至于造成司法过程和司法官行为的劣化；在更加积极的意义上，制度关联性考量为司法考核规

---

❶ 林来梵、翟国强：《有关社会科学方法论的反思——来自法学的立场》，《浙江社会科学》2006 年第 5 期，第 10 页。

❷ 凌斌：《法治的代价——法律经济学原理批判》，法律出版社 2012 年版，“序言”第 2 页。

则的改进提供更为优化的实践进路，使司法考核能够成为司法官行为的合理激励，借助关联制度的作用，对司法官勤勉尽职形成正反馈机制。

（四）司法考核的政治与法律考量须适度返回规范主义

司法考核制度实然状况与应然规则的巨大反差，其原因在于司法运行秩序中政策规则对法律规范的侵入。这种侵入的原因则在于政治权力没有恰当的宪政安排。政策优先的权力运行模式造就复杂的司法运行秩序，使法律规范实际效力减弱。而习惯于此种秩序，立法技术不追求精细，使法律缺乏规范性，加剧了法律得不到有效实施的困境。司法考核具体规则的完善始终在进行，这些完善较多政治考量，较少法律考量，较多以政策方式进行，较少表现为法律规范的完善。

司法考核规则完善现实中较多政治考量意味着司法制度并非按照宪法规范运行，因而其中一个较小的具体规则亦侵入了过多政策规则。司法权既然已经设定在政治架构之中，已经被赋予了其应然的职能，来自政治话语或社会关切的各种价值就需要通过履行司法职能，在司法过程中以司法技术实现，而司法过程和司法技术则应当由法律规范界定。法律应当适应社会发展，但“法律永远静止不动与永远不断变动一样危险”[1]，法律规范有其自身应当遵循的规律，有其自身的方法和技术，法律变动与否、如何变动，应当由法律自身的规律、方法、技术考量。因而司法考核制度之改进首先是一个法律规范层面的问题。

一项制度在何种情况下应当在法律规范层面总体完善，须考量的首要问题是规范意义上的制度是否得到充分实施。如果没有充分实施，原因是制度本身规范性不足，还是制度所依赖的基础保障制度供给不足。如果规范意义上的制度已经得到充分实施，则须进一步考量已经实施的制度存在的弊端是技术性的还是根本性的，已经实施的制度存在的问题是偶发的还是普遍的，已经实施的制度是否与建制性的原则相抵触。如果制度未能充分实施的原因主要在于其本身规范性不足，则应当在具体规范层面完善；而如果主要原因在于基础保障制度供给不足，则具体规范层面的改进只能起到有限的作用，就需要法律规范层面总体的完善。如果制度已经充分实施，则法律规范层面总体完善的条件是该制度存在的弊端是根本性的、问题是普遍的，与建制性的原则相抵触。

---

[1] 本杰明·N. 卡多佐:《法律的成长·法律科学的悖论》,董炯、彭冰,译,中国法制出版社 2002 年版,第 12 页。

审视司法考核制度，其所属的司法官身份法律制度并未充分实施，未能充分实施的原因一方面在于司法官身份法所依赖的基础保障制度供给不足，另一方面也在于司法官身份法本身的规范性不足。因而司法考核制度的完善既需要具体规范的改进，也需要其关联制度的完善，即在法律规范层面进行总体完善。这一完善是在司法考核制度约束之下进行的符合司法考核制度定位的规范化改进，包括司法考核主体、内容、程序、结果运用的规范化；这一完善也是基于制度关联性进路进行的司法考核关联制度的体系性规范化完善，包括作为外部条件的司法财政制度的完善，作为影响司法考核机制效用的司法受众关系变量的干预司法权运行机制约束制度的完善等。规范层面的完善旨在为司法过程提供能够促进其良好运行的司法考核制度。

但政治体制之内，司法权与其他一切国家权力一样在中国共产党的领导之下，司法考核既然涉及党管政法与党管干部之原则，法律规范层面的完善亦不可能绕开政治考量。适度规范主义的政治考量，是以规范宪法意识为引领，将政策规则纳入法律规范的价值导向之中，在法律规范价值判断的正当性范围内，体现政治考量。在司法考核制度这一具体制度之中，即在司法考核规范之中考虑到每项规则与党管政法、党管干部原则的连接，保持司法考核制度规范性的同时，兼顾党内法规符合其性质的适用。

在司法改革这一关涉更多政治话语的范畴，政治与法律的考量更为重要。司法改革主体、依据、过程的规范性对于司法制度能够走向规范具有决定意义，最终须在宪法层面完成确定的党权与国家权力的安排。

二、研究主题局限

本书的研究主题具有实践性，因而能否因应实践变动是本书研究的第一个局限。本书分析所使用的材料来自司法实践和政治现实，具有时间性、阶段性，当实践发生变动，这些材料反映的现象可能时过境迁，依据这些材料得出的推论也可能只具有阶段性的意义。虽然实践性研究的价值不仅在于为实践问题提供改进思路，但由于实践变动带来的材料有效性变动，则必然成为这类研究的局限。

样本局限是本书研究主题的第二个局限。本书研究对象为司法考核，而司法机关为数众多，层级与地区差异较大，尽管运用了文献研究法以尽量获得更为全面更能反映总体情况的资料，也辅以问卷、访谈调查以获得差异信息，但在司法统计制度不完善、个人实地调查资源有限的情况下，所能得到的样本仍然是极为有限的。因而本书的分析和推论也是基于有限样本作出的，这也是在样本规模很大的情况下采用实证研究很难克服的局限。

本书研究主题的第三个局限是应用局限。实践性主题研究的一个目的便是应用，规则改进、制度完善的设计是否合理，应当通过应用检验，但从制度建设领域的学术课题研究成果到进入实际应用还有很远的距离，因而本书的规则改进与制度完善进路虽具有逻辑上的合理性，其在实践中是否能否实现效用则难以检验，这当然也是大多应用研究面临的局限性。

三、研究展望

尽管存在上述三个局限，本书的研究主题仍具有拓展性。第一方面的拓展性在于本书为司法制度中具体制度的改进和完善的研究提供了更为合理的进路，在方法意义上具有拓展性。在政策规则侵入的情形下，司法制度之中有不少具体制度都有与现有的多重司法考核类似的特征，而通过现象描述、制度目标重置、实现目标之机制的效用分析，能够为规则完善提供更为合理的约束条件，使得规则改进更具有现实可行性。至少这一研究进路可以拓展至司法官身份法的制度改进，以及司法内部行政制度的改进。

本书研究主题的第二个拓展性在于，司法考核制度的完善作为司法改革的一项内容，本书的研究主题亦以司法改革为背景，对司法改革中与司法考核关联的制度进行了一定的分析，这一基于制度关联性和规范性的分析，可以成为深入研究司法改革过程的进路，本书的研究主题亦可以小及大，拓展至司法改革各项制度更为深入的研究。

本书研究主题第三个方面的拓展性是以政治和法律考量的视角，进一步深入宪法及其相关法所涉及的其他制度，特别是宪法学领域较为稀缺的国家机关组织法的研究领域，这一领域研究成果较少的原因一方面在于国家机关实际运行秩序的复杂性往往需要内部外部视角的共同审视，笔者同时具备对国家机关运行机制的内外部视角，因而对该领域的研究亦是未来的一个可能方向。

参考文献

[1]巴拉克.民主国家的法官[M].毕洪海,译.北京:法律出版社,2011.

[2]伯尔曼.法律与宗教[M].梁治平,译.北京:中国政法大学出版社,2003.

[3]本杰明·N.卡多佐.司法过程的性质[M].苏力,译.北京:商务印书馆,2000.

[4]本杰明·N.卡多佐.法律的成长·法律科学的悖论[M].董炯,彭冰,译.北京:中国法制出版社,2002.

[5]彼得·布劳,马歇尔·梅耶.现代社会中的科层制[M].马戎,译.上海:学林出版社,2001.

[6]道格拉斯·诺思.制度、制度变迁与经济绩效[M].刘守英,译.上海:上海三联书店,1994.

[7]亨利·J·亚伯拉罕.司法的过程——美国、英国和法国法院评介(第七版)[M].泮伟江,宦盛奎,韩阳,译.北京:北京大学出版社,2009.

[8]吉姆·佩特罗,南希·佩特罗.冤案何以发生[M].苑宁宁,陈效,译.北京:北京大学出版社,2012.

[9]吉姆·帕森斯,梅根·戈尔登,郭志媛,詹娜·西格尔,莫妮卡·桑顿.试点与改革:完善司法制度的实证研究方法[M].郭志媛,译.北京:北京大学出版社 2006.

[10]杰罗姆·弗兰克.初审法院:美国司法中的神话与现实[M].赵承寿,译.北京:中国政法大学出版社,2007.

[11]卡尔·拉伦茨.法学方法论[M].陈爱娥,译.北京:商务印书馆,2003.

[12]孔飞力.中国现代国家的起源[M].陈兼,陈之宏,译.北京:生活·读书·新知三联书店,2013.

[13]劳伦斯·鲍姆.法官的裁判之道:以社会心理学视角探析[M].李国庆,译.北

京:北京大学出版社,2014.
[14]勒内·弗洛里奥. 错案[M]. 赵淑美,张洪竹,译. 北京:法律出版社,2013.
[15]理查德·波斯纳. 联邦法院:挑战与改革[M]. 邓海平,译. 北京:中国政法大学出版社,2002.
[16]理查德·波斯纳. 法官如何思考[M]. 苏力,译. 北京:北京大学出版社,2009.
[17]理查德·波斯纳. 正义-司法的经济学[M]. 苏力,译. 北京:中国政法大学出版社,2002.
[18]罗伯特·阿列克西. 法律论证理论[M]. 舒国滢,译. 北京:中国法制出版社,2002.
[19]罗纳德·德沃金. 身披法袍的正义[M]. 周林刚,翟志勇,译. 北京:北京大学出版社,2010.
[20]马丁·夏皮罗. 法院:比较法上和政治学上的分析[M]. 张生,李彤,译. 北京:中国政法大学出版社,2005.
[21]迈尔斯,休伯曼. 质性资料的分析:方法与实践[M]. 张芬芬,译. 重庆:重庆大学出版社,2008.
[22]米尔伊安·R. 达玛什卡. 司法和国家权力的多种面孔——比较视野中的法律程序[M]. 郑戈,译. 北京:中国政法大学出版社,2004.
[23]庞德. 通过法律的社会控制、法律的任务[M]. 沈宗灵,译. 北京:商务印书馆,1984.
[24]皮埃尔·特鲁仕. 法国司法制度[M]. 丁伟,译. 北京:北京大学出版社,2012.
[25]萨达卡特·卡德里. 审判为什么不公正[M]. 杨雄,译. 北京:新星出版社,2014.
[26]斯蒂芬·布雷耶. 法官能为民主做什么[M]. 何帆,译. 北京:法律出版社,2012.
[27]斯蒂芬·罗宾斯,蒂莫西·贾奇. 组织行为学(第13版)[M]. 北京:清华大学出版社,2010.
[28]唐启明. 量化数据分析:通过社会研究检验想法[M]. 任强,译. 北京:社会科学文献出版社,2012.
[29]约翰·康芒斯. 制度经济学[M]. 赵睿,译. 北京:华夏出版社,2009.
[30]约翰·莫纳什,劳伦斯·沃克. 法律中的社会科学(第六版)[M]. 何美欢,樊

志斌，黄博，译. 北京：法律出版社，2007.
[31]曹全来. 历史、理论与实践：中国国情与司法改革[M]. 北京：人民法院出版社，2011.
[32]陈桂明. 程序理念与程序规则[M]. 北京：中国法制出版社，1999.
[33]陈业宏，唐鸣. 中外司法制度比较[M]. 北京：商务印书馆，2007.
[34]代志鹏. 司法判决是如何产生出来的：基层法官角色的理想图景与现实选择[M]. 北京：人民出版社，2011.
[35]冯象. 政法笔记[M]. 南京：江苏人民出版社，2004.
[36]高其才，黄宇宁，赵彩凤. 基层司法——社会转型时期的三十二个先进人民法庭实证研究[M]. 北京：法律出版社，2009.
[37]高其才，周伟平，姜振业. 乡土司法——社会变迁中的杨村人民法庭实证分析[M]. 北京：法律出版社，2009.
[38]高一飞. 司法改革的中国模式[M]. 北京：法律出版社，2011.
[39]何家弘. 检察制度比较研究[M]. 北京：中国检察出版社，2008.
[40]侯猛. 中国最高人民法院研究：以司法的影响力切入[M]. 北京：法律出版社，2007.
[41]怀效锋. 法院与法官[M]. 北京：法律出版社，2006.
[42]怀效锋. 法官行为与职业伦理[M]. 北京：法律出版社，2006.
[43]季卫东. 大变局下的中国法治[M]. 北京：北京大学出版社，2013.
[44]金邦贵. 法国司法制度[M]. 北京：法律出版社，2008.
[45]兰荣杰. 刑事判决是如何形成的：基于三个基层法院的实证研究[M]. 北京：北京大学出版社，2013.
[46]林来梵. 从宪法规范到规范宪法——规范宪法学的一种前言[M]. 北京：法律出版社，2001.
[47]林来梵. 宪法学讲义[M]. 北京：法律出版社，2011.
[48]林钰雄. 检察官论[M]. 北京：法律出版社，2008.
[49]凌斌. 法治的代价——法律经济学原理批判[M]. 北京：法律出版社，2012.
[50]刘练军. 司法要论[M]. 北京：中国政法大学出版社，2013.
[51]刘树德. 司法改革：小问题与大方向[M]. 北京：法律出版社，2010.
[52]陆而启. 法官角色论：从社会、组织和诉讼场域的审视[M]. 北京：法律出版

社,2009.
[53]罗东川、蒋惠岭.探寻司法改革的成功之道:亚太经验[M].北京:中国政法大学出版社,2010.
[54]彭真.论新中国的政法工作[M].北京:中央文献出版社,1992.
[55]齐树洁.美国司法制度(第2版)[M].厦门:厦门大学出版社,2010.
[56]钱卫清.法官决策论:影响司法过程的力量[M].北京:北京大学出版社,2008.
[57]乔石.乔石谈民主与法制(上册)[M].北京:人民出版社、中国长安出版社,2012.
[58]瞿海源.调查研究方法[M].台北:三民书局,2007.
[59]瞿同祖.中国法律与中国社会[M].北京:中华书局,2003.
[60]邵建东.德国司法制度[M].厦门:厦门大学出版社,2010.
[61]宋英辉,李哲,向燕.法律实证研究本土化探索[M].北京:北京大学出版社,2012.
[62]苏力.送法下乡——中国基层司法制度研究[M].北京:中国政法大学出版社,2000.
[63]苏力.法治及其本土资源[M].北京:中国政法大学出版社,2004.
[64]苏力.制度是如何形成的(增订版)[M].北京:北京大学出版社,2007.
[65]孙谦.中国检察制度论纲[M].北京:人民出版社,2004.
[66]孙谦,韩大元.司法机构与司法制度:世界各国宪法的规定[M].北京:中国检察出版社,2013.
[67]王雷.基于司法公正的司法者管理激励[M].北京:法律出版社,2010.
[68]王铭铭,王斯福.乡土社会的秩序、公正与权威[M].北京:中国政法大学出版社,1997.
[69]翁子明.司法判决的生产方式:当代中国法官的制度激励与行为逻辑[M].北京:北京大学出版社,2009.
[70]吴思.隐蔽的秩序:拆解历史弈局[M].海口:海南出版社,2004.
[71]杨雪冬.市场发育、社会生长和公共权力构建[M].郑州:河南人民出版社,2002.
[72]杨忠.组织行为学:中国文化视角[M].南京:南京大学出版社,2006.
[73]张从容.部院之争:晚清司法改革的交叉路口[M].北京:北京大学出版

社,2007.

[74]张军.人民法院案件质量评估体系理解与适用[M].北京:人民法院出版社,2011.

[75]张卫平.转换的逻辑:民事诉讼体制转型分析[M].北京:法律出版社,2004.

[76]张五常.经济解释[M].香港:香港花千树出版有限公司,2002.

[77]张智辉.检察权研究[M].北京:中国检察出版社,2007.

[78]甄贞.检察制度比较研究[M],北京:法律出版社,2010.

[79]周道鸾.司法改革三十年:我所经历的人民法院改革(1978—2008)[M].北京:人民法院出版社,2009.

[80]周其仁.真实世界的经济学[M].北京:北京大学出版社,2006.

[81]左卫民,等.最高法院研究[M].北京:法律出版社,2004.

[82]支撑21世纪日本的司法制度——司法制度改革审议会意见书[M].最高人民检察院法律政策研究室,编译.北京:中国检察出版社,2004.

[83] Oliver de Tissot. Sans Ame Ni Conscience (Une Certaine France) [J]. Balland,1975.

[84] Julio Ríos-Figueroa. Judicial Independence: Definition, Measurement, and Its Effects on Corruption. An Analysis of Latin America[D]. New York :New York University,2006.

[85]A. B. Atchison et al.. Judicial Independence and Judicial Accountability:A Selected Bibliography[J]. Southern California Law Review,1999(3).

[86]Francesco Contini,Richard Mohr. Reconciling independence and accountability in judicial systems[J]. Utrecht Law Review,2007,3(2).

[87]Antonina Peri. Judicial Independence vs. Judicial Accountability[J]. Comparative Law Review,vol,2012,3(1).

[88]A. Le Sueur. Developing Mechanisms for Judicial Accountability in the UK[J]. Legal Studies vol,2004,24(1).

[89]Wim Voermans. Judicial transparency furthering public accountability for new judiciaries[J]. Utrecht Law Review,2007,3(1).

[90] Stephen B, Burbank. Judicial Independence, Judicial Accountability and Interbranch Relaions[J]. Georgetown Law Journal,2006(95).

[91] James Andrew Wynn, Jr., Eli Paul Mazur. Judicial Diversity: Where Independence and Accountability Meet[J]. Albany Law Review, 2003—2004(67).

[92] Frances Kahn Zemans. The Accountable Judge: Guardian of Judicial Independence [J]. Southern California Law Review, 1998—1999(72).

[93] David C, Brody. Use of Judicial Performance Evaluation to Enhance Judicial Accountability, Judicial Independence, and Public Trust[J]. Denver University Law Review, 2008—2009(86).

[94] Richard Y, Schauffler. Judicial Accountability in the US State Courts Measuring Court Performance[J]. Utrecht Law Review, 2007, 3(1).

[95] Stefan Voigt. The economic effects of judicial accountability: cross-country evidence [J]. European Journal of Law and Economics, 2008, 2(2).

[96] Mark S. Cady, Jess R. Phelps. Preserving the Delicate Balance Between Judicial Accountability and Independence: Merit Selection in the Post-White World[J]. Cornell Journal of Law & Public Policy, 2007—2008(17).

[97] Richard C, Kearney. Judicial Performance Evaluation in the States[J]. Winter PAQ, 1999.

[98] Rebecca Kourlis. Judicial Performance Evaluation[J]. The Wayne Law Review, 2010(56).

[99] Anne Rankin Mahoney. Citizen Evaluation of Judicial Performance: the Corolado Experience[J]. Judicature, 1989, 72(4).

[100] Rebecca Love Kourlis, Jordan M. Singer. Using Judicial Performance Evaluations to Promote Judicial Accountability[J]. Judicature, 2007, 90(5).

[101] Richard L. Aynes. Evaluation of Judicial Performance: A Tool for Self-Improvement[J]. Pepperdine Law Review, 1981(8).

[102] Joseph L. Staats, Shaun Bowler & Jonathan T. Hiskey. Measuring Judicial Performance in Latin America[J]. Latin America Politics and Society, 2005, 47(4).

[103] Rebecca Love Kourlis, Jordan M. Singer. A Performance Evaluation Program for the Federal Judiciary[J]. Denver University Law Review, 2008—2009, 86(1).

[104] Jane E. Dubofsky. Judicial Performance Review: A Balance betw, een Judicial Independence and Public Accountability[J]. Fordham Urb. Law Journal, vol, 2007

(34).

[105]Sandra Day O' Connor. Judicial Accountability must Safeguard, not Threaten, Judicial Independence: An Introduction[J]. Denver University Law Review, 2008—2009, 86(1).

[106] Roger K. Warren. Public Trust and Procedural Justice [R]. Fall Court Review, 2000.

[107]Stephen Voigt, Nora El-Bialy. "Identifying the Determinants of Judicial Performance: Taxpayer's Money Well Spent?" (March 28, 2013). Available at SSRN: http://ssrn.com/abstract=2241224 or http://dx.doi.org/10.2139/ssrn.2241224.

[108]Rapport Final de la Commission de Réflexion sur l' Ethique de la Magistrature 2005(France).

[109]Rapport d' Activité 2012 du Conceil Supérieur de la Magistrature(France)

[110]World Economic Forum. The Global Competitiveness Report 2012—2013[R].